中國大陸觀光
旅遊資源總論

中國大陸觀光旅遊資源具有種類多樣化、內容
豐富、分佈廣泛又相對集中等優點，開發出許
多新的國際旅遊資源，受到舉世矚目。

趙嘉裕　著

自序

　　中國大陸改革開放以來，隨著中國旅遊業的快速發展，觀光旅遊資源的開發保護工作也進入新的階段，因此得到舉世矚目的成就，不僅原有的觀光旅遊資源得到合理的開發和保護，還開發出許多新的國際旅遊的資源，使觀光旅遊資源的內涵能進一步的擴大。

　　中國借鏡於國外的經驗，從 1992 年開始每年舉辦主題觀光旅遊年活動。主題觀光旅遊年是以觀光旅遊為主題的促銷活動，主辦單位是國家旅遊局、相關部門及各省區人民政府。中國主題觀光旅遊年的推出是經過市場考驗，借觀光旅遊年活動，展開了大規模的觀光旅遊市場促銷活動，一方面吸引更多的海外遊客來華旅遊；另一方面使國內大眾對觀光旅遊有更清楚的瞭解，使觀光旅遊業真正成為中國大陸國民經濟的新觀點。

　　中國觀光旅遊資源的開發建設，為觀光旅遊產品的組合提供了擇優選擇的基礎，而推動了觀光旅遊資源的開發利用，更加適應市場的需求。中國不僅有著豐富獨特的人文生態旅遊資源，而且還有眾多奇麗的自然生態旅遊資源；中國具有五千年文明史，各個歷史年代都有豐富的文化遺產，許多都極具可觀賞性和利用性；中國是由 56 個民族組成的大家庭，不同民族間乃至同一民族內，風俗民情不同，中國國土面積遼闊，地貌複雜，氣候多樣，有著極為豐富的動植物資源，許多地方仍保留著原始風貌和良好的生態環境，野生動物資源和野生植物資源也十分豐富。總體而言，中國大陸觀光旅遊資源具有種類多樣化、內容豐富、分佈廣泛又相對集中、地域組合特色突出、各地觀光旅遊資源互補性強、人文旅遊資源與自然旅遊資源交融性強、文化背景豐厚、開發潛力強等特點。

　　在兩岸開放三通後，在兩岸的交流背景下，對於中國大陸觀光旅遊相關課題，將成為一門顯學，目前研究兩岸觀光旅遊相關的文獻甚少，無法滿足研究的需求，因此筆者蒐集有關中國大陸觀光旅遊相關資源等資料，加以整理分析、分類撰寫本書，進而來探討中國大陸觀光旅遊資源之相關最新訊息，期能為兩岸的觀光旅遊及觀光產業研究略盡綿薄之力。本書主要介紹中國大陸各省市最新的觀光旅遊資源，進行分析彙整與研究。

　　本書得以付梓，首要感謝秀威資訊科技股份有限公司的協助，更要感謝所有關心與鼓勵我的師長、先進、親人與摯友。金門處於偏遠離島地區，在資料的取得上實為不易，本書撰寫過程雖力求嚴謹審慎，但筆者才疏學淺，恐有任何疏漏，尚祈各界先進不吝斧正。

趙嘉裕　謹識

中華民國 99 年 10 月

目次

中國大陸觀光旅遊資源總論

一、定義

　　觀光休閒是指觀賞自然風光、城市風光、名勝古跡為目的的旅遊，通過觀光遊覽獲得美的享受和愉悅身心，調節體力。這是世界上最古老、最常見、最基本的的旅遊類型。旅遊者以觀賞、遊覽為主，在目的地逗留時間不長，受氣候影響較大，淡旺季十分明顯。

　　旅遊是觀光休閒的同義詞，旅遊在歷史上名稱還有很多，且不同人出遊有不同的稱呼。如皇帝外出巡視、巡狩稱「巡遊」，或稱「巡幸」；宦官吏使走馬上任，探親訪友，稱「宦遊」。詩人墨客尋古探幽，無拘無束，隨意出遊，稱「漫遊」；和尚道士外游求法，稱為「雲遊」。另外還有遨遊、壯游、冶游、周遊、宸游、仙游、神遊、夜遊等派生的名稱。如《西遊記》第三回說：「他放下心，日逐騰雲駕霧，遨遊四海，行樂千山」，這是遨遊。杜甫《壯遊》詩序：「憶昔之遊，何其壯也」是說有識之士，懷抱壯志的遠方遊歷。李商隱的《無題》雲：「見我佯羞頻照影，不知身屬冶游郎」，是說在春天、節日裏，男女相伴外出遊散活動。周遊指四出遊說，如《管子‧小匡》曰：「使出周遊於四方，以號召收求天下之賢士。」宸遊亦指古代帝王、皇室出遊。如王維《奉和聖制》說：「如乘陽氣行時令，不是宸遊玩物華」，《紅樓夢》十八回說：「文風已著宸遊夕，孝道應隆歸省時」。仙遊指求仙訪道之遊，如李白《感興》中雲：「十五游神仙，仙游未曾歇」。夜遊指夜晚乘興之遊，如李

白的「古人秉燭夜遊」之句。神遊指精神或夢魂往遊。以上這些稱謂，除神遊外，其他均可屬旅遊範疇。

　　中國旅遊出版社出版的《旅遊概論》一書給旅遊下的定義是：「旅遊是在一定的社會經濟條件下產生的一種社會經濟現象，是人們以遊覽為主要目的的非定居者的旅行，和暫時居留引起的一切現象和關係的總和。」還有一些人認為：「旅遊」是以經濟形式表現出的內容廣泛的人類社會地域活動，它不只是遊覽、購物、花錢、享受，還直接關係到人們的尋幽探奇、博覽風采、增長見識、開闊眼界、文化娛樂、體育鍛煉、度假休養、醫療療養、文化交流和人民往來等。」可見，在字意上旅遊是個廣泛的概念。

二、旅遊市場

　　人類社會物質文明和精神文明較發達的今天，旅遊已成為人們追求生活品位，提高生活品質的重要方式。從上世紀開始，旅遊業發展快速，已經成為很多國家和地區的支柱產業。據世界旅遊組織的統計，國際旅遊業已經成為國際服務貿易中交易額最大的產業，同時旅遊業也成為了世界最大的產業，為全球社會經濟發展做出了不可忽視的貢獻，逐漸成為當今世界上發展前景廣闊、產業規模龐大的新興產業之一。中國大陸旅遊業較長時期保持 7%的年增長率。隨著中國大陸改革開放的不斷深入和經濟社會的不斷發展，旅遊業得到了快速發展，已成為國民經濟新的經濟增長點。

　　2006 年中國大陸旅遊業三大市場全面增長。全年共接待入境遊客 12494.21 萬人次（其中入境過夜旅遊人數達 4991.34 萬人次，比上年增長 6.6%），實現國際旅遊外匯收入 339.49 億美元，分別比上年增長 3.9%和 15.9%；國內旅遊人數 13.94 億人次，收入 6230 億元人民幣，分別比上年增長 15.0%和 17.9%；中國大陸公民出境人數達到 3452.36 萬人次，比上年增長 11.3%；旅遊業總收入

8935 億元人民幣，比上年增長 16.3%，相當於國內生產總值的 4.27%。

2007 年 1-11 月，中國大陸主要城市接待旅遊人數為 39970340 人次，與上年同期相比增長了 13.37%。其中接待外國遊客 23330404 人次，接待香港同胞 11176899 人次，接待澳門同胞 722831 人次，接待臺灣同胞 4740206 人次。2007 年 1-11 月，中國大陸入境遊客中外國人人數為 23938139 人。其中，入境舉行會議或商務活動的為 6434616 人，入境觀光旅遊的為 12049859 人，探親訪友的為 72866 人，入境的服務員工為 2122858 人，其他入境人數為 3257940 人。

2008 年金融危機爆發，中國大陸旅遊業連續遭受金融危機和各種突發事件、不利因素的衝擊，經受了前所未有的考驗，到 2008 年 10 月份，中國大陸入境旅遊總人數已經連續第三個月出現下降。2008 年 11 月 5 日國務院常務會議上，確定了當前進一步擴大內需、促進經濟增長的十項措施，這些措施將使得旅遊產業長期受益。面對嚴峻的旅遊市場形勢，全國旅遊行業克服困難，總體上保持了平穩發展。這一年，中國大陸仍然是世界上最大的旅遊市場之一，全國旅行社接近兩萬家，全國旅遊總收入已突破一萬億，入境旅遊收入占旅遊整體收入的 25%左右。全年共接待入境遊客 1.30 億人次，實現國際旅遊外匯收入 408.43 億美元，分別比上年下降 1.4%和 2.6%；外國入境市場受到影響最大，與上年相比，各洲來華人數均有不同幅度的下降。全年入境外國遊客 2432.53 萬人次，比上年下降 6.8%；國內旅遊人數 17.12 億人次，收入 8749.30 億元人民幣，分別比上年增長 6.3%和 12.6%；中國大陸公民出境人數達到 4584.44 萬人次，比上年增長 11.9%；旅遊業總收入 1.16 萬億元人民幣，比上年增長 5.8%。

2009 年全球金融危機過後的中國大陸旅遊市場在反思與探索中迎來新一輪變革。2009 年中國大陸旅遊服務市場發展呈現休閒旅遊份額的攀升，與以往中國大陸旅遊市場以商務旅遊為主不同，

近年來休閒旅遊亦獲得了較快的發展。根據國家旅遊局公佈的資料，2009 年十一黃金周旅遊總人次達到 2.28 億，比上年增長 28.1%，近三年的增速明顯加快（見表 1）。

　　休閒旅遊市場的繁榮一方面源於居民生活態度及消費能力的提升，度假旅遊儼然成為一種健康向上的生活方式，自助游等全新的休閒方式正在成為年輕人的最愛。另一方面，源於國家政策上的扶持，例如法定節假日及帶薪休假制度的實施、全國性國民休閒計畫的醞釀、各地旅遊消費券的發放等。上述政策及措施為休閒旅遊市場的發展創造了條件（見表 2）。

表 1　2005－2009 年十一黃金周旅遊總人次

年代	2005	2006	2007	2008	2009
十一黃金周遊客總人次（億人次）	1.11	1.33	1.46	1.78	2.28
增長率		19.8%	9.8%	21.9%	28.1%

（資料來源：國家旅遊局）

表 2　2009 年各省（市、區）旅遊業發展主要指標

省份	旅遊總收入		入境旅遊收入		入境遊客		國內旅遊收入		國內遊客	
	億元	增減%	億美元	增減%	萬人次	增減%	億元	增減%	億人次	增減%
全國	1.29 萬億	11.30	397.00	-2.90	1.26 億	-2.70	1.02 萬億	16.40	19.02	11.10
北京	2442.10	10.00	43.57	-2.30	412.51	8.83	2144.50	12.40	1.63	14.60
天津	1031.18	17.14	11.83	18.10	141.02	15.56	950.39	17.20	0.80	14.50
河北	709.73	24.70	3.08	12.36	84.22	12.26	688.70	28.60	1.22	24.80
山西	892.53	20.72	3.78	25.71	106.78	13.69	865.85	20.05	1.06	13.07
內蒙古	611.35	30.39	5.58	-3.27	128.96	-16.76	573.22	33.46	0.39	21.31
遼寧	2225.10	27.80	18.56	21.62	293.20	21.22	2098.80	28.30	2.40	22.00
吉林	580.69	28.81	2.43	14.90	68.05	10.24	564.10	29.35	0.54	20.82
黑龍江	649.85	15.52	6.39	-26.58	142.51	-28.96	606.23	20.75	1.08	29.83
上海	2343.55	13.70	47.44	-4.58	533.39	1.31	1913.80	18.70	1.24	12.30

江蘇	3795.70	16.10	40.16	3.50	556.83	2.30	3449.50	17.60	2.94	13.80
浙江	2643.70	17.50	32.24	6.60	570.64	5.74	2423.50	18.80	2.44	16.80
安徽	908.90	23.30	5.66	24.51	156.16	18.22	863.78	23.36	1.23	23.40
福建	1132.62	11.30	25.99	8.59	312.03	6.43	955.18	12.2	0.97	13.40
江西	675.61	20.78	2.90	15.12	96.43	20.23	655.46	20.96	0.93	15.96
山東	2452.20	22.30	17.65	26.90	310.04	22.22	2331.70	22.20	2.89	20.1
河南	1984.60	24.70	4.33	15.65	125.85	20.60	1954.30	24.80	2.33	17.0
湖北	1004.48	34.98	5.10	15.29	133.46	12.39	969.63	35.91	1.51	29.00
湖南	1099.47	29.08	6.73	8.95	130.87	17.87	1053.52	30.25	1.59	25.28
廣東	3068.40	15.01	100.28	9.30	2747.80	7.00	2383.50	17.42	3.51	13.57
廣西	701.00	31.30	6.43	6.93	209.85	4.39	657.00	33.60	1.18	21.90
海南	211.72	10.10	2.77	-11.86	55.15	-21.94	192.82	16.90	0.22	11.90
重慶	703.20	25.20	5.37	19.44	104.81	20.21	666.34	25.70	1.22	21.90
四川	1472.48	34.80	2.89	25.42	84.99	21.49	1452.77	34.80	2.19	25.60
貴州	805.23	23.29	1.10	-5.58	39.95	1.04	797.69	23.95	1.04	27.59
雲南	810.7	22.20	11.72	16.34	284.49	13.70	730.00	22.90	1.20	17.30
西藏	55.98	147.90	0.79	152.99	17.49	157.23	50.60	147.8	0.05	149.5
陝西	767.94	26.50	7.71	16.81	145.08	15.39	715.28	27.5	1.14	26.00
甘肅	192.77	40.2	0.13	-21.80	6.07	-27.03	191.9	40.68	0.34	36.50
青海	60.20	26.60	0.15	52.00	3.61	20.87	59.10	26.50	0.11	22.50
寧夏	53.41	30.27	0.04	47.16	1.45	25.35	53.11	31.75	0.91	17.09
新疆	186.04	-10.12	1.36	0.63	35.49	-2.28	176.75	-10.70	0.21	-4.40

　　作為國民經濟的新興行業，中國大陸旅遊業在發展初期就明確了開發建設的基本方針。一方面堅持對外開放，廣泛吸引海內外各界資金；另一方面，充分利用社會資源，鼓勵國家、集體、個人投資建設旅遊項目。這種開放的投資方針推動了中國大陸旅遊投資市場的活躍和旅遊接待能力的提高，為旅遊業的繁榮發展創造了條件。

　　一個國家或地區旅遊業的快速發展也會帶來旅行社業的繁榮。中國大陸旅行社業不僅乘上了入境旅遊不斷升溫的「東風」，

同時，還搭上了中國大陸國公民旅行需求不斷高漲的「班車」，旅行社業以其較少的固定資產投資、解決人員就業、相對便利的市場准入等條件，吸納社會各界的投入，快速發展壯大起來。根據官方統計資料，中國大陸旅行社業的總量在 1987 年僅有 1245 家，到 1997 年總量增加到 5000 家，比 10 年前增長 302%，到 2007 年底，全國旅行社已增加到 19720 家，比 10 年前增長了 294%。這說明在這 20 年裏，每 10 年，旅行社業都是以比上個 10 年總量的 300% 左右的增長速度來發展的。

國家旅遊局一直高度重視西部旅遊業發展。在資金支持上，2001 年－2009 年，共安排西部省區旅遊發展基金 7.27 億元，占全國總額的 58.82%；在人才支持上，採取各種形式加大對西部旅遊人才的培訓力度。從 2001 年起，共舉辦 10 期西部旅遊局長培訓班、32 期省級旅遊經濟研討班；在政策支持上，協調有關部門出臺政策，將西部地區旅遊景點、景區經營，納入西部大開發稅收優惠政策範圍，實行稅收減免。

在一系列政策的幫助下，1999 年－2008 年，西部地區入境旅遊者增長 1.25 倍，目前已達到 984 萬人次；同期旅遊外匯收入增長了 1.76 倍，目前達到 37.56 億美元。2002 年－2008 年，西部地區旅遊總收入增長了 2.19 倍，目前達到 5279 億元，年均增長 24.5%，高於同期 12 省區市的 GDP 增長率，旅遊業已成為西部各省區市的支柱產業或先導產業。

西部地區旅遊產業規模不斷擴大，已初步建立較為完善的旅遊產業體系。目前，西部地區擁有各類旅遊企業 1.37 萬家，占全國總數的 28%；擁有 A 級旅遊景區 1000 多家，其中 5A 級景區 21 家，4A 級景區 312 家，分別占全國總數的 31.30% 和 26.90%。1999 年－2008 年，西部地區星級飯店數量從 1663 座增加到 3885 座；同期，旅行社從 1833 家增加到 4129 家，其中國際旅行社從 310 家增加到 492 家。

未來 10 年間，中國大陸旅遊業將保持年均 10.4%的增長速度，其中個人旅遊消費將以年均 9.8%的速度增長，企業／政府旅遊的增長速度將達到 10.9%，旅遊業已成為中國大陸經濟發展的支柱性產業之一。據世界旅遊組織預測，到 2015 年中國大陸將成為世界上第一大入境旅遊接待國和第四大出境旅遊客源國。屆時中國大陸入境旅遊人數和出境旅遊人數均將達 1 億人次，國內旅遊人數將超過 28 億人次，旅遊消費總量將超過 1.5 萬億元。作為六大新興消費熱點行業之一的旅遊行業，隨著社會的發展，旅遊業在城市經濟發展中的產業地位、經濟作用逐步增強，旅遊業對城市經濟的拉動性、社會就業的帶動力、以及對文化與環境的促進作用日益顯現。

三、旅遊業從業人員現況

人才是旅遊業可持續發展的重要條件之一。旅遊業是典型的服務行業，是彙集了勞動密集型和智力密集型人才的企業，旅遊業務的開展是一項複雜的組織工作，是典型的人對人、面對面的服務工作。在旅遊市場競爭日趨激烈的環境下，從業人員的數量和素質直接影響旅遊業的生存和發展。

中國大陸的旅遊教育體系主要包括院校教育和成人教育。旅遊院校教育分為中等職業教育和高等教育兩個層次，旅遊成人教育主要由旅遊培訓中心以及部分旅遊院校來承擔。1979 年，中國大陸第一所旅遊高等學校——上海旅遊高等專科學校成立，標誌著中國大陸旅遊高等教育的開端。從 1980 年開始，國家旅遊局先後投資，與大連外國語學院、杭州大學、南開大學、西北大學、西安外國語學院、長春大學、中山大學、北京第二外國語學院等 8 所高等院校聯合開辦了旅遊系和旅遊專業。此後，隨著教育體制的改革，高等旅遊院校不斷增多。1978 年 10 月，江蘇省旅遊學校正式成立，隨後成立了北京旅遊學院、湖北旅遊學校、四川旅遊學校。這四所學

校是中國大陸第一批旅遊中等職業學校。受旅遊高等教育特別是20世紀90年代末期高校快速擴招的影響，旅遊中等職業教育經歷了波動式發展，但在產業需求趨旺的推動下，目前旅遊中等職業教育的規模已與旅遊高等教育相當。國家旅遊局於1979年在北京第二外國語學院舉辦了第一期旅遊翻譯導遊培訓班，1981年又在北戴河舉辦了首期全國飯店經理培訓班。中國大陸的旅遊成人教育自此拉開序幕。結合旅遊業的特點，逐步建立起了國家、省級、地市級旅遊部門和旅遊企業的四級培訓體系，旅遊成人教育由最初的「救急角色」轉換為旅遊從業人員的提高自身技能素質的重要途徑。

截至到2008年底，全國共有高、中等旅遊院校（包括完全的旅遊院校和開設有旅遊系或旅遊專業的院校）1,775所，其中高等院校810所，中等職業學校965所（見表3）。2008年旅遊院校在校生為844,604人，比上年增加9.2%。其中旅遊高等院校440,038人，比上年增長10.7%，旅遊中等職業學校404,566人，則比上年增長7.5%。2008年全國旅遊院校共有旅遊專業教師37,737人，比上年增長了7.7%，其中旅遊高等院校17,840人，旅遊中等職業學校19,897人，高等院校旅遊專業教師數與上年基本持平，中等職業學校的旅遊專業教師數比上年增加18.1%。全行業在職人員培訓總量達338.28萬人次，比上年增加17.34萬人次，增長5.4%。

表3　旅遊教育培訓情況

年份	普通高等院校		中等職業學校		在職人員
	學校數量（所）	在校生人數（萬人）	學校數量（所）	在校生人數（萬人）	培訓人數（萬人）
2007	770	39.74	871	37.64	320.94
2008	810	44.00	965	40.46	338.28

（資料來源：國家旅遊局）

為了選拔導遊人才，1989 年在全國實行導遊資格考試。截至 2007 年底，全國持有導遊資格證書的人員達到 58.15 萬人，其中，持有導遊 IC 卡人員 40.14 萬人，通過考試取得中級導遊員證書 1.79 萬人。

旅遊業是伴隨市場經濟和改革開放逐步成長起來的朝陽產業，特別是中國 2008 年北京奧運的主辦和 2010 年上海世博會的召開，為國內旅遊業帶來前所未有的發展契機。相應地，各旅遊企業對人力資源的需求也急劇上升。據統計，截至 2009 年中國大陸旅遊業從業人員超過 1000 萬人，與旅遊業相關的就業人數達到 6000 萬人，每年新增就業 50 萬人。其中旅行社直接從業人員為 3080 萬人，保持連續兩年的增長，其中導遊 1019 萬人、領隊 244 萬人、會計 324 萬人、經理 805 萬人、其他人員 688 萬人。

由於中國大陸旅遊業發展的時間不長人才結構並不完善，人才市場對旅遊人力資源的儲備不足，因此中國大陸現在旅遊業人才缺口仍至少在 200 萬以上，旅遊行業人才資源（指中高層管理人才）缺口也極大。旅遊從業人員學歷層次低、等級結構、語種結構不合理成為另一大問題。以導遊為例，高中（中專）學歷占 41.7%，大專學歷只占 39.4%，而本科以上學歷只占 18.9%。導遊隊伍嚴重低等級（資格和初級）導遊人員占導遊隊伍的絕大多數，為 96.3%；中、高、特級導遊員人數尚不到 4%，特級導遊員全國只有 27 人。外語類導遊人員整體數量不足，尤其是一些小語種導遊人員還很奇缺。而且部分旅遊企業管理者管理理念落後，人力資源管理方法簡單、部分旅遊企業的人力資源政策多年不變，缺乏創新等問題普遍存在，反映了旅遊人才引進和流動不暢。因此從業人員整體的受教育程度有待提高，人才環境還需要進一步優化。旅遊企業則需要以現有的人力資源為基礎，在不斷學習的過程中，加大企業內部員工職業化培訓與管理，全面提升從業人員素質，並構建科學的旅遊從業人員職業化發展體系。

四、旅遊資源利用現況

　　旅遊資源指是對旅遊者具有吸引力的自然存在和歷史文化遺產，以及直接用於旅遊目的的人工創造物。旅遊資源是旅遊環境的核心，也是旅遊業生存和發展的物質基礎。一個國家或地區旅遊業的成功與否，從根本上說，取決於那裏有沒有吸引廣大遊客的旅遊資源，以及能否對旅遊資源進行合理的開發與利用。

（一）中國大陸旅遊資源的開發歷程

　　中國大陸擁有豐富的旅遊資源，是世界上的旅遊資源大國之一。但在新中國建立之前，由於封建勢力、反動軍閥、官僚買辦的破壞和盜竊，以及帝國主義的掠奪和踐踏，使中國大陸歷史古跡、自然風光、革命遺跡、民族風情等等旅遊資源屢遭劫難，眾多的旅遊勝地園林荒廢，古建築倒塌，神州大地失去了應有的光彩。

　　新中國成立以後，在大規模的經濟建設中，各地都有大量的古文物出土，國家也有計劃地進行考古發掘，有許多具有重要意義的發現。全國許多省、自治區、直轄市都有古遺址的發現，這極大地豐富了史前文化的資料積累和認識，也為旅行遊覽開闢了新景點。如 1956 年經國務院批准，對北京昌平的明定陵地下宮殿進行發掘，之後建為博物館，成為吸引眾多中外遊人參觀遊覽的著名景點。對於地面上留存的古建築、古園林、石窟、石刻等都進行了重點的保護和維修。如北京八達嶺長城、明十三陵長城、明清故宮、天壇、頤和園、雍和宮，河北山海關、承德避暑山莊和外八廟，江蘇蘇州拙政園，浙江杭州靈隱寺，西藏拉薩布達拉宮以及各地著名石窟、石刻等，都本著「整舊如舊」的原則進行修葺和保護。同時還開拓道路，植物綠化，改善環境，創造必要的條件，成為極受遊人歡迎的遊覽場所。大量的革命遺址及革命紀念物得到保

護和建設，對人民的革命傳統教育和向國際友人開放遊覽起到重要作用。

城市風景名勝區的恢復和發展，首先受到各級政府的重視。杭州、桂林、南京、肇慶等著名的風景遊覽城市，於 50 年代開始組織對風景區的規劃，通過疏浚整修、植樹造林、開拓景點等措施，使抗日戰爭以來在不同程度上遭受破壞的一批著名景點，如西湖、桂林山水以及中山陵、七星岩等的秀麗景色得以恢復和弘揚。同時，一些歷史上著名的風景區如泰山、黃山等也得到保護和恢復，並成立相應管理機構，開闢公路，整修登山道路，新建和增設遊覽設施，為群眾性遊覽創造了良好的條件。

政府對一些以重要革命紀念地為中心的風景區，如井岡山風景區等進行維護和開發，使之成為向全國人民進行革命傳統教育，向國際友人宣傳中國革命歷程的重要參觀遊覽地。2005 年國家發改委、中宣部、國家旅遊局等 13 個部委聯合設計並公佈了 30 條全國紅色旅遊精品線路，覆蓋東北、華北、西北、華東、中南和西南 6 個地區的 26 個省、自治區和直轄市。紅色旅遊主要是指以中國共產黨領導人民在革命、戰爭時期取得豐功偉績所形成的紀念地、標誌物載體，以其所承載的革命歷史、革命事蹟和革命精神為內涵所組織的主題性旅遊活動。紅色旅遊寓思想道德教育於參觀遊覽之中，將革命歷史、革命傳統和革命精神通過旅遊潛移默化地傳輸給人民群眾，讓中華民族在 20 世紀激發出來的偉大激情代代相傳。

另外，衛生部門、工會系統、各產業部門在各個風景優美、氣候良好、具有特殊條件的地區修建許多休養所、療養院，恢復和新開闢了一些著名的療養區，如杭州西湖、無錫太湖、北戴河、廬山、雞公山、莫干山、青島湛山，以及廣東從化溫泉區和臨潼華清池溫泉區等，這些都促進了風景名勝區的景點建設和各項設施的完善。

在「綠化祖國」的號召下，新中國建立初期進行了普遍的植樹造林建設，使全國森林覆蓋率和城市綠化覆蓋率得到提高，自然條

件和景觀得到很大改善；興修水利，開發水力的大量建設工程，還創造出許多具有遊覽價值的壯麗新景觀。著名的景區有十三陵水庫、千島湖景區（銅官峽水庫）、新安江——富春江景區等都得益於這一時期的水利建設。其他如河南信陽的南灣水庫、貴州紅楓湖、黃山太平湖等都有條件進一步開發成為遊覽、遊樂和度假的勝地。

改革開放以來，隨著中國大陸旅遊業的飛速發展，旅遊資源的開發保護工作也進入新的階段，取得了舉世矚目的成就，不僅使原有的旅遊資源得到合理、科學的開發和保護，還開發出許多新的適應國際旅遊趨勢的資源和產品，使旅遊資源的內涵和外延得到進一步的充實和擴大。

國家和地方配合投資共同開發建設的景點尚有多處。如 1985～1990 年七大重點旅遊區的開發建設：1、西安秦始皇兵馬俑博物館的擴建；2、桂林灕江闢源補水工程；3、南京秦淮風光帶的複建、蘇州寒山寺的擴建工程以及修復鎮江西津渡古街、開拓無錫古運河和太湖遊覽設施建設工程；4、杭州新建絲綢、茶葉、中藥博物館和古瓷陳列館；5、海南島的早期開發——亞龍灣度假村興建；6、北京修復慕田峪長城、十三陵神路和頤和園蘇州街及河北金山嶺長城的修復；7、建上海國際購物中心、改造豫園旅遊區。其次還有萬里長城、長江三峽和絲綢之路的部分景點也得到開發。

在中原旅遊區和山東旅遊區開發修建了少林寺演武廳、開封宋都一條街、蓬萊水城和登州古市等景點；在西北旅遊區開發了四子王旗草原、成吉思汗陵和昭河地下水工程；其他的著名風景區如九寨溝、武陵源和黃果樹瀑布等，國家都給予了部分投資，使其得到維護和發展。通過七大重點工程和這些風景名勝區的建設，全國旅遊資源開發工作，呈現了萬紫千紅，爭奇鬥豔的新局面。

在國家旅遊局的統一協調下，中國大陸旅遊業界對中國十大名勝、中國旅遊勝地四十佳、中國國線景點、中國旅遊專線、中國主題旅遊年、中國優秀旅遊城市、中國 AAAA 旅遊景點的評或評定，

其目的是為了更好地開發中國旅遊資源，更充分發揮全國各具特色旅遊資源的整體吸引力，依據旅遊產品檔次和市場需求等因素，宣導旅遊產品創優標準和要求，擴大旅遊產品在國內外的影響，形成優質的產品環境氛圍，使遊客領略中國古老文明和大自然的神奇，體驗旅遊景區最佳的生態環境和服務品質。

為了充分發揮中國大陸旅遊資源的整體吸引力，更好地滿足海外遊客需求，1992 年國家旅遊局把具有特色及交通食宿方便的全國 249 個一流景點列為中國國線景點，並分華北、東北、沿海、西南、西北 5 個旅遊區，其中華北有 27 個景點、東北有 22 個景點、沿海有 93 個景點、西南有 59 個景點、西北有 48 個景點。根據與時俱進的思想，國線景點可適當調整。其景點分別用中文、英文、德文、日文、法文、西班牙文等出版，以滿足海內外旅行社和遊客。如雲南有西山、滇池、大觀樓、金殿、石林、阿廬古洞、大理白族村寨、大理三塔、蝴蝶泉、曼飛龍塔、曼景蘭傣族村寨、猛臘熱帶植物園。河南有龍門石窟、邙山黃河遊覽區、少林寺、塔林、觀星台、嵩嶽寺塔、宋都禦街、龍亭、鐵塔、相國寺、包公祠、白馬寺、關林、洛陽古墓博物館、三門峽黃河、虢國墓地、虢國文物與寶輪寺塔。同年 10 月國務院正式批准在大連金石灘、青島石老人、蘇州太湖、無錫太湖、上海橫沙島（後改為上海佘山）、杭州之江、福建武夷山、福建湄洲島、廣州南湖、昆明滇池、三亞亞龍灣、北海銀灘等 12 個地區試辦國家級旅遊度假區，這是中國大陸第一批大規模開發建設的旅遊度假產品。這些地區旅遊度假資源豐富，交通便捷，國際旅遊者流量大，試辦國家旅遊度假區後可以享受國務院賦予的優惠政策，以利用外資為主開發建設，同時高起點規劃、高標準建設，最終目標是建成符合國際度假旅遊需求、以接待海外旅遊者為主的綜合性旅遊區並形成旅遊業新的創匯基地。

中國借鑒國外的經驗，從 1992 年開始每年舉辦主題旅遊年活動。主題旅遊年是旅遊的主題促銷活動，主辦單位是國家旅遊局、

國家相關部門及各省區人民政府。中國主題旅遊年推出的是經過市場考驗的、成熟的旅遊節慶活動和精品路線。借助旅遊年活動，展開了大規模的旅遊市場促銷活動，一方面吸引更多的海外遊客來華旅遊；另一方面使國內公眾對旅遊有更清楚的瞭解，使旅遊業真正成為中國大陸國民經濟新的增長點。國家旅遊局自 1992 年以來推出的中國主題旅遊年是：1992 年中國友好觀光年、1993 年中國山水風光遊、1994 年中國文物古跡遊、1995 年中國民俗風情遊、1996 年中國度假休閒遊、1997 年中國旅遊年、1998 年華夏城鄉遊、1999 年生態環境遊、2000 年神州世紀遊、2001 年中國體育健身遊、2002 年中國民間藝術遊、2003 年中國烹飪王國遊、2004 年中國百姓生活游、青少年修學游、中華健身游、女青年之游、江南水鄉游、中原民俗游、宗教文化游、穆斯林風情游、神州精華遊、海韻湖光度假遊。

旅遊資源的開發建設為旅遊產品的組合提供了擇優選擇的基礎；系列旅遊年活動從不同角度極大地開拓了宣傳促銷的思路，從而推動了旅遊資源的開發利用，以更加適應市場的需求。建設與促銷互相促進、滾動發展，形成了中國大陸旅遊業在資源開發、產品組合、市場促銷三個環節上的良性迴圈，從而確保旅遊業持續、穩定的發展。

1982 年，中國大陸第一個國家級森林公園—張家界國家森林公園建立，將旅遊開發與生態環境保護有機結合起來。此後，森林公園建設以及森林生態旅遊得到了蓬勃發展。近年來國家又提出了「生態旅遊」這一概念，並開始積極推進生態旅遊區建設，開放生態旅遊區。如自然保護區、森林公園、風景名勝區、天然濕地保護區等。截至 2008 年底，全國共建立各級森林公園 2277 處，總經營面積 1629.83 萬公頃。其中，國家級森林公園 709 處，國家級森林旅遊區 1 處，經營面積 1143.26 萬公頃，幾乎包括了中國大陸所有最享盛譽的名山大川、名勝古跡。2008 年，中國大陸森林公園共

接待遊客 2.74 億人次，直接旅遊收入達 187.37 億元，分別比上一年度增長 11%和 18%。據測算，2008 年度全國森林公園共帶動社會綜合旅遊收入 1400 多億元。目前，廣東、山東、河南、江西、四川和浙江等 6 省的各級森林公園總數超過 100 處，其中各級森林公園最多的省是廣東省，達 415 處，國家級森林公園最多的省是江西省，為 41 處。多年來，森林公園的建立與發展，使中國大陸林區一大批珍貴的自然文化遺產得到有效的保護，在很大程度上滿足了日益增長的森林遊憩的需要，促進了森林旅遊產業的迅猛發展，許多森林公園已經成為傳播生態文化、弘揚生態文明的重要陣地。

　　中國也積極開展國際合作，為保護人類共同的資源作出努力。1985 年 12 月 12 日中國大陸加入《保護世界文化和自然遺產公約》。1999 年 10 月 29 日當選為世界遺產委員會成員。中國於 1986 年開始向聯合國教科文組織申報世界遺產專案。自 1987 年至 2009 年 7 月，中國先後被批准列入《世界遺產名錄》的世界遺產已達 38 處，其中文化遺產 25 處、自然遺產 7 處、自然與文化遺產 4 處、文化景觀 2 處，數量居世界第三位（見表 4）。此外還有列入「人類口述和非物質遺產代表作」的非物質文化遺產 4 處，列入《世界記憶遺產名錄》的世界記憶遺產 4 處。

表 4　中國大陸世界遺產名錄

資源類型	名稱	所在地及批准時間	名稱	所在地及批准時間
文化遺產	周口店北京猿人遺址	北京，1987.12	大足石刻	重慶，1999.12
	長城	北京，1987.12	明清皇家陵寢明顯陵	北京，2000.11 湖北，2000.11
	敦煌莫高窟	甘肅，1987.12	清東陵、清西陵	河北，2000.11
	明清皇宮北京故宮瀋陽故宮	北京，1987.12；遼寧，2004.7	明孝陵十三陵	江蘇，2003.7 北京，2003.7

	秦始皇陵及兵馬俑坑	陝西，1987.12	盛京三陵	遼寧，2004.7
	承德避暑山莊及周圍寺廟	河北，1994.12	皖南古村落（西遞、宏村）	安徽，2000.11
	曲阜孔府、孔廟、孔林	山東，1994.12	龍門石窟	河南，2000.11
	武當山古建築群	湖北，1994.12	都江堰——青城山	四川，2000.11
	布達拉宮（大昭寺、羅布林卡）	西藏，1994.12	雲岡石窟	山西，2001.12
	麗江古城	雲南，1997.12	中國高句麗王城、王陵及貴族墓葬	吉林，2004.7.1
	平遙古城	山西，1997.12	澳門歷史城區	澳門，2005
	蘇州古典園林	江蘇，1997.12	安陽殷墟	河南，2006.7.13
	頤和園	北京，1998.11	開平碉樓與古村落	廣東，2007.6.28
	天壇	北京，1998.11	福建土樓	福建，2008.7.7
自然遺產	九寨溝	四川，1992.12	中國南方喀斯特石林	雲南，2007.6.27
	黃龍	四川，1992.12	荔波	貴州，2007.6.27
	武陵源	湖南，1992.12	武隆	重慶，2007.6.27
	三江並流	雲南，2003.7	三清山	江西，2008.7.8
	大熊貓棲息地	四川，2006.7		
文化和自然雙重遺產	泰山	山東，1987.12	峨眉山——樂山	四川，1996.12
	黃山	安徽，1990.12	武夷山	福建，1999.12
文化景觀	廬山	江西，1996.12	五臺山	山西，2009.6.26

（資料來源：中國世界遺產網，截止 2009 年 7 月。）

（二）中國大陸旅遊資源的類型

中國不僅有著豐富獨特的人文生態旅遊資源，而且還有眾多奇麗的自然生態旅遊資源；中國具有五千年文明史，各個歷史年代都有豐富的文化遺產，許多都極具可觀賞性和利用性；中國是由 56 個民族組成的大家庭，不同民族間乃至同一民族內，風俗民情各異，中國國土面積遼闊，地貌複雜，氣候多樣，有著極為豐富的動植物資源，許多地方仍保留著原始風貌和良好的生態環境，野生動物資源和野生植物資源也十分豐富。

歸納起來，中國大陸旅遊資源具有種類多樣、內容豐富、分佈廣泛又相對集中、地域組合特色突出、各地旅遊資源互補性強、人文旅遊資源與自然旅遊資源交融性強、文化積澱豐厚、開發潛力巨大等特點。綜上，中國大陸主要有下列旅遊資源的類型，茲分述如下：

1. 山景

中國是一個多山的國家。據統計，中國的山地兵陵約占全國土地面積的 43%。作為旅遊資源，旅遊名山是雄、奇、險、秀、幽和人文景觀的結合。一般是指風景名勝區中的山嶽、自然保護區和森林公園中的山嶽、歷史名山、佛教道教名山、冰山雪峰和登山地、有科考意義的山嶽。著名的五嶽，即泰山、恒山、華山、嵩山、衡山，是中國山景的代表。山有大中小、高中矮、雄險秀之分。四川的四大山景勝跡「夔門天下雄」、「劍門天下險」、「青城天下幽」、「峨眉天下秀」，皆是從大尺度造型論其意境。奇異的山石以鳥獸物象喻景者比比皆是，加上繪聲繪色的神話傳說，使許多山石更富神秘色彩。

中國大陸山景依其成因大體可分為：新生代造山運動隆起的世界高峰，如珠穆朗瑪峰、希夏邦馬峰。花崗岩形成的風景名山，如黃山、九華山、華山。石灰岩溶蝕而成峰林和溶洞喀斯特景觀，如

桂林山水、路南石林、安順龍宮。丹霞地貌如武夷山、韶關金雞峰、承德雙塔山。砂葉岩不均勻侵蝕而構成的奇峰，如廬山、梵淨山、新疆的「魔鬼城」。火山噴發物流紋岩再經風化作用造就的奇峰，如雁蕩山、天目山等。由火山噴溢的玄武岩構成的火山景觀，如長白山白頭峰和五大連池火山群。古老變質岩形成的名山，如泰山、五臺山、嵩山。有構造斷裂而隆起的名山如峨眉山、恒山。新構造運動和冰川作用塑造的奇峰，如貢嘎山、四姑娘山等。

2. 洞景

中國大陸洞穴資源數以千計。洞穴分佈和岩性、構造、氣候條件、地下水作用都有密切關係。中國大陸洞穴主要分佈在貴州、廣西、雲南、湖北、湖南、四川、江西、廣東、浙江、安徽、江蘇以及山東、遼寧、河北、北京等省區岩溶發育地區。在南方一些地區分佈最為集中，如貴州北部有 700 多條暗河，湘西有 2400 多個溶洞，廣西桂林——陽朔一帶有 2000 多個洞穴，雲南宜良九鄉 28～36 平方公里範圍內就有 66 個洞穴。目前中國大陸開發的洞穴約 300 處，其中一部分是在原來洞穴的基礎上進行整修。開發較早的是桂林七星岩、蘆笛岩等。70～80 年代開發的遼寧本溪水洞、貴州安順龍宮、浙江桐廬瑤琳仙境、北京房山石花洞，90 年代以來開發的廣西荔浦豐魚岩、桂林冠岩、重慶武隆芙蓉洞等，已產生巨大的經濟效益。

3. 水景

水景按其形態又可細分為河、湖、瀑、泉、海等不同類型。

4. 河景

中國大陸江河如織，從涓涓細流的山澗到坦蕩寬闊的大江皆有特色。在眾多的河景中，尤以桂林——陽朔間神奇的灕江和雄偉磅礡的長江三峽為佼佼者。咆哮奔騰的黃河峽谷，詩情畫意的富春

江，*潺潺*流水的武夷山曲溪，均系別具情趣，以水景為主體的不同尺度的旅遊資源。

5. 湖景

波光瀲灩的湖泊自古被人們視為風景佳地。中國大陸擁有大小湖泊 2 萬多個，許多湖泊因其風光明媚而具有療養與旅遊價值。「淡妝濃抹總相宜」的西湖馳名於世，全國以「西湖」命名的湖泊不下數十處。中國大陸著名的旅遊名勝，從水天一色的鄱陽湖與洞庭湖，煙波浩渺的太湖與五百里滇池，美如碧玉的洱海、天山天池、賽裏木湖和阿爾泰山的哈納斯湖，到京都側畔的昆明湖。東西南北，聞名遐邇。新中國成立以來，中國各地興建的水庫，已經有多處闢為遊覽地，如新安江水庫、劉家峽水庫、紅楓湖水庫、十三陵水庫等。

6. 瀑景

中國大陸疆域遼闊，地勢複雜，為瀑布大量發育提供了基本條件。據統計，中國大陸大小瀑布至少在數百個以上，瀑布群也不下數十個。其中，比較著名的有，廬山瀑布群、雁蕩山瀑布群、黃果樹瀑布群、九寨溝瀑布群、天柱山瀑布群、壺口瀑布、長白山瀑布等。著名的黃果樹瀑布上下 22 級並連，其中 18 級為地面瀑布，4 級為地下瀑布，主瀑落差 74 米。許多名山也不乏瀑布勝景，如廬山香爐峰瀑布、三疊泉瀑布、黃山百太瀑。金華冰壺洞瀑布是在岩洞中形成的地下瀑，瀑布跌入地下暗河潛流而去，人稱其為「銀河倒瀉入冰壺」。中國大陸最美的瀑布群是九寨溝瀑布群；水量最大的瀑布是壺口瀑布，有翻江倒海之勢。

7. 泉景

據粗略統計，全國泉的總數當有 10 萬之多。其中，水質好、水量大或因奇水怪泉而聞名遐邇的「名泉」也有上百處之多。因地下水

的儲存條件不同，它們中有四季如湯的溫泉，刺骨冰肌的冷泉，噴湧而出的承壓水泉，汩汩外流的潛水泉，水霧彌漫的噴泉，時湧時停的間歇泉，去病醫疾的藥泉，甘甜爽口的礦泉，還有離奇古怪的水火泉、甘苦泉、鴛鴦泉，更有北京西山的玉泉、杭州西湖的虎跑泉、江西廬山的聰明泉。這些名泉，對風景名勝起到了錦上添花的作用。開發歷史最早、歷久不衰的礦泉風景名勝首推西安驪山華清池，廣東從化、北京小湯山、雲南安寧、黑龍江五大連池也都是馳名的礦泉療養地。

8. 海景

在中國大陸疆域之內，漫長曲折的海岸線長達 18000 多公里，分佈著至少 6500 個島嶼，50 多個群島和列島。海景旅遊資源包括海蝕奇觀、沙灘風景、五彩卵石、海灘森林、海底花園、大海波瀾、神奇島嶼、海市蜃樓、海上觀日、神秘海火。中國大陸現有海濱旅遊勝地有大連、北戴河、煙臺、青島、普陀、廈門、深圳、澎湖、三亞，正在開發的有遼寧金縣、興城，河北昌黎、撫寧，山東海陽，江蘇連雲港，福建湄洲島、崇武，廣東大鵬灣、珠江口，海南，廣西北海等。其中既有避暑勝地，也有避寒勝地。在大連、青島、福建、海南等地正在建設海濱度假旅遊區。

9. 生物景和生態系統保護區域

中國大陸具有世界上特有的奇花名木，珍禽異獸。珍稀特有動物資源如大熊貓、金絲猴、白唇鹿、黑頸鶴、揚子鱷等，均為中國大陸特有種。銀杏、銀杉、金錢松、白豆杉等皆為珍稀裸子植物；被子植物中，中國大陸占世界總科數的 53%，其中不乏古老類群和特有種。許多動植物既能起到烘托主景作用，又能獨立城景，構成頗具魅力的旅遊資源。

一些動植物的棲息繁衍區，如黑龍江紮龍鶴鄉，江西與青海鳥島，福建鴛鴦溪，雲南大理蝴蝶泉，世界罕見的物種基因庫——武

夷山自然保護區，有動植物生命搖籃之稱的西雙版納自然保護區，景色奇秀的張家界國家森林公園，列入聯合國教科文組織世界生物圈保護區網路的長白山、臥龍和鼎湖山自然保護區等，都是發展旅遊業得天獨厚的地方。

10.歷史古跡

中國作為一個文明古國，歷史古跡遍及各地，尤以黃河流域最為集中，可供人們遊覽觀賞並獲得知識啟迪的有古人類遺址、帝都宮苑、園林建築、寶剎古寺、石窟碑碣、名人故居、革命文物等。

中國歷史上作為中央王朝的帝都或封建割據政權首府的，從禹都陽城到元明清三代帝都的北京，不下百餘處。其中安陽、北京、西安、洛陽、開封、南京、杭州居於顯赫地位，被稱為中國七大古都，遺留古跡很多。西安與北京幾乎平分了封建社會前期和後期的帝都歷史，舉凡宮殿、祭壇、陵寢、王府、第宅、寺廟、道觀、園囿等，大多集中在京城及其郊區，成為人文旅遊資源最豐富的名城。

11.文化勝跡

歷史與文化之間有著不可分割的淵源關係。在中國的文化遺存中，宗教文化影響深遠，五台、普陀、峨眉、九華是中國著名的四大佛教聖地，廈門南普陀、賓川雞足山、泉州開元寺、杭州靈隱寺等，亦終年香火不絕。寺廟、道觀、經堂是建築藝術的精華，而造像、壁畫、碑碣、題楹等也極富文化價值。敦煌莫高窟、吐魯番柏孜克裏克、大同雲岡、洛陽龍門、天水麥積山、永靖炳靈寺、鞏縣石窟、大足石窟固原須彌山、慶陽北石窟、劍川石寶山、杭州飛來峰石窟等都是中國著名的石窟藝術精華。

12.古建築工程

古代中國創造的眾多浩大工程，今天已經成為中外遊人重要的遊覽參觀地，如長城、京杭運河、都江堰、古棧道、趙州橋、應縣木塔等。其他如石木結構的布達拉宮，宮牆厚達 1 米以上，用塊塊方石壘砌；聳立百米石峰上的雲岩寺，靠兩條鐵索貫連，堪稱建築界的一絕。五臺山南禪寺大殿為中國現存最古老的唐代木結構建築，在世界建築史上也佔有重要地位。

13.古典園林

中國造園藝術有「世界園林之母」之稱。它把建築、山池、園藝、雕刻、繪畫、書法、裝飾、美學等融於一體，使生景、畫景、意境巧妙結合，雖為人作，卻有自然之理，得自然之趣。中國古典園林又可分為皇家園林、第宅園林和寺廟園林等。皇家園林以規模宏大、莊重、豪華為主要特色。保存下來的皇家園林有圓明園、頤和園、北海公園、承德避暑山莊等。第宅園林有使人不出城郭而獲山水之怡，身居鬧市而又具林泉之致。現存的第宅園林集中在蘇州，如滄浪亭、拙政園、留園、網師園等。寺廟園林是園林藝術和宗教藝術結合的產物，比較著名的有蘇州獅子林、靈岩寺，南京靈穀寺、棲霞寺，鎮江金山寺和揚州大明寺等。

14.民族風情

中國是一個多民族國家，56 個民族都有自己的歷史文化，服飾裝飾，民風習俗，喜慶節日和衣食住行特點。各民族都有好客傳統，許多民族能歌善舞，習俗奇異，居室別致，服飾精美，與客源國家的文化差異度大，有很強的吸引力。如東北的暖居、陝西和山西的窯洞、豫西的天井窯院、新疆的土拱房、西藏的碉房、內蒙古的氈包、福建永定的土樓、西南山區的幹欄；回族的羊皮筏、

藏族的牛皮船、怒族的獨木舟、江南水鄉的小橋流水、傣族的竹橋、獨龍族的藤橋、羌族的竹索橋、彝族的竹篾網橋、藏族的溜索、壯族的風雨橋；雲南納西族和雲南瀘沽湖摩梭人的「走婚」、甘南藏族的「搶婚」、黔南瑤族的「探婚」；漢族的春節、元宵節、清明節、端午節、中秋節、黎、壯、侗、苗等族的「三月三」、大理白族的「三月街」、彝、白等族的火把節、傣族的潑水節、蒙古族的那達慕等等。內蒙古、新疆、雲南、貴州、西藏、四川等地是少數民族聚居地區，少數民族風情與當地獨特的自然風光結合，形成了極富民族特色的旅遊氛圍，具有大力開發民族風情旅遊的巨大潛力。

15.美味佳餚

中國菜餚名譽四海，色香味形兼美。八大菜系，各具千秋，其共同的特點是用料考究，刀工精細，製作精絕，百菜百味，回味無窮，余香滿口。

16.歷史文化名城

中華人民共和國國務院 1982 年 2 月批准將具有重大歷史價值和革命意義的 24 座城市批准為第一批國家歷史文化名城，以後又公佈第二批和第三批國家歷史文化名城 38 座和 37 座。這些城市中有作為統一國家的國都：西安、北京、洛陽、開封、南京；有南北對峙或三足鼎立的王朝帝都：成都、大同（平城）、杭州（臨安）；有諸侯國或封王都城：曲阜、江陵、蘇州、紹興、長沙；有兄弟民族歷史上割據政權或地方政權的首府：拉薩、大理；有風景名城：桂林、昆明、承德；有歷史上海外交通城市：廣州、揚州、泉州；有革命歷史名城：遵義、延安；有特殊意義的瓷都景德鎮市。

（三）資源利用中出現的問題

　　中國大陸開發旅遊業資源的同時也帶來了很多的問題。有些地區進行違反自然規律的開發，使自然旅遊資源所依存的天然條件改變，導致自然景觀的變異，甚至消亡。此種現象是令人相當惋惜與痛心的。如由於在黃山大建賓館，人工蓄水，造成黃山人字瀑的斷流；青海湖鳥類的減少；白洋澱的境遇等等無不是違背自然規律，而遭受自然的懲罰。其次還有自然景觀的非自然化傾向是指城市化、公園化、人工化，導致旅遊景點特有風格與美感的消失。如世界上最高、載重量最大的戶外觀光電梯——張家界百龍觀光電梯，其三百五十米的高度比法國埃菲爾鐵塔觀光電梯還要高出二百三十三米。它雖然贏得了兩項世界之最，方便了遊人，增加了地方稅收。但它對景觀美感的破壞是毀滅性的。它讓地質、旅遊、美學等專家學者扼腕，讓真正懂得美、欣賞美的旅遊者痛惜。自然旅遊景點商業化、集市化，最終導致旅遊景點的世俗化，失去吸引旅遊者的原有特色，削弱了旅遊價值。在旅遊地隨意設攤經商，往往將清麗、幽靜、脫俗的自然景觀弄得一片喧囂，照相機、攝像機的鏡頭總也躲不開煞風景的攤點。

　　自然資源粗放型開發的現狀與中國大陸極其豐富的自然旅遊資源和充足的客源市場相比，還相距甚遠，與未來旅遊業可持續發展的要求相比，還存在許多方面的隱患和問題，更難以適應未來 WTO 環境下全面開放和激烈競爭的國際旅遊大市場。要想使中國大陸的自然旅遊資源得到應有的開發、利用，應從多方面解決制約中國大陸旅遊業發展的不利因素。自然旅遊資源的可持續開發利用應是促進中國大陸旅遊業發展的根本所在，對中國大陸旅遊業乃至中國大陸經濟的健康、快速、可持續發展具有極其重要的現實意義。

五、中國大陸旅遊資源政策

　　新中國成立以後，中國在發展工農業生產的同時，十分重視旅遊資源的開發、利用和保護工作。自 1998 年國家中央經濟工作會議將旅遊業確立為新的經濟增長點後，旅遊產業在中國的地位得以確立，旅遊產業體系逐步形成，產業規模也隨之不斷擴大。尤其是經過「九五」（1996－2000）和「十五」（2001－2005）計畫期間的發展，中國已先後實現了從旅遊資源大國向亞洲旅遊大國的歷史性跨越，從亞洲旅遊大國向世界旅遊大國的歷史性跨越。通過政府的宏觀調控和鼓勵性的政策，企業配合政府合理開發旅遊資源，中國的自然風光已更加秀麗，歷史古跡更加光輝燦爛，民族風情更加絢麗迷人，中國旅遊業的國際地位不斷提高，國際影響不斷擴大。

　　中國大陸的政策主要有三個面向：

　　首先，國家頒佈了有關保護文物的一系列法律、法規。建國初期，以「重點保護珍貴文物，社會主義建設和文物保護兼顧」為原則，加強人文資源的保護工作為目的，政務院頒佈了《禁止珍貴文物、圖書出口暫行辦法》，防止珍寶被盜運出國；同時還頒佈了《古跡、珍貴文物、圖書及稀有生物保護辦法》、《保護古文化建築辦法》，要求對文化歷史資源注意保護，嚴禁毀壞。同時，國家還強調要處理好社會主義建設工程和保護文物古跡的矛盾，並為此於 1953 年 10 月由政務院頒發了《關於在基本建設工程中保護歷史革命文物的指示》，規定了各種措施和辦法，以保證珍貴文物不在建設中遭受破壞或重大損失。對具有珍貴價值的文物古跡，需要堅決保護，嚴禁破壞。

　　為保護國土自然環境和國家森林資源，剎住破壞森林的歪風，1979 年 1 月，國務院發出《關於保護森林制止亂砍濫伐的佈告》；同年 2 月，第五屆全國人大常委會六次會議通過了《中華人民共和

國森林法》；9 月，全國人大通過了《中華人民共和國環境保護法（試行）》；10 月，國務院環境保護領導小組等有關部委共同發出《關於加強自然保護區管理、區劃和科學考察工作的通知》，規劃和建立珍稀動物、樹種和有特殊意義的地質剖面、冰川遺跡、岩溶、溫泉、化石等自然歷史以及重要水源地等自然保護區，並在遼寧省建立了蛇島——老鐵山國家級自然保護區。1982 年 11 月，第五屆全國人大常委會頒佈通過了《文物保護法》，取代了原國務院公佈的《文物保護管理暫行條例》，這將長期以來中國對文化遺產資源保護管理積累的經驗上升為法律檔，對中國文物保護有著深遠的影響。

改革開放 30 多年來，隨著中國旅遊業的發展，旅遊業的法制建設也在不斷進步和完善。到目前為止，已公佈的旅遊法規、條例、規章已不下 40 餘項，另外還有一些地方性旅遊法規，範圍涉及旅遊業的方方面面，其在調整旅遊業結構、規範旅遊市場、解決旅遊糾紛、保護旅遊法律關係主體各方權利等方面，發揮了十分重要的作用。總的來說，中國現行的旅遊法律體系主要包括旅遊行政法規、旅遊部門規章、地方性旅遊法規、地方性旅遊規章及國際旅遊條約五類。

1985 年 5 月 11 日，國務院頒佈了《旅行社管理暫行條例》，這是中國旅遊法制建設中的第一個行政法規，標誌著中國旅遊法制建設發展的新階段。它的出臺對於加強旅行社的管理，保障旅遊者和旅行社的合法權益，維護旅遊市場秩序起到了一定作用。但隨著中國改革的不斷深化，《旅行社管理暫行條例》中的一些規定已不能適應新的情況，1996 年 10 月 15 日，國務院令第 205 號又對其進行了變動，布了《旅行社管理條例》，繼續推動旅遊業的進步。2001 年 12 月 11 日，務院又簽發了第 334 號令公佈《國務院關於修改〈旅行社管理條例〉的決定》，以履行中國入世的承諾，使新的《旅行社管理條例》更加適應中國旅遊業對外開放的需要。

旅遊部門規章主要由國家旅遊局制定或發佈，有時也可與其他部門共同制定發佈。目前，中國的旅遊部門規章按照類別可以分為如下幾類：旅行社經營管理、導遊人員管理、旅遊飯店業管理、旅遊爭議與投訴、旅遊資源保護、旅遊安全方面的規章。地方旅遊法規是指由省一級（省、自治區、直轄市）或經國務院批准的較大的城市（省會城市、計畫單列市等）的人大及其常委會制定的符合本地區旅遊業發展情況的綜合性旅遊法規。1995 年 6 月 22 日，海南省第一屆人大常委會批准了《海南省旅遊管理條例》，這是中國第一部以省人大地方立法的形式確立的地方性旅遊法規。此後，各省紛紛加快了旅遊立法的步伐。2003 年 12 月 3 日，上海市第十二屆人民代表大會常務委員會第九次會議通過了《上海市旅遊條例》。至此，中國已有 30 個省、自治區、直轄市制定了自己的旅遊立法，這些法規均以「旅遊條例」或「旅遊管理條例」為基本形式，體現了各地政府對管理本地區旅遊業的重視。地方性規章是指由省一級（省、自治區、直轄市）或較大的市（省會城市、計畫單列市等）的人民政府在法定職權範圍內制定的辦法、規定等。地方性旅遊規章如 1997 年天津市人民政府出臺的《天津市旅遊業管理辦法》、上海市人民政府 2001 年發佈的《上海市導遊人員管理辦法》等，這些地方性旅遊規章除不得與憲法、法律、行政法規相抵觸外，在法律效力上還服從於上級和同級的地方性旅遊法規，它們也是中國旅遊法律制度的一個組成部分。

由於旅遊是一項跨越國界的活動，這就決定了旅遊業在國際範圍內必須遵守某些共同的做法和規則，中國政府也締結了一些旅遊方面的國際組織和國際條約，例如聯合國環境計畫和世界旅遊組織簽訂的「旅遊和環境協議」等。旅遊業是一項綜合性的經濟行業，其本身即橫跨餐飲、住宿、交通、遊覽、購物、娛樂六大部門，因此，只有相關行業全力配合，旅遊業方能順利發展。改革開放以來，中國頒佈了許多涉及市場經濟的法律法規，它們也是中國旅遊立法

體系中不可缺少的內容，對中國旅遊業的發展同樣起著至關重要的作用。

　　總之，這些法律法規主要體現在以下六個方面：（1）旅遊民事與商事法律關係的法律，如《民法通則》、《合同法》；（2）旅行遊覽管理方面的法律，如《外國人入境》、《出境管理法》；（3）旅遊交通管理方面的法律，如《民用航空法》；（4）旅遊資源管理保護方面的法律，如《文物保護法》；（5）旅遊企業管理方面的法律，如《公司法》；（6）旅遊行政法方面的法律，如《行政訴訟法》、《行政處罰法》、《國家賠償法》。

　　其次，對全國的旅遊城市和景點實行分級重點管理。1961 年 3 月，國務院批准公佈了第一批「全國重點文物保護單位」108 處，並制定了「文物保護管理條例」。1982 年 2 月，國務院公佈了第二批全國重點文物保護單位共 62 處。確定公佈全國重點文物保護單位是中國政府在全國範圍內依法採取的一項加強文物保護管理的重大措施。「七五」期間，國家公佈了 38 座國家歷史文化名城，40 個國家重點風景區和 258 處全國重點文物保護單位。

　　國家旅遊局 1995 年 3 月 15 日發出《關於開展創建和評選中國優秀旅遊城市活動的通知》，拉開了創建中國優秀旅遊城市的序幕。通過創優各城市會更加珍惜城市旅遊資源，更重視旅遊規劃和建設，更充分體現城市的獨特風貌，打造城市的旅遊品牌，改善城市，推動旅遊業的進一步發展。至 2006 年底「中國優秀旅遊城市評定委員會」共分 6 批命名中國優秀旅遊城市：第一批 54 座（1999）、第二批 67 座（2000）、第三批 16 座（2001）、第四批 45 座（2003）、第五批 23 座（2004），第六批 24 座（2006），總計 229 座。

　　自然旅遊資源方面的評定，依照 1999 年《旅遊區（點）品質等級的劃分與評定》國家標準，評選由省（區）級旅遊局推薦，國家旅遊局組織評定批准。品質等級劃分為 4 級，從高到低依次為

AAAA、AAA、AA、A 級旅遊區（點）。評定範圍，包括旅遊景區、景點、風景區、度假愛、保護區、主題公園、森林公園、地質公園、動物園、植物園、博物館、美術館等。品質範圍，包括「服務品質與環境品質評價體系」、「景觀品質評價體系」和「遊客意見評價體系」。等級標誌、標牌、證書由國家旅遊行政主管部門頒發。評選目的是為了加強旅遊區（點）管理，提高旅遊區（點）服務品質，維護旅遊區（點）和遊客的合法權益，促進中國旅遊資源開發利用和環境保護。

國家旅遊局從 2001 年至 2006 年共分 12 批命名國家 AAAA 級旅遊區（點）786 家。其中，2001 年第一批 188 家、第二批 43 家；2002 年第一批 40 家、第二批 30 家、第三批 27 家、第四批 33 家；2003 年第一批 26 家、第二批 57；2004 年－43 家（2005 年 185 家；2006 年第一批 82 家、第二批 32 家。另外，2003 年在品質等級劃分中增加了 AAAAA 級旅遊區（點），並於 2007 年首批命名 AAAAA 級旅遊區（點）66 家，從高到低依次為 AAAAA、AAAA、AAA、AA、A 級旅遊區（點）從而形成一個完整的景點品質等級系列。

第三，加強政府投資，同時面向企業頒佈投資扶持政策。政府資金主要用於進行對外宣傳，積極開發新景區和進一步加強和促進經典景區的建設。為了進一步增加中國在世界旅遊市場的分額，擴大中國旅遊業的世界影響力，塑造良好的旅遊目的地國形象，中國政府一直重視對傳統旅遊客源市場的促銷。可以說在這方面保持著一貫的穩定性和連續性。中國旅遊業的發展採取的是政府主導型的發展戰略，這一戰略的一大特點就是政府對旅遊業發展提供財政和稅收上的支持，即政府不但對旅遊業的發展投入大量的財政資金，而且對旅遊業的發展提供各種稅收優惠政策，從而為旅遊業的發展創造一個良好的發展環境。

1979 年到 1985 年，國家每年用於旅遊基建投資由 2000 萬元到 4000 萬元，其中相當一部分投資是用於景點建設。1985 年 12

月，國務院常務會議決定將旅遊事業正式納入國家國民經濟發展計畫，確定每年旅遊投資 5 億元，批准了陸續興建的七大重點工程。5 年間，僅由國家旅遊局直接安排用於風景區建設的資金就達 3.43 億元，有力地推動了各地旅遊資源的開發和保護。2000－2003 年安排國債投資的 364 個旅遊基礎設施項目，建成旅遊專用公路 7000 多公里，遊覽步道 2500 多公里，以及一批供電供水設施、垃圾汙水處理設施、安全保障和景區環境整治工程。這些專案共涉及近 200 多個旅遊景區，其中有 150 多個屬各類國家級旅遊景區，還有 10 個景區被列入聯合國教科文組織的世界遺產名錄。從政府投資看，2000 年至 2005 年，中國長期建設資金（國債）每年用於旅遊區和旅遊項目基礎配套設施建設的資金，分別為 4 億元、8 億元、12 億元、20 億元、6 億元和 13 億元，6 年合計為 63 億元。按照有關方面測算的每元政府基礎配套投資帶動 10 元社會和市場投資計算，6 年直接用於中國旅遊業的投資總額達到 700 億元。再將大的交通基礎設施投資和城建等相關投資中用於旅遊業的比例計算進去，則 6 年中國旅遊業投資總額至少在 3000 億元，年均約 500 億元。

政府的宏觀政策對旅遊業的影響也是十分顯著的。2003 年十六屆三中全會上提出了科學發展觀，即「堅持以人為本，樹立全面、協調、可持續的發展觀，促進經濟社會和人的全面發展」，科學發展觀成為國家事業發展的重要戰略思想。接下來的幾年，中國推動了生態旅遊、文化旅遊、鄉村旅遊、工業旅遊、紅色旅遊、濱海旅遊、溫泉旅遊、冰雪旅遊、森林旅遊、科技旅遊、健康旅遊的發展；國家旅遊局與有關部門共同推動國家法定節假日調整，推動落實職工帶薪休假制度，進一步推動了假日旅遊持續增長，完成了黃金周旅遊組織工作；2007 年全年安排旅遊發展基金項目 264 項，進一步引導社會資本投資旅遊業。2008 年金融危機爆發，對中國旅遊業產生嚴重影響。2008 年 11 月 5 日國務院常務會議上，確定了當

前進一步擴大內需、促進經濟增長的十項措施，使國內旅遊經濟實力和抵禦風險的能力都明顯增強。旅遊交通、能源、通訊等基礎設施也日趨完善，旅遊服務設施、產品體系、目的地體系、人才隊伍建設等旅遊業發展的基礎更加堅實，這些都有利於旅遊業發展，有利於城鄉居民旅遊出行。土地政策優惠和稅收政策優惠方面，尤其對在西部地區，對設在西部地區從事旅遊業的內資企業和外商投資企業，在 2001－2010 年期間，減按 1506 的稅率徵收企業所得稅，極大地促進了西部地區旅遊業的發展。國家還提供優惠的外匯兌換政策（包括外商所得利潤和工資等收入匯出的自由），以及相應金融政策的支持以及必要的財政支持等，吸引各種資金投向旅遊業。

　　作為國民經濟的新興行業，中國旅遊業在發展初期就明確了開發建設的基本方針。一方面堅持對外開放，廣泛吸引海內外各界資金；另一方面，充分利用社會資源，鼓勵國家、集體、個人投資建設旅遊項目。這種開放的投資方針推動了中國旅遊投資市場的活躍和旅遊接待能力的提高，為旅遊業的繁榮發展創造了條件。同樣旅遊政策的實施正是基於可持續的科學發展觀，根據時代發展的特徵和契機，進行旅遊政策各個細節上的完善。近年來來，國家宏觀政策對旅遊業發展都十分有利，遊政策的發展走向了穩健而全面完善的階段，中國旅遊業總體發展環境良好。

六、參考文獻

1. 保繼剛等，旅遊地理學（M），北京：高等教育出版社，1993。
2. 董平，我國旅遊資源區劃初探（J），地域研究與開發 2000，第 19 卷第 3 期。
3. 金海龍等，中國旅遊地理（M），北京：高等教育出版社，2002。
4. 李濤，中國地理（M），長春：東北師範大學出版社，1998。
5. 盧雲亭，現代旅遊地理學（M），南京：江蘇人民出版社，1998。

北京

一、概況

　　北京是中華人民共和國的首都，簡稱京，是中國四個中央直轄市之一，中國的政治、文化中心。北京位於華北平原北端，東南局部地區與天津相連，其餘為河北省所環繞，面積 1.680 萬平方公里，市區面積 735 平方公里，下轄 10 個區、8 個縣。城區：東城區、西城區、崇文區、宣武區；近郊區：朝陽區、海澱區、豐台區、石景山區；遠郊區：門頭溝區、房山區；遠郊縣：昌平縣、順義縣、通縣、大興縣、平谷縣、懷柔縣、密雲縣、延慶縣。

　　北京地處華北平原與蒙古高原交界地帶，東南部為平原，西北部為燕山、太行山山地，山清水秀，地貌多變，自然景觀資源豐富。北溫帶亞濕潤氣候，1 月平均氣溫-9℃～-4℃，7 月約 25℃，年平均降水量 600 多毫米左右。主要有漢、回、滿、蒙古等民族。工農業發達，傳統工藝品生產歷史悠久，技藝精湛。70 萬年前北京猿人即生活於周口店地區，春秋戰國時期燕國建於薊，遼南京、金中都均在此地區，元、明、清三代北京更成為中國的政治、文化中心。特定的地質地貌、氣候、生態環境和悠久的歷史、燦爛的文化，是北京區域自然旅遊資源形成的重要基礎。

二、旅遊資源

　　北京對外開放的旅遊景點有 200 多處，有皇家宮庭、園囿、朝壇及宗教建築遍佈，且大多保存完好；還有長城、古運河、八達嶺、慕田峪長城以及四合院等名勝古跡。全市共有文物古跡 7309 項，其中有 6 處世界遺產、2 處國家重點風景名勝區、1 座中國歷史文化名村（爨底下村）、99 處中國重點文物保護單位（含長城和京杭大運河的北京段）、326 處市級文物保護單位。

（一）自然風光

　　北京西、北、東三面環山，自古以「北枕居庸，西峙太行，東連山海，南俯中原」說明地理位置之重要。北京市的地形骨架形成於中生代的燕山運動，山地和峽谷風景是自然觀光資源的主要載體，山地約占全市面積的 62%，平原約占 38%，總趨勢是西北高，東南低。西北部山峰都高達千米以上，且經過長期侵蝕風化，形成許多形態奇特的造型山地，西山由西北向東南急速下降，東南到香山、臥佛寺一帶海拔迅速降到四五百米，再到玉泉山、八寶山等海拔僅百十米。

　　西部山地，從南口的關溝，到拒馬河一帶，統稱西山，屬太行山餘脈，由一系列東北──西南走向、大致平行的褶皺山脈組成，海拔 2303 米的靈山為北京市最高峰，其次還有白草畔、百花山、黃草梁等。太行山從山西經河北至北京南口，綿延數百里，歷史上稱之為神京右臂。北部山地統稱軍都山，屬燕山山脈，是一個有著若干個山間盆地的斷塊山地，其地勢由南而北呈階梯狀逐級上升，而後進入蒙古高原。燕山山脈在北京市境內稱軍都山，呈向西北突出的弧形，主峰為海坨山，海拔 2241 米，南側山前地帶形成許多著名風景區。向東面直達渤海海濱。這兩條山脈在南口附近交會，

形成一個向東南展開的半圓形大山彎，人們稱之為北京彎，他所環抱的平原即北京小平原。與平原相接的邊緣山地為低山區，海拔在200－500米之間，西部山地海拔一般在1000－1500米之間；最高峰是門頭溝區與河北省交界的東靈山，海拔2303米，有「京都第一峰」之稱。北部山地海拔一般為800－1000米，最高峰是延慶的海坨山，海拔2241米，是北京的第二高峰。北京山脈連綿、大小有名者近百座。

（二）名勝古跡

北京有3000餘年的建城史和850餘年的建都史，是全球擁有世界文化遺產最多的城市。北京的人文景觀資源類型和數量豐富：長城被譽為世界七大奇跡之一，是世界上最長的古城牆；故宮是世界上保存最完整和最大的古建築群；頤和園是中國現存建築規模最大的古皇家園林；天壇是中國現存最大的古壇廟建築；周口店「北京人」遺址保留的古人類遺物之豐富在世界上獨一無二。

北京市共有文物古跡7039項。古代建築及歷史紀念建築物145個，古墓7個，古代文化遺址10個，革命遺址和革命紀念建築物22個，石刻及其它文物5個。著名的文物古跡有：周口店遺址、長城、古觀象臺等歷史文化遺址；故宮博物院、北海、香山等皇宮和歷史各園；天壇、孔廟、潭柘寺、雍和宮、白雲觀、牛街清真寺、西什庫教堂等宗教建築；十三陵、大葆台漢墓等陵墓。故文物古跡薈萃是北京旅遊資源的最大優勢。

革命遺址和紀念性場所，在文物中也佔有重要地位。主要有：天安門廣場、人民英雄紀念碑、毛主席紀念堂、八寶山革命古墓、李大釗烈士陵園、長辛店二七革命遺址、北京大學紅樓等。

1949年到1988年，經過考古發掘，又發現許多重要文物，為上宅新石器時代文化遺址的石器、商代墓葬，以及不同朝代的陶瓷窯址和石碑、石刻等。

　　北京是世界上建城最早的歷史名城，是遼、金、元、明、清古都、遺存下許多凝結著中華古代文明和傳統文化的古建築。它的輝煌，除了顯現於數不勝數的寶塔、橋樑、廟宇寺院等建築外，更集中地體現於皇城、皇宮、皇陵及皇家園林建築上。據專家論證，現今附近的天寧寺磚塔，是在遼代塔址上建造的北京現存古建築中最古老的一個。建於金代的橫跨盧溝河的大石橋——盧溝橋，馳名古今中外。盧溝橋修築成後的一百年，義大利的著名旅行家馬可波羅曾經到這座橋，留下了動人的記載，稱讚說多處橋樑之美鮮有及之。

　　北京寺院建築眾多，體現了漢族、蒙古族、藏族、回族、維吾爾族等多民族的獨特藝術風格，也糅合了東方多國人民，包括越南、朝鮮、印度、尼泊爾人民的獨特藝術風格。有些寺院至今保存完整。

　　北京皇城，由遼代的南京、金代的中都、元代的大都到明清的北京城，幾經變遷修建，及其雄偉壯麗。特別是明代北京城設計嚴密，外城包著城南面，內城包著皇城，皇城包著紫禁城，從外城到紫禁城，每城周圍又繞以寬而深的護城河，內城的土牆全部改用磚包磚，更為堅實、壯美。

　　紫禁城位於全城中心，沿著一條縱貫南北約十三裏長的中軸線，矗立著一座座宏大輝煌的宮殿建築群。除外朝內廷的皇極殿、中極殿、建極殿，幹清宮、交泰殿、坤甯宮等眾多宮殿外，還有城北的鐘、鼓樓，城南的天壇、先農壇等宏偉建築。這些古建築既負載著中國的人類的古代文明、歷史文化的瑰寶。

　　皇陵墓葬也是古建築中獨特一類。這裏最著名的是明十三陵（分佈在昌平區北天壽山下的明朝中的十三個皇帝的墳墓、即長陵、獻陵、景陵、裕陵、茂陵、泰陵、康陵、永陵、昭陵、定陵、慶陵、德陵、思陵）。十三陵的建築是一個龐大的體系，整個陵區方圓約四十平方公里，周圍關口砌有圍牆，通向陵墓的有門洞、神道、碑亭、獸象、孔橋。1957 年發掘出來的定陵的地下宮殿寬大

高敞，壯麗精美，地上地下整個十三陵的宏大建築，堪稱古代建築
藝術中的傑作。

（三）園林

北京的皇家園林在中國園林史上佔有重要一席位置。北京自
遼、金時期作為京都以後，開始了大規模的園林建設。

金代北京曾引西湖水（現在蓮花池），營建了西苑、同樂園、
太液池等皇家園林，並修建離宮禁苑，其中最大的是萬甯宮，即今
天的北海公園地段。並在郊外建玉泉山芙蓉殿、香山行宮、櫻桃溝
觀花台、潭柘寺附近的金章宗彈雀處、玉淵潭釣魚臺等。「燕京八
景」之說就起源於金代。它們是：居庸疊翠、玉泉垂虹、太液秋風、
瓊島春陰、薊門飛雨、西山積雪、盧溝曉月、金台夕照。

元代，皇家園林以萬歲山（今景山）、太液池（北海）為中心
發展。當時將太液池向南擴，成為北海、中海、南海三海連貫的水
域，在三海沿岸和池中島上搭建殿宇，總稱西苑。在宮廷之內有宮
後苑（今故宮御花園），宮廷外的四面東苑、西苑、北果園、南花
園、玉熙宮等，近郊有獵場、南海子等。

明代大建祭壇園林，如「形圓似天」圜丘壇（現天壇）以祭天；
形方似地方澤壇（現地壇）以祭地祇神；日壇以祭大明之神；月壇
以祭月明神；先農壇以祭先農神；社稷壇以祭祀土地神和五穀神
等；廟宇園林也開始盛行。

清代，北京的園林再次發展，相繼建造了有「三山五園」之稱
的五座行宮園囿，即香山的靜宜園、玉泉山的靜明園、萬壽山的清
漪園、暢春園、圓明園，另有不少小園林、小廟宇。其規模之宏大，
工程之浩繁，裝飾之豪華，都超過前人，使皇家園林建設達到了最
高峰。從此，北京城西直門外直至西山東側的幾十公里山水環抱
中，皇家園囿、行宮、梵宇以及宗室大臣的賜園，使北京城西北郊
成為「園林之海」。

　　皇家園林中一些是帝王的離宮別院，供休息、遊玩之用，有的還有處理政務的功能。北京皇家園林是中國古典園林的一個重要類型，是世界園林皇冠上一顆閃亮的寶石。

　　北京既有建園歷史悠久氣勢恢弘的皇家園林，又有風光秀美的新建園林。如昔日集中在城西南郊的大都園亭，其中著名的如廉園萬柳堂，曾是元初著名的維吾爾族政治字廉希憲的別墅。園中各花幾萬本，號稱京師第一。元代著名書法家、詩人趙孟頫曾這樣描繪廉園萬柳堂的景色：萬柳堂前數畝池，平鋪雲錦蓋漣漪。如今城西的玉淵潭公園，相傳金末的王鬱隱居釣台就在這裏。分別稱為中、南、北海的金、元、明宮苑勝地至今風光依舊。其中北海早已辟為北海公園，供百姓共用園林之趣。近代，特別是新中國建立以後陸續整修、新建的園林，如中山公園、勞動人民文化宮、北京動物園、植物園、北京世界公園、民族公園等等，為北京園林名勝開闢了新的天地，增添了許多新成員。

（四）胡同

　　胡同是北京特有的一種古老的城市小巷。胡同原為蒙古語，即小街巷。由於北京古時城建就有嚴格規劃，所以胡同都比較直，星羅棋佈，共有 7000 餘條，圍繞在紫禁城周圍，大部分形成於中國歷史上的元、明、清三個朝代。「胡同」，是北京特有的一種古老的城市小巷。胡同的名稱五花八門，有的以人物命名，如文丞相胡同；有的以市場、商品命名，如金魚胡同；有的以北京土語命名，如悶葫蘆罐胡同等。北京最長的胡同就是東西交民巷，全長 6.5 公里；最短的一尺大街，長不過十幾米；最窄的胡同要數天橋地區的小喇叭胡同，寬僅 0.58 米，稍許胖點的人都難以通過。胡同中主要建築幾乎全部是「四合院」。這是一種由東、西、南、北四座房屋，以四四方方對稱形式圍在一起構成的對閉式建築。改革開放以來，很多胡同被推土機推掉，現代建築拔地而起，儘管如此，在北京

的市區內，胡同仍是佔據著近三分之一的面積，居住著近半數的人口。胡同不僅過去是，而且現在仍然是許多北京人生息與共的地方。

什剎海是北京城一處歷史文化風景區，包括前海、後海、西海三個湖泊，保存良好的恭王府，縱橫交錯的胡同，與古老的鐘樓、鼓樓遙相呼應。堪稱北京最具代表的胡同地區。從鼓樓大街西側進入什剎海地區，登上銀錠橋駐足觀望，天空晴朗的時候，能看到山清晰的輪廓，這就是著名的燕京八景——「銀錠望山」。後海的兩岸有恭王府、郭沫若故居、宋慶齡故居，不遠處有鼓樓和鐘樓。

北京胡同歷經了數百年的風雨蒼桑，它是老北京人生活的象徵，是北京古老文化的體現，現如今，國家非常重視北京胡同的文化發展，北京旅遊局在一些保護較好的胡同中，開闢出了遊覽專線，旅遊者可乘坐舊式三輪車遊覽胡同，還可到住在胡同裏的百姓家作客。北京的胡同文化就這樣傳播到了全世界。

三、旅遊資源特點

北京作為北方歷史文化古跡療養旅遊區中重要的區域，有著自己旅遊資源的優勢：

（一）地理環境

北京西擁太行，北枕居庸，南接華北大平原，西臨黃土高原，北鄰內蒙古高原，處於「北京灣」中。是連接中國東北、西北和中原地區的樞紐，是南北往來的交通要衝。北京屬於暖溫帶半濕潤大陸性季風氣候，夏季炎熱多雨，冬季寒冷乾燥，春、秋短暫。適宜開展旅遊業。

（二）歷史古跡、人文景觀、自然景觀眾多，小吃、特產豐富

北京有 3000 多年的悠久歷史，是中國著名的七大古都之一，是中華民族的發祥地之一，是世界文化遺產最多的城市。因是儒家文化的發祥地並長期深受儒家文化影響，留下了豐富的歷史遺存，有深厚的文化底蘊。

有著名的皇家園林，如北京的故宮，故宮是明清兩代的皇宮，歷經了明清兩代 24 個皇帝，是世界上最大、最完整的古代宮殿建築群。裏面不但收藏了很多世界上絕無僅有的無價國寶，而且還是收藏文物最豐富的博物館。北京故宮不僅是皇家園林的代表，同時也體現了封建帝王在當時社會中至高無上的權威。故宮的設計和建築在現在看來，是一個傑作。它的平面佈局，立體效果，以及形式上的雄偉、堂皇、莊嚴、和諧，建築氣勢雄偉、豪華壯麗，是中國古代建築藝術中的精華。故宮中處處體現了中國豐富的文化底蘊，顯示著五百多年前工匠師們在建築上的卓越成就。

有豐富的名勝古跡，如盧溝橋，北京市現存最古老的石造聯孔橋；十三陵，是世界上保存完整埋葬皇帝最多的墓葬群。

北京除了眾多的歷史古跡，還有很多特色的小吃，特產，人文景觀和自然景觀。北京的特色小吃有爆肚馮的爆肚、都一處的燒賣、全聚德的烤鴨、東來順的涮羊肉、隆福寺的灌腸等等；特產有京白梨、核桃、雕漆、玉器等；人文景觀有老舍故居、大觀園、魯迅故居等；自然景觀有北京三大高峰，「十渡」風景區等。

（三）現代化的都市

北京作為一個國家的首都，既是歷史文化古都，也是現代化的都市。從 20 世紀 50 年代開始，作為政治中心，北京開始對天安門廣場進行擴建並建設了人民大會堂、歷史博物館和革命博物館等十大建築。80 年代，國際展覽中心、長城飯店、首都機場新樓、北

圖新館、大觀園等成為新的十大建築。90 年代，亞運村奧體中心、東安市場、中央電視塔、植物園溫室等市場化需求的十大建築嶄露頭角。2008 年，北京成功舉辦了第 29 屆奧運會，讓世界認識了現代化的北京。奧運會的成功舉辦，新的地標「鳥巢」、「水立方」和國家大劇院也呈現在世界人民的面前。而這些也正是北京旅遊發展新的亮點，新的旅遊資源。

四、設施

（一）交通

北京首都國際機場已開通 200 多條國際國內航線，通往世界主要國家及地區和國內大部分城市，2007 年吞吐旅客超過 5000 萬人次，進入亞洲最繁忙機場的行列。

全市鐵路總里程 962 公里，京秦鐵路、京哈鐵路、京滬鐵路、京九鐵路、京廣鐵路、京原鐵路、京包鐵路、京承鐵路、京通鐵路等多條鐵路幹線彙集於此。

北京市城區的路網結構以矩形環狀為主，道路多以此為依託，與經緯線平行網狀分佈。先後依託城市擴展，建設了二、三、四、五和六環路。截至 2007 年，全市道路總長 25765 公里，其中城八區道路總長 4460 公里，全市立交橋數共有 381 座，京哈、京瀋、京津塘、京石、八達嶺、京承、京開等多條高速公路流經北京。

（二）接待設施

為加強北京市餐飲業的衛生管理，保障消費者的健康，規範餐飲業的衛生量化分級管理工作，根據《中華人民共和國食品衛生法》、《餐飲業食品衛生管理辦法》、《餐飲業與集體用餐配送單位衛生規範》以及《衛生部關於推行食品衛生監督量化分級管理的通知》

等要求，北京市衛生局制定了《北京市餐飲業衛生量化分級管理實施辦法》，根據量化考核標準，對北京餐飲餐飲單位、集體食堂和集體用餐配送單位等劃分為 ABCD 四個等級，其含義如：市政公用事業包括城市供水、集中供熱、垃圾處理、市政道橋、公共交通、園林綠化、汙水處理、管道燃氣八個方面的市政設施建設。

　　奧運前後通過在全市旅遊行業開展大規模的全員培訓，使數十萬人員的工作素質和接待能力得到了提高。全市各星級飯店進行了大規模的改造升級，特別是無障礙設施的改造，節能的改造，室內溫度的標準化管理應該是大大的提升了酒店管理的水準。全市各主要景區進行了大規模的修整和維護，完全了無障礙設施的建設。隨後還啟動了京津旅遊合作，開展「乘高鐵、逛京津」，同時進一步研究和推進進京旅遊客車高公路免費的問題。2009 年完成了一批高速路口旅遊諮詢站的建設，方便市民出行旅遊。重大節日，市公安、交管、治安、交通執法、城市執法、旅遊執法、消防、運輸、物價檢查等假日工作領導小組的各職能部門，堅守崗位，認真負責，確保假日旅遊的秩序和安全。

　　旅遊業的法制建設和標準化建設不斷完善，北京是人大通過頒佈北京市第一個旅遊地方性法規《北京旅遊管理條例》，標誌著北京旅遊業走向了依法治理的健康軌道，市政府和各個區縣政府先後制定了全市和本區縣的十五、十一五發展規劃，率先實施了旅行社等級劃分與評定，星級飯店的服務品質標準和住宿服務品質標準及評定等多項地方標準，同時依據這些條例和標準實施動態的管理，進行市場的標準准入和嚴格的退出機制。

五、參考文獻

1. 田至美，北京地區生態旅遊資源的地段美和時序美（M），北京聯合大學學報 2001 年 3 月，第 15 卷第 1 期總 43 期。

2. 齊希，北京旅遊（J），北京理工大學出版社，2008 年 3 月 1 日。
3. 魏小安，等……旅遊政策與法規作（J），北京師範大學出版，2009 年 9 月 1 日。

天津

一、概況

　　天津市簡稱津，天津是中國四個直轄市之一，中國北方的經濟中心，國際港口城市，生態城市。天津市位於環渤海經濟圈的中心，是中國北方最大的沿海開放城市、近代工業的發源地、近代最早對外開放的沿海城市、中國北方的海運與工業中心。它地處華北平原東北部，東臨渤海，北枕燕山，北與首都北京毗鄰，東、西、南分別與河北省的唐山、承德、廊坊、滄州地區接壤，素有渤海明珠之稱。天津海岸線長約 133 公里，面積 11305 平方公里全市 13 個區、5 個縣，人口 1000 萬，有漢、回、朝鮮、滿、蒙古等民族。

　　近年來天津市旅遊業呈現出穩步上升的發展態勢。2009 年 1-9 月份，全市共接待國際旅遊者 108.68 萬人，比 2008 年同期的 94.13 萬人增長 15.5%；旅遊外匯收入 92248.72 萬美元，比 2008 年同期的 79205.27 萬美元增長 16.5%。

（一）地理位置和自然狀況

　　天津位於海河下游，地跨海河兩岸，境內有海河、子牙新河、獨流減河、永定新河、潮白新河和薊運河等穿流入海。市中心距海岸 50 公里，離首都北京 120 公里，是海上通往北京的咽喉要道，自古就是京師門戶，畿輔重鎮。天津又是連接三北——華北、東北、西北地方的交通樞紐，從天津到東北的瀋陽，西北的包頭，南下到徐州、鄭州等地，其直線距離均不超過 600 公里。天津還是北方十

幾個省市通往海上的交通要道，擁有北方最大的人工港——天津港，有 30 多條海上航線通往 300 多個國際港口，是從太平洋彼岸到歐亞內陸的主要通道和歐亞大陸橋的主要出海口。

（二）氣候

天津位於中緯度歐亞大陸東岸，面對太平洋，季風環流影響顯著，冬季受蒙古冷高氣壓控制，盛行偏北風；夏季受西太洋副熱帶高氣壓左右，多偏南風。天津氣候屬暖溫帶半濕潤大陸季風型氣候，有明顯由陸到海的過渡特點：四季明顯，長短不一；降水不多，分配不均；季風顯著，日照較足；地處濱海，大陸性強。年平均氣溫 12.3℃。7 月最熱，月平均氣溫可達 26℃；1 月最冷，月平均氣溫為-4℃。年平均降水量為 550～680 毫米，夏季降水量約占全年降水量的 80%。

二、旅遊資源

天津已形成以海河為風景軸線，以津河、衛津河、月牙河、北運河，繁華金街，鼓樓商貿街，異國風貌五大道為輔的市中心旅遊區。同時，每年還要舉辦具有民族色彩和天津特色的各種賽事及娛樂活動。

天津是歷史文化名城，有 40 處國家級和市級重點文物保護單位。其中，位於薊縣始建於隋朝的大型木結構廟宇獨樂寺，已有 1000 多年的歷史。薊縣的盤山山勢雄奇，層巒疊秀，建築與自然山水渾成一體。薊縣黃崖關長城，全長 41 公里，多種不同造型的古台一千多座，險峻、雄奇，素有「薊北鎖鑰」之稱。此外，還有天后宮、文廟、大悲院、清真大寺、天尊閣、天成寺、大沽口炮臺、望海樓教堂、廣東會館以及周恩來青年時代在天津革命活動紀念館等。天津的各博物館、紀念館收藏品達 53 萬件，其中一、二級品達 1000 多件。

　　由於開埠較早，且有 9 國租界，天津的建築風格有英國的中古式、德國的哥特式、法國的羅曼式、俄國的古典式、希臘點式等，天津人通常把這些西洋建築稱之為「小洋樓」。它們都飽含著中國近代史的底蘊，既有雕樑畫棟、典雅樸實的古建築，又有眾多新穎別致的西洋建築。全市現有英、法、美、俄、意、奧、比、德等國的歷史風貌建築 872 幢、156 萬平方米。留著十九世紀末到二十世紀初東西方各國的各類建築，因此有「萬國建築博物館」之稱。

　　天津有四大民間藝術。「泥人張」彩塑藝術聞名中國。「楊柳青年畫」歷史悠久。「魏記風箏」獲 1914 年巴拿馬國際博覽會金獎。以「刻磚劉」為代表的建築裝飾磚雕，使天津刻磚成為中國獨一無二的民間建築工藝。

　　天津傳統的風味食品多種多樣。有操作技藝精湛，頗為廣大群眾和外賓稱讚的「津門三絕」，即龍嘴大茶壺、狗不理包子、十八街麻花、之後，耳朵眼炸糕、貓不聞餃子於 1997 年被定為津門四絕之一。在最佳食品中，具有天津地方特色、知名度較高的還有：張記果仁、曹記驢肉、陸記燙麵炸糕、白記水餃、芝蘭齋糕幹、大福來鍋巴菜、石頭門檻素包。此外，天津的小寶栗子格外有名，其產品出口世界各國。天津在 20 世紀 80 年代末興建了南市食品街、旅館街、服裝街，集吃、穿、住為一體，為廣大國內外消費者提供了十分便利的條件。

表 5　天津市國家 A 級旅遊景區名單

2009 年 8 月 25 日

等級	旅遊景區名稱	地址、郵編	核准機關及時間
5A	天津古文化街旅遊區（津門故里）	南開區古文化街 300090	5A，國家旅遊局，2007.5.8 4A，國家旅遊局，2005.12.22
5A	天津盤山風景名勝區	薊縣盤山風景名勝區 301915	5A，國家旅遊局，2007.5.8 4A，國家旅遊局，2004.12.27

4A	天津黃崖關長城風景遊覽區	薊縣下營鎮黃崖關 301913	4A，國家旅遊局，2001.1.1
4A	天津海濱旅遊度假區（暫停業）	塘沽區海濱大道 300451	4A，國家旅遊局，2001.1.1
4A	天津薊縣獨樂寺	薊縣武定街 301900	4A，國家旅遊局，2004.12.27
4A	天津熱帶植物觀光園	西青區外環線七號橋 300112	4A，國家旅遊局，2004.12.27
4A	天津水上公園	南開區水上公園路 300191	4A，國家旅遊局，2004.12.27
4A	天津天塔湖風景區	河西區衛津南路 1 號	4A，國家旅遊局，2004.12.27
4A	天津寶成博物苑	津南區海河二道閘 300352	4A，國家旅遊局，2006.10.23 3A，天津市旅遊局，2005.12.3 2A，國家旅遊局，2001.8.28
4A	天津楊柳青博物館（石家大院）	西青區楊柳青鎮 300080	4A，國家旅遊局，2006.10.23 2A，國家旅遊局，2001.8.28
3A	津南國家農業科技園區	津南區八裏台鎮 300350	3A，天津市旅遊局，2005.12.3
3A	九龍山國家森林公園	薊縣穿芳峪鄉 301909	3A，天津市旅遊局，2005.12.3 2A，國家旅遊局，2001.8.28
3A	八仙山國家級自然保護區	薊縣下營鎮小港村南 301909	3A，天津市旅遊局，2005.12.3 2A，國家旅遊局，2001.8.28
3A	戲劇博物館（廣東會館）	南開區鼓樓東街 300090	3A，天津市旅遊局，2005.12.3
3A	民俗博物館（天后宮）	南開區古文化街 300090	3A，天津市旅遊局，2005.12.3
3A	天津市老城博物館	南開鼓樓東街 202 號 300090	3A，天津市旅遊局，2005.12.3
3A	天津科學技術館	河西區隆昌路 94 號 300201	3A，天津市旅遊局，2005.12.3
3A	華蘊博物館	和平區河北路 283 號 300050	3A，天津市旅遊局，2005.12.3 2A，國家旅遊局，2004.1.16
3A	萬源龍順度假莊園	北辰區雙街鎮龍順道 300400	3A，天津市旅遊局，2007.4.18
3A	津城靜園	和平區鞍山道 70 號 300020	3A，天津市旅遊局，2007.7.13

3A	東麗湖溫泉度假旅遊區	東麗湖溫泉度假旅遊區 300301	3A，天津市旅遊局，2007.12.27
3A	薦福觀音寺	河東區大直沽中路27號 300170	3A，天津市旅遊局，2007.12.27
3A	天津梁啓超紀念館	河北區民族路 46 號 300010	3A，天津市旅遊局，2008.4.29
3A	天津利順德大飯店（暫停業）	和平區台兒莊路 33 號 300040	3A，天津市旅遊局，2008.9.25
3A	水上溫泉歡樂穀	東麗湖旅遊度假區東麗之光大道北側 300301	3A，天津市旅遊局，2008.12.30
3A	義聚永博物館	寧河縣經濟開發區二經路 37 號 301500	3A，天津市旅遊局，2008.12.30
3A	小白樓 1902 歐式風情街	和平區開封道 300042	3A，天津市旅遊局，2009.7.14
3A	義大利風情旅遊區	河北區光復道 39 號 300010	3A，天津市旅遊局，2009.7.14
3A	估衣街	紅橋區北馬路138號 300091	3A，天津市旅遊局，2009.7.14
3A	「天津之眼」摩天輪	河北區泰鴻大廈 300091	3A，天津市旅遊局，2009.8.25
3A	海河風貌建築保護展覽館	河北區光復道 39 號 300010	3A，天津市旅遊局，2009.8.25
2A	九山頂自然風景區	薊縣下營鎮常州村 301913	2A，國家旅遊局，2001.8.28
2A	霍元甲紀念館	西青區南河鎮小南河村 300381	2A，國家旅遊局，2001.8.28
2A	天津中華醫聖文化苑	西青區大寺鎮王村 300082	2A，國家旅遊局，2001.8.28
2A	潮音寺	塘沽區西沽潮音寺大街增 1 號 300452	2A，國家旅遊局，2001.8.28
2A	楊村小世界遊樂園	武清區楊村鎮 301700	2A，國家旅遊局，2001.8.28
2A	中華石園	河西區微山路南	2A，國家旅遊局，2001.8.28

2A	龍泉山遊樂園	薊縣下營鎮道古峪 301909	2A，國家旅遊局，2004.1.16 A，國家旅遊局，2001.8.28
2A	元古奇石林風景區	薊縣穿芳峪鄉毛家峪村 301909	2A，國家旅遊局，2004.1.16
2A	天津圖書大廈	河西區大沽南路 362 號 300203	2A，國家旅遊局，2004.1.16
2A	天津鼓樓	南開區鼓樓 300090	2A，國家旅遊局，2004.1.16
2A	雋禎博物館	河西區體院北道 8 號	2A，天津市旅遊局，2005.12.3 A，國家旅遊局，2004.1.16
2A	古雅博物館	河西區馬場道 8 號 300074	2A，天津市旅遊局，2005.12.3 A，國家旅遊局，2004.1.16
2A	天津覺悟社紀念館	河北區三馬路三戒里 49 號 300142	2A，天津市河北區旅遊局，2009.4.15
2A	津酒文化園	紅橋區丁字沽三號路津酒集團 300131	2A，天津市紅橋區旅遊局，2009.6.29

註：天津市 A 級旅遊景區共 45 家。其中 5A 級 2 家，4A 級 8 家，3A 級 21 家，2A 級 14 家。

三、旅遊資源特點

　　近年來，天津開發整合特色旅遊資源，著力開發建設海河旅遊觀光帶和市中心綜合旅遊區、濱海觀光度假旅遊區、薊縣山野名勝旅遊區、津西南民俗生態旅遊區、津西北現代休閒娛樂區。精心打造「近代中國看天津」城市旅遊品牌，建設大沽煙雲、小站練兵、洋務溯源、萊茵小城、歐陸風韻、東方巴黎點擊進入巴黎、旅遊超市、金融名街、意奧風情、扶桑市井、老城津韻、津衛搖籃、楊柳古鎮 12 個旅遊主題板塊。

　　以近代歷史文化為脈絡，天津全力打造「近代中國看天津」核心旅遊品牌，挖掘天津旅遊文化遺存，全面推進旅遊要素的整合與提升，重點打造五大道異國風情區、古文化街民俗商業旅遊聚集

區、大悲禪院宗教文化旅遊集聚區、意式風情休閒娛樂集聚區、楊柳青大院文化民俗旅遊集聚區等 10 多個影響力強的旅遊集聚區，充分展示了天津深厚的歷史文化底蘊、獨特的自然風貌和現代化的都市氣息。

「一條海河景觀帶，半部中國近代史」，海河是天津的母親河，是天津的標誌。圍繞「晝看海河風景、夜遊海河風情」，天津旅遊部門整合資源，設計推出海河觀光游、休閒游、夜景遊、水陸互動遊、特色豪華包船遊等 5 條海河旅遊精品線，打造流光溢彩「不夜河」，做強天津旅遊夜產品。凸現大氣、洋氣、清新、亮麗城市形象的海河風光游正日益成為天津旅遊的一大品牌。

如今，天津已形成以海河為風景軸線、以市區為主體、以薊縣和濱海為兩翼的旅遊景觀開發格局，正在形成都市觀光、休閒度假、商務會展三大旅遊支撐體系，明確了「一帶三區九組團」的發展佈局，著力培育「近代中國看天津」核心旅遊品牌及「津城新貌遊、濱海新區遊、海河風光游、山野名勝遊」旅遊品牌，正在向建設旅遊強市、打造國際旅遊目的地和集散地的目標邁進。

濱海新區是中國改革開放大戰略中一個新的高地，濱海新區旅遊是天津旅遊業的後發優勢和潛力所在。為此，旅遊部門正積極把以空客 A320 總裝線、大推力運載火箭、中新生態城、東疆港保稅區等大專案為代表的天津現代化建設成果轉化為旅遊資源，打造天津區別於其他城市的特色旅遊產品。同時，以建設天津極地海洋世界、濱海航母主題公園等專案為龍頭，突出濱海風情、海防文化、親海娛樂、濕地生態等旅遊主題，形成濱海休閒旅遊黃金海岸帶。此外，天津還正在大力發展環渤海、環黃海郵輪旅遊，加快建設天津國際郵輪母港，確立天津作為中國北方郵輪母港的中心地位。

四、設施

（一）交通

天津區位條件優越。天津港是中國北方第一大港，也是中國沿海港口碼頭功能最齊全的港口之一，並躋身於世界港口 20 強，2003 年港口貨物吞吐量達 1.62 億噸，集裝箱超過 300 萬標箱。天津已基本形成以港口為中心的海陸空相結合立體交通網絡。鐵路和公路輻射華北、西北、東北廣大地區。對內擁有 200 萬平方公里的遼闊腹地，對外與 170 多個國家和地區的 300 多個港口通航。天津濱海國際機場是目前北方最大的貨物空運中心，目前已開通國內外航線 40 多條。

天津港 15 萬噸級航道一期及北大防波堤專案竣工。天津港已與世界上 160 多個國家和地區的 300 多個港口建立業務聯繫，2004 年，港口貨物吞吐量 20619 萬噸，比上年增長 27.4%，其中進港 7402 萬噸，增長 40.5%，出港 13217 萬噸，增長 21.1%。

1. 鐵路

天津鐵路樞紐是京山、京滬兩大鐵路幹線的交匯處，中國北方鐵路運輸樞紐。

2. 公路

天津公路四通八達，京塘、京哈、津榆、京福、京淄，京同 6 條國家級公路途經天津，溝通了天津與東北三省、華北大部、浙江、江蘇、山東、廣東和福建各省區的公路交通往來，市內以建成以 3 條環線，14 條放射線為骨架的城市道路網。2004 年，全年新開線路 74 條，其中 14 條公交線路，2 條校車線路，58 條免費購物線路，

至年末，全市公交運營線路達到 402 條。公交運營車輛 6338 部，年內淨增 272 部，運營計程車近 3.2 萬輛。

（二）接待設施

目前天津市共有星級飯店 118 家，其中五星級飯店 8 家，四星級飯店 27 家，三星級飯店 56 家，二星級飯店 23 家，一星級飯店 4 家。

五、地方法規

1. 天津市促進旅遊資源整合開發規定（2009-07-15）
2. 天津市旅遊業管理辦法（2007-11-06）
3. 天津市旅遊局政務公開制度實施細則（2006-05-11）
4. 天津市津旅導遊服務中心導遊人員獎懲暫行辦法（2006-01-10）

六、參考文獻

1. 於麗曼等，天津旅遊經濟影響研究[J]，2008 年 7 月第 16 卷增刊。
2. 李建航，加入 WTO 與天津旅遊經濟發展的環境基礎（J），天津商學院學報，2003 年 1 月第 23 卷第 1 期。
3. 梁智等，旅遊接待業對不同產業部門就業影響的實證研究——以天津旅遊接待業為例（J），北京第二外語學院學報，2009 年第 7 期。
4. 天津統計年鑑，2009。

上海

一、概況

　　上海地處長江三角洲前緣，東瀕東海，南臨杭州灣，西接江蘇、浙江兩省，北界長江入海口，正當中國南北海岸線的中部，交通便利，腹地廣闊，位置優越，是一個良好的江海港口。上海屬北亞熱帶季風性氣候，四季分明，日照充分，雨量充沛。上海除西南部有少數丘陵山脈外，上海境內全為坦蕩低平的平原，是長江三角洲沖積平原的一部分。2004 年末，上海全市面積 6340.5 平方公里，占中國總面積的 0.06%，南北長約 120 公里，東西寬約 100 公里。其中區域面積 5299.29 平方公里，縣域面積 1041.21 平方公里。境內轄有崇明、長興、橫沙三個島嶼，其中崇明島面積 1041.21 平方公里，是中國的第三大島。

　　至 2005 年末，上海全市星級賓館已達 351 家，其中五星級賓館 25 家。全市已有旅行社 763 家，其中，國際旅行社 52 家，國內旅行社 711 家。全年接待國際旅遊入境人數 571.35 萬人次；接待國內旅遊者 9011.94 萬人次。實現國際旅遊外匯收入 36.08 億美元；國內旅遊收入 1308.41 億元。

二、旅遊資源

　　上海在長達近 200 年的開發過程中，始終處於中西文化的交匯點，集中了中、西、古、今各種人文社會資源，在這裏融入了東、

西方各種建築 1400 多幢，其中黃浦江畔的外灘建築群素有「萬國建築博物館」之稱。構成了上海獨特的風景線。這裏還有被譽為「購物天堂」的南京路商業街等。改革開放以來，浦東的開發開放，虹橋開發區的建立，上海高層建築雨後春筍般地拔地而起。內環線高架公路、成都路高架公路以及地鐵的貫通。上海的都市景觀呈現五彩繽紛的新氣象。

上海旅遊，可以用「都市」兩個字作為其旅遊特色的縮寫：「都市風光」、「都市文化」、「都市商業」，即是以人民廣場和浦江兩岸為中心的城市觀光、商務、購物旅遊圈；以公共活動中心和社區為主的環城都市文化旅遊圈；以佘山、澱山湖、深水港、崇明島等為重點的遠郊休閒度假旅遊圈。

上海的名勝以人文景觀為主（如表 6、7、8），主要旅遊點有革命遺址——中國共產黨第一次全國代表大會會址，名人故居——孫中山故居，魯迅故居等。上海是中國近現代史的「縮影」，許多重大的歷史事件和革命活動在這裏發生並影響中國；上海是中國較早的開放城市之一，50 多年的艱苦創業，特別是浦東的開發、開放，上海逐漸成為現代化大都市及海內外來華投資的熱點；上海是歷史文化名城，有 70 餘處國家和市級重點文物保護單位，是上海具有鮮明特色的區域文化的最好展示；上海還是萬國建築博覽城，外灘風格各異的建築群及近年新建的千姿百態的新建築，引起了海內外建築界的矚目，上海已成為一座融古色古香和現代潮流為一體的旅遊中心城市。

上海的建築也是上海一大景觀，外灘、石庫門房子以及各種海派建築、現代設施，彙聚古今中外的各種建築風格，是上海本土文化與外來文化相結合的產物。

上海素有「購物天堂」「東方巴黎」之美稱。旅遊者到了上海除了領略大都市的風光外，還能充分享受購物的樂趣。中華商業第一街——南京路，高雅商業文化街——淮海路，四川北路是一條工

薪階層的購物街，另外摩登的徐家匯商業城，具有民族特色的豫園商城，上海火車站出口的嘉裏不夜城都是上海購物的中心地段。

表 6　上海市區、縣文物保護單位、紀念地點、保護地點一覽表

區名	類別（數目）	名稱	時期	地點	公佈日期
黃浦區	文物保護單位（1 處）	老閘捕房舊址	1925 年	貴州路 101 號	1985 年 1 月 18 日
	紀念地點（2 處）	茅麗瑛犧牲地點	1939 年 12 月 12 日	南京東路 120 號原福利公司（今民族樂器經營部）	1989 年 12 月 12 日
		勸工大樓遺址	1947 年 2 月 9 日	南京東路 328～334 號	原為區級文物保護單位，1992 年撤銷改為紀念地點
南市區	文物保護單位（3 處）	上海文廟	南宋咸淳年間（1265～1274 年），清咸豐五年（1855 年）移建	文廟路 215 號	1981 年 5 月 18 日
		敬一堂	明崇禎十三年（1699 年），清代改建	梧桐路 137 號	1981 年 5 月 18 日
		古銀杏	傳說宋代時植	永泰街 1 號	1981 年 5 月 18 日
徐匯區	文物保護單位（3 處）	中共江蘇省委機關舊址	1937～1942 年	永嘉路 291 弄 66 號	1991 年 6 月 29 日
		新四軍駐上海辦事處	1940～1942 年	嘉善路 140 弄 15 號	1991 年 6 月 29 日
		裕德堂（南春華堂）	明弘治正德年間	梅隴路南春華堂 5 號	原為市級文物保護單位後撤銷，1981 年 12 月上海縣公佈為縣級

盧灣區	文物保護單位（1處）	大韓民國臨時政府舊址		馬當路306弄4號	1990年2月19日
虹口區	文物保護單位（1處）	沈尹默故居	1946～1971年	海倫路504號	1988年7月9日
	紀念地點（1處）	王孝和就義處	1948年9月	長陽路上海市監獄	1992年7月24日
普陀區	文物保護單位（4處）	韓塔	宋、清雍正年間重建	桃浦鄉春光村	原為嘉定縣文物保護單位，1980年10月
		顧正紅烈士殉難處	1925年5月15日	原日商内外棉七廠上海第二棉紡石西蘇州路1291號	1989年
		十九路軍抗日臨時軍部遺址	1932年1～3月	真如范莊今桃浦公路127號一帶	1989年
		申九「二·二」鬥爭所在地	1948年2月2日	澳門路150號申新九廠	1989年
浦東新區	文物保護單位（5處）	永樂寶山碑	明永樂十年（1412年）	高橋鎮高橋中學校園內	1983年12月23日原川沙縣人民政府公佈
		川沙城垣	明嘉靖三十六年（1557年）	川沙鎮城廂小學校園內	1983年12月23日原川沙縣人民政府公佈
		東炮臺碑	清康熙五十七年（1718年）	凌橋鄉炮臺浜朱家宅北首	1983年12月23日原川沙縣人民政府公佈
		嶽碑亭	清道光十二年（1832年）刻碑，同治十二年（1873年）建亭	川沙鎮城廂小學園舊城垣	1983年12月23日原川沙縣人民政府公佈
		林鈞故居	民國	川沙鎮城廂小學校園內	1992年3月7日原川沙縣人民政府公佈

	保護地點 （2 處）	嚴橋遺址	唐、宋	嚴橋鄉鄭家灣南 200 米	1983 年 12 月 23 日原川沙縣人民 政府公佈
		王港古井	宋	王港鄉虹一村三隊	1983 年 12 月 23 日原川沙縣人民 政府公佈
嘉定區	文物保護單位（34 處）	尊勝陀羅尼經幢	唐鹹通八年 （867 年）	南翔鎮古猗園內	1992 年 1 月 20 日重新公佈
		鶴槎山	唐幹符二年 （875 年） 宋建炎四年 （1130 年）	南翔鎮人民化工廠 內	1992 年 1 月 20 日重新公佈
		法華塔 （金沙塔）	宋開禧年間（1205 ～1207 年）建，明 萬曆三十六年 （1608 年）重建	嘉定鎮南大街州橋 南塊	1992 年 1 月 20 日重新公佈
		普同塔	宋嘉定十五年 （1222 年）	南翔鎮古猗園內	1992 年 1 月 20 日重新公佈
		萬佛寶塔	宋	嘉定鎮匯龍潭園內	1992 年 1 月 20 日重新公佈
		登龍橋（州橋）	宋淳佑五年 （1245 年）	嘉定鎮南大街北	1992 年 1 月 20 日
		永寧橋	元至正二年 （1342 年）	嘉定鎮博樂購物中 心西側	1992 年 1 月 20 日
		南水關	元至正十八年 （1358 年）建，明、 清重建	嘉定鎮南城河樂街 東首	1992 年 1 月 20 日
		西水關	元至正十八年 （1358 年）建，明、 清重建	嘉定鎮人民街西首 南側	1992 年 1 月 20 日
		德富橋	明成化七年（1471 年）建，清光緒十 一年（1885 年）重 建	嘉定鎮中下塘街東 端	1992 年 1 月 20 日

嘉定區	文物保護單位（34處）	聚善橋	明萬曆四十年（1612年）	嘉定鎮西大街200號對面	1992年1月20日
		翥雲峰	明	嘉定鎮匯龍潭園内	1992年1月20日
		報公祠折漕碑	明	嘉定鎮西大街340號	1992年1月20日
		思賢堂碑	明	嘉定鎮人民街155弄2號	1992年1月20日
		望仙橋	清乾隆十八年（1753年）重建	望新鎮外線路顧浦橋西	1992年1月20日
		真聖堂橋	清乾隆五十四年（1789年）建，清同治十三年（1874年）重建	南翔鎮永樂村滬宜公路東	1992年1月20日
		錢大昕墓	清嘉慶十年（1885年）重建	外岡鎮徐秦村	1992年1月20日重新公佈
		高義橋	清嘉慶十一年（1806年）重建	嘉定鎮西大街西首南側	1992年1月20日重新公佈
		菩提寺碑	清	安亭鎮安亭中學校園内	1992年1月20日
		百鳥朝陽台	清光緒十五年（1889年）建，1976年移建	嘉定鎮匯龍潭園内	1992年1月20日
		潛研堂	清建，1981年遷建	唐行鎮瀏河風景區	1992年1月20日
		狀元樓	清建，1981年遷建	唐行鎮測河風景區	1992年1月20日
		六泉橋	1923年	安亭鎮呂浦村張家生產隊	1992年1月20日
		許蘇民墓	1925年	南翔鎮蘇民中學校園内	1992年1月20日
		青浦東鄉中共黨員會議地點（曾作為「中共淞浦特委會議舊址」）	1927年	黃渡鎮勞動街70號	1992年1月20日重新公佈

嘉定區	文物保護單位（34 處）	廖家礽烈士墓	1928 年	馬陸鎮包橋村郟陸生產隊	1992 年 1 月 20 日
		婁塘紀念坊	1932 年	婁塘鎮小東街	1992 年 1 月 20 日
		缺角亭	1932 年	南翔鎮古猗園内	1992 年 1 月 20 日
		微音閣		南翔鎮古猗園内	1992 年 1 月 20 日
		明忠節侯黃二先生紀念碑	1935 年	嘉定鎮匯龍潭園内	1992 年 1 月 20 日
		印家住宅	民國年間	婁塘鎮人民政府内	1992 年 1 月 20 日
		嘉定烈士陵園	1959 年建，1993 年重建	嘉定鎮塔城路東首	1992 年 1 月 20 日
		葉池碑	1961 年	嘉定鎮風雷五金商店門前	1992 年 1 月 20 日
		陶庵留碧碑	1962 年	嘉定鎮上海科技大學校園内	1992 年 1 月 20 日
閔行區	文物保護單位（6 處）	鬥姆閣東嶽行祠遺存建築	始建於宋，清嘉慶年間重建	七寶鎮上海農學院内	1988 年原上海縣人民政府公佈
		四面廳	始建於宋，明清改建	七寶鎮上海農學院内	1988 年原上海縣人民政府公佈
		蒲匯塘橋	明正德十三年（1518 年）建，清同治三年（1864 年）重修	七寶鎮中市	1963 年 1981 年 8 月 20 日重新公佈
		倭井（原永福禪院内）	明嘉靖年間	諸翟鎮東市中心小學内	1981 年 8 月
		解元廳	明萬曆年間	七寶鎮北大街徐家弄	1988 年原上海縣人民政府公佈
		古紫藤	明萬曆年間	馬橋鎮南紫藤鎮	1963 年公佈，1981 年 8 月 20 日重新公佈

	紀念地點（3處）	華漕三丫叉殺人塘	1937年11月12日	華漕鎮陳思橋	1988 年原上海縣人民政府公佈
		北橋殺人塘	1937年11月	北橋鎮原上海縣政府後院及購糧站5號庫址	1988 年原上海縣人民政府公佈
		漕寶路七號橋碉堡	1949年1月及5月	漕寶路7號橋處	1988 年原上海縣人民政府公佈
寶山區	文物保護單位（5處）	梵王宮（原名玉皇宮）	明正德年間建，1988年重修改名	羅店鎮塘後街	1992年7月
		大通橋	明成化間始建，清雍正八年(1733年)重建	羅店鎮亭前街	1992年7月
		錢世楨墓	明	月浦鎮東錢宅	1992年7月
		大成殿	清乾隆十二年（1747年）	寶山區友誼路1號臨江公園	1989年3月
		豐德橋	清光緒四年（1878年）	羅店鎮布長街	1992年7月
	革命紀念地（5處）	中共吳淞部委員會機關舊址		淞濱路103號後	
		上海工人第三次武裝起義吳淞工人糾察隊駐地	1927年	淞興路299號寶山區第一業餘中學內	
		吳淞旗站六營公所		泰和路100號	
	革命紀念地（5處）	新四軍吳淞情報組聯絡地點	1943年	淞興路117號	
		新四軍一師兼蘇中軍區上海地下採辦組		同江路20—24號	
松江縣	文物保護單位（22處）	李塔	相傳唐太宗子李明始建	塔匯鄉集鎮北	1985年7月18日
		秀道者塔	宋太平興國三年（978年）	佘山	1961年1月22日

松江縣	文物保護單位（22處）	望仙橋	宋	松江鎮中山東路方塔園内	1985 年 7 月 18 日
		雲間第一樓	元	松江鎮中山東路松江二中	1985 年 7 月 18 日
		雲間第一橋	明成化年間（1465～1487 年）	松江鎮中山西路	1985 年 7 月 18 日
		蘭瑞堂	明	松江鎮方塔園内	1985 年 7 月 18 日
		平倭墓	明嘉靖年間（1522～1566 年）		1985 年 7 月 18 日
		頤園（高家花園）	明	松江鎮秀南街	1985 年 7 月 18 日
		葆素堂（許家廳）	明	松江鎮中山西路職業學校内	1985 年 7 月 18 日
		大倉橋	明天啓年間（1621～1627 年）	松江鎮中山西路	1985 年 7 月 18 日
		醉白池	清順治年間（1644～1661 年）	松江鎮人民南路	1961 年 1 月 22
		雕花廳	清	松江鎮醉白池内	1985 年 7 月 18 日
		馬家廳	清	泗涇鎮開江中路	1985 年 7 月 18 日
		陳化成祠	清道光二十二年（1842 年）	松江鎮西塔弄底	1985 年 7 月 18 日
		邱家灣天主堂	清同治二年（1863 年）	松江鎮邱家灣	1985 年 7 月 10 日
		天后宮	清光緒九年（1883 年）	松江鎮方塔園内	1993 年 10 月 12
		韓三房	1925 年	松江鎮衛生學校内	1993 年 10 月 12 日
		楓涇暴動指揮所（原大方庵）	1927 年	新洪鄉大方庵	1961 年 1 月 22 日
		顧桂龍烈士墓	1930 年	新浜鎮	1961 年 1 月 22 日

松江縣	文物保護單位（22處）	吳光田烈士墓	1931年	松江鎮北門建新街	1985年7月18日
		中共澱山湖工會	1941年	松江鎮縫紉機四廠	1983年10月12日
		侯紹裘、姜輝麟烈士紀念碑	1957年	松江縣烈士陵園內	1985年7月18日
青浦縣	文物保護單位（29處）	吉雲禪寺（青龍寺）	唐天寶年間（742～755年）始建，清中葉重建	白鶴鄉青龍村	1979年5月8日重新公佈
		萬安橋	宋景定年間（1260～1265年），明、清重建	金澤鎮北市梢	1979年5月8日重新公佈
		迎祥橋	元至元年間（1335～1340年），明、清重修	金澤鎮南市梢	1979年5月8日重新公佈
		林老橋	元至元年間（1835～1340年），明重修，清雍正四年（1726年）重修		1994年8月3日
		順德橋	元至正三年（1343年）建，明重建	練塘鎮西市梢	1979年5月8日重新公佈
		金澤放生橋	明建，清乾隆五十六年（1791年）重建	金澤鎮中市	1994年8月3日公佈
		朝真橋	明	練塘鎮中市	1994年8月3日
		重建文學橋	清雍正四年（1726年）建	練塘鎮中市	1994年8月3日
		李華涇橋	明	練塘鎮	1994年8月3日
		瑞龍橋（毛家橋）	明	蒸澱鄉東團村	1994年8月3日
		泰安橋	明	朱家角北大街中市	1994年8月3日

青浦縣	文物保護單位（29處）	南塘橋	明	重固鎮中市	1994 年 8 月 3 日
		塘灣橋	明萬曆二十三年（1595 年），清重修	白鶴鄉塘灣村	1979 年 5 月 8 日重新公佈
		關王廟	明崇禎十三年（1640 年），清重建	朱家角鎮澱峰村	1979 年 5 月 8 日重新公佈
		麟趾橋	清康熙年間（1662～1722 年）	大盈鎮端金拱村	1994 年 8 月 3 日
		天皇閣橋	清康熙三十七年（1690 年）	金澤鎮中市	1994 年 8 月 3 日
		文學橋	清雍正四年（1726 年）	練塘中市	1994 年 8 月 3 日
		萬壽塔	清乾隆十年（1745 年）建	青浦鎮南	1979 年 5 月 8 日重新公佈
		曲水園	清乾隆十年（1745 年）建，光緒十年至二十七年（1884～1901 年）重修	青浦鎮青浦橋堍	1979 年 5 月 8 日重新公佈
		青龍橋	清乾隆十四年（1749 年）	白鶴鎮東市	1944 年 8 月 3 日
		襄臣橋	清	大盈鎮中心	1944 年 8 月 3 日
		朱家角城隍廟	清乾隆二十八年（1763 年）	朱家角鎮中市	1986 年
		如意橋	清光緒二十五年（1899 年）	金澤鎮南市	1994 年 8 月 3 日
		課植園（馬家花園）	1915 年建成	朱家角鎮西井街	1986 年
		天恩橋	1931 年	盈中鄉古百村	1994 年 8 月 30 日
		陳雲故居	清末民初建屋	練塘鎮下塘街 18 號	1979 年 5 月 8 日重新公佈

青浦縣	文物保護單位（29處）	農會暴動指揮所	1927年	小蒸鎮原陸銓生家	1979年5月8日重新公佈
		新四軍宣傳標語	1946年	白鶴鄉舊青浦	1979年5月8日重新公佈
		頤浩寺遺物：不斷石欄板	宋景定元年（1260年）建	金澤鎮	1986年
	紀念地點（1處）	縣城隍廟前（青浦教案發生地點）	清道光二十八年（1848年）	青浦鎮青浦博物館門前	1959年5月4日
	保護地點（2處）	酒瓶山	南宋建炎年間（1127～1130年）	白鶴鄉舊青浦	1959年5月4日
		駱駝墩（落彈墩）	戰國～漢～明	重固鄉中心村	1959年5月4日
金山縣	文物保護單位（6處）	壽帶橋（油車橋）	宋建，明重修	呂巷鎮西市	1992年4月
		華嚴塔	明洪武十三年（1388年）	松隱鎮北	1962年10月3日
		老紫藤	明	新農鎮五龍廟	1962年10月3日
		顧觀光墓	清	錢圩鎮北	1962年10月3日
		濟渡橋	清	漕涇鎮水庫一組	1992年4月
		陸龍飛烈士墓	1928年	楓涇鎮水庫一組	1984年11月
奉賢縣	文物保護單位（6處）	南橋佛閣（文昌閣）	清咸豐十一年（1861年）	南橋鎮	1983年11月28日
		曙光中學舊址	土地革命時期	奉城中心小學內	1983年11月28日
		莊行暴動紀念碑	1929年1月21日，1967年建碑	莊行	1983年11月28日
		北宋戰鬥抗日烈士紀念碑	1944年3月28日，1964年建碑	頭橋鄉北宋村	1983年11月28日
		李主——烈士紀念碑	1957年建碑	奉城	1983年11月28日

		趙天鵬烈士就義地及紀念碑	1953 年建碑	四團鎮	1983 年 11 月 28 日
南匯縣	文物保護單位（4 處）	宋植銀杏樹	宋淳佑年間（1241～1251 年）	惠南鎮南匯體育館南側	1986 年 3 月 2 日
		福泉寺古鐘	明隆慶五年（1571 年）	原在福泉寺內，後惠南鎮移入古鐘園	1986 年 3 月 2 日
		大成殿	清雍正五年（1727 年）	惠南鎮東門街 129 弄南匯縣中內	1986 年 3 月 2 日
		傅雷故居	1919 年	周浦鎮東大街	1991 年 11 月 30 日
崇明縣	文物保護單位（2 處）	壽安寺	明萬曆年間（1573～1620 年）清重修	鼇山鄉鼇山村	1981 年 5 月 21 日
		金鼇山	清康熙七年（1668 年）築	鼇山鄉鼇山村	1981 年 5 月 21 日

表 7　中國重點文物保護單位（上海部分）一覽表

名稱	時期	地點	公布日期
松江唐經幢	唐大中十三年（859 年）	松江縣松江鎮中山小學內	1988 年 1 月 13 日
豫園	明嘉靖、萬曆年間	南市區老城廂內	1982 年 2 月 23 日
徐光啓墓	明崇禎十四年（164 年）	徐匯區南丹路光啓公園	1988 年 1 月 13 日
上海孫中山故居	1918 年	盧灣區香山路 7 號	1961 年 3 月 4 日
中國社會主義青年團中央機關舊址	1920～1921 年	盧灣區淮海中路 567 弄（漁陽裏）6 號	1961 年 3 月 4 日
中國共產黨第一次全國代表大會會址	1921 年 7 月	盧灣區興業路 76 號	1961 年 3 月 4 日
龍華革命烈士紀念地	1927～1937 年	徐匯區龍華路龍華烈士陵園內	1988 年 1 月 13 日
魯迅墓	1956 年建	虹口區四川北路 2288 號魯迅公園內	1961 年 3 月 4 日

| 宋慶齡墓 | 1981 年 | 長寧區陵園路宋慶齡陵園內 | 1982 年 2 月 23 日 |

（說明：1996 年 11 月 20 日國務院公佈第四批中國重點文物保護單位，上海
即有興聖教寺塔（北宋）、真如寺大殿（元）、上海外灘建築群（1906
～1937 年）、上海郵政總局（1924 年）列入其中；沉香閣（清）歸
入已公佈的中國重點、文物保護單位豫園中。）

表 8　上海市紀念地點一覽表

名稱	時期	地點	公佈日期
徐光啟故居	明嘉靖四十一年（1562 年）	南市區喬家路 236～244 號	1983 年 11 月
吳淞炮臺遺址	清順治十七年（1660 年）	寶山區海濱街道塘後支路 3 號	1992 年 6 月 1 日
同盟會中部總會秘密接洽機關遺址	清宣統三年（1911 年）	閘北區浙江北路 61 號	1992 年 6 月 1 日
五四以來上海革命群眾集會場所——南市公共體育場	1919～1937 年	南市區方斜路 505 號	1977 年 12 月 7 日
上海大學遺址	1923 年	閘北區青雲路 323 號地位	1987 年 11 月 17 日
五卅運動愛國群眾流血犧牲地點	1925 年 5 月 30 日	黃浦區南京東路大光明鐘錶店門前（原公共租界老閘捕房及同昌車行門前）	1977 年 12 月 7 日
上海總工會第四辦事處舊址	1925 年	普陀區潘家灣路三德里 19～22 號地位（舊三德里 37～40 號）	
五卅運動初期的上海總工會遺址	1925 年	閘北區寶山路寶山裏 2 號位置	1980 年 8 月 26 日
上海工商學聯合會遺址	1925 年	南市區黃家闕路 47 號位置	1987 年 11 月 17 日
滬西工友俱樂部遺址	1925 年	普陀區安遠路 278～282 號位置	

中國共產黨第四次全國代表大會遺址	1925 年	虹口區東寶興路 254 弄 28 支弄 8 號位置	
五卅烈士墓遺址	1926 年	虹口區廣中路 668 號內	
上海總工會舊址（原湖州會館）	1927 年 3 月	閘北區會文路中興路口	1977 年 12 月 7 日
上海工人第三次武裝起義工人糾察隊總指揮部（原東方圖書館）	1927 年 3 月	閘北區寶山路 560 號	
「四一二」慘案革命群眾流血犧牲地點	1927 年 4 月 13 日	閘北區寶山路鴻興路口 220～300 號位置	
內山書店舊址	1929 年	虹口區四川北路 2048 號	1980 年 8 月 26 日
山海工學團遺址	1932 年	寶山區滬太路行知路（大場鎮沈家樓村）	1992 年 6 月 1 日
路易·艾黎故居	1934 年	長寧區愚園路 1315 弄 4 號	
姚子青營抗日犧牲處	1937 年	寶山區臨江公園內原寶山城中	
劉長勝故居	1946～1949 年	靜安區愚園路 81 號	1992 年 6 月 1 日
劉曉故居	1947～1949 年	靜安區愚園路 579 弄 44 號	
上海人民保安隊總指揮部舊址	1949 年 5 月	黃浦區中山東一路 13 號海關大樓 401、412～413 室	
吳淞炮臺抗日遺址	1932 年	寶山區吳淞鎮塘後支路 3 號	1984 年 3 月 19 日
無名英雄墓	1936 年	寶山區廟行鎮東南	
金山衛城南門日軍登陸地點	1936 年	金山縣金山衛城老南門	1992 年 6 月 1 日
小川沙日軍登陸地點	1936 年	寶山區羅涇鄉小川沙海塘	1984 年 3 月 19 日

金山衛城內日軍「殺人塘」	1936 年	金山衛城內橫街西磚橋東北	
八百壯士「四行倉庫」抗日紀念地	1937 年	閘北區光復路 21 號	1985 年 8 月 10 日
羅店紅十字紀念碑	1946 年	寶山區羅店鎮羅溪中學內	1984 年 3 月 19 日

說明：1、紀念地點指原建築已毀或原貌改變甚大，立碑紀念。

　　　2、包括日本帝國主義侵略上海遺址紀念地。

　　　3、共 29 處。

三、旅遊資源特點

　　上海興旺發達的工商業、豐富多樣的近代歷史遺跡、獨樹一幟的海派文化和體現現代休閒娛樂方式的時尚旅遊設施，共同構成了上海的旅遊資源特色。

　　首先，自上個世紀 90 年代以來，上海從自身的特色出發，重點培育和形成了一批新的都市旅遊吸引物，如東方明珠，金貿大廈，上海大劇院，上海博物館，科技館，黃浦江越江大橋等，這些風格獨特的現代標誌性建築，方方面面都滲透著都市旅遊的魅力，從而形成了上海自己獨特的旅遊吸引力。

　　其次，在文化資源方面，一方面，上海是中國近代歷史的縮影，常言道：看兩千年中國歷史，去西安；看一千年中國歷史，去北京而要看近百年歷史，則必須到上海。上海作為中國最到得近代風氣之先的城市，東西方文化交融，形成了獨具特色的海派文化，留下了豐富的人文遺存，如素有萬國建築博覽之稱的外灘，中共一大會址、中共二大會址等紀念館，以及毛澤東、孫中山、宋慶齡、張聞天、徐光啟、魯迅、蔡元培等近代名人故居。

　　另一方面，上海國際化程度高，彙聚中西。上海不僅擁有一批代表上海鮮明文化特色、具有世界影響力的旅遊資源，而且伴隨著

整個城市的國際化程度日漸提高,其都市旅遊資源無論是在先期的策劃,具體的實施建造,還是後期的評估標準上都力圖與國際接軌,以體現國際化都市的風貌。上海積極舉辦各種節慶活動,大型運動會,如上海旅遊節,上海國際電影節,大師杯網球賽,Fl 賽車等。外灘源項目的建設,就有國際著名的洛克菲勒集團參與,並積極聽取了來自美國、英國、義大利、澳大利亞等國際著名企業財團的 50 余位首腦人士的意見。

最後,上海歷來被稱為「購物天堂」,據上海購物中心協會統計:上海已有購物中心 14 家,建築面積超過 100 萬平方米;在建的購物中心為 13 家;正在規劃立項的購物中心 11 家;尚處於佈局設想的購物中心也有五家以上。市內商業街縱橫交錯,每天接待數以百計的各地遊客。而作為中國的金融貿易中心,國際上眾多的著名金融機構、國際跨國公司先後在上海設立辦事處,上海已經成為國際經濟,商貿會展和專業會議的東道主。

四、設施

交通

1.鐵路

上海有各種鐵路專用線近百條。上海鐵路將建立以直達快運為主線、內接港澳、北連俄歐、東通海外、西達中亞的國際集裝箱多式聯運網路。

2.公路

公路遍佈城鄉,與滬宜、滬杭、滬青、滬太、曹安、松楓等幹線公路相連,可通鄰近各省主要城市及市內各區、縣、鄉、鎮。中

心城區建成了「申」字形高架道路、「十字加半環」的軌道交通線和「三橫三縱」的地面骨幹道路,快速、立體化的綜合交通體系初步形成。

3. 航空

上海目前擁有 2 個國際機場--虹橋國際機場和浦東國際機場。目前二個機場的年旅客吞吐量為 1640 萬人次,待浦東國際機場 4 條跑道全部建成,上海航空的年客運量將達到近 1 億人次。

4. 航運

上海港擁有 19 條國際集裝箱班輪航線,通達世界 12 大航區,與近 200 多個國家和地區的 500 多個港口建立了業務聯繫。遠洋航線:從上海始可以分別抵達香港、臺灣(經第三地)、韓國、日本、東南亞、澳大利亞、以色列、地中海、西北歐、南非、南美、美國東西岸等地;沿海航線:可抵達從北到市沿海主要港口;長江航線:可直達長江中下游各港口;內河航線:通過江南水網可抵達江、浙、皖等省各大小港口碼頭。

五、地方法規

上海市旅遊條例

1. 上海市導遊人員管理辦法
2. 上海市旅行社管理辦法
3. 上海市旅館業管理辦法

六、參考文獻

1. 陳一冰，上海旅遊經濟資源及世博會對其影響力分析（J），區域經濟，2009 年 8 月號。
2. 賈鐵飛等，大上海旅遊圈旅遊資源配置研究（J），人文地理，2004 年 10 月第 19 卷第 5 期。
3. 樓嘉軍，對上海都市旅遊發展戰略的思考（J），桂林旅遊高等專科學校學報，2003 年 2 月第 14 卷第 1 期。

重慶

一、概況

　　重慶是中華人民共和國四個直轄市之一，是中國重要的中心城市之一。重慶地處中國西南，由一座特大城市（重慶主城區），兩座大城市（萬州、涪陵），四座中等城市（黔江、永川、江津、合川）組成。重慶市位於中國西南部、長江上游，總面積 8.2 萬平方千米，與湖北、湖南、貴州、四川、陝西等省接壤，市區坐落在長江與嘉陵江交匯處，四面環山，江水回繞，城市傍水依山，層疊而上，既以江城著稱，又以山城揚名，而又因為重慶多霧，故又被稱為霧都。重慶歷史悠久，是國務院公佈的第二批國家歷史文化名城之一。

　　重慶旅遊市場已經形成入境旅遊穩健增長，國內旅遊全面發展的格局。在入境旅遊市場方面，重慶入境旅遊人數和外匯收入均有較快的增長，2006 年入境旅遊人次達 60.32 萬人，旅遊外匯收入為 3.087 億美元；入境旅遊客源國分佈廣泛，日本、美國、韓國和西歐（英、法、德）、澳大利亞和加拿大等國家是重慶入境旅遊的新興市場，增長較快。在國內旅遊市場方面，重慶直轄以來國內旅遊接待人數與國內旅遊收入總體上呈顯著上升趨勢，且增長速度高於中國平均水準，2006 年接待國內旅遊者 6787.19 萬人次，旅遊收入 321.58 億元。另一方面，截至 2007 年底重慶市戶籍人口達 3100 萬人，其中城鎮人口 1361.35 萬人，人均 GDP 達 14011 元，旅遊消費力旺盛。

（一）地理位置和自然狀況

重慶市位於中國內陸西南部、長江上游，四川盆地東部邊緣，青藏高原與長江中下游平原的過渡地帶，地形最突出的特點是起伏有致，立體感強。重慶轄區以丘陵、低山為主，平均海拔為 400 米，最高峰為巫溪縣東部邊緣的界梁山主峰陰條嶺，海拔 2796.8 米；主城為三面環水的半島，位於長江與嘉陵江匯合處。重慶地勢從南北兩面向長江河谷傾斜，起伏較大，多呈現「一山一嶺」、「一山一槽二嶺」的形貌。地質多為「喀斯特地貌」構造，因而溶洞、溫泉、峽谷、關隘多。

（二）氣候

重慶位於北半球副熱帶內陸地區，氣候溫和，冬暖夏熱、無霜期長、雨量充沛，是宜居城市。其氣候特徵恰如幾句俗諺：春早氣溫不穩定，夏長酷熱多伏旱，秋涼綿綿陰雨天，冬暖少雪雲霧多。重慶年平均氣溫為 18℃。1 月份氣溫最低，月平均氣溫為 7℃，最低極限氣溫為零下 3.8℃。7 月至 8 月份氣溫最高，多在 27℃－38℃之間，最高極限氣溫可達 43.8℃。因此，重慶與武漢、南京並稱長江流域三大「火爐」。

重慶雨季集中在夏秋，年降雨量為 1000－1100 毫升。尤以夜雨為多，因此有「巴山夜雨」之說。重慶亦有「霧都」之稱，每年秋末至春初多霧，年均霧日為 68 天。每逢霧日，滿城雲纏霧繞，大街小巷縹緲迷離，恍若仙境。重慶的璧山縣的雲霧山全年霧日多達 204 天，堪稱「世界之最」。重慶還是中國日照最少城市之一，年均日照時 1259.5 小時。7 月至 8 月份略高，月均日照時 230 小時。其他月份在 150 小時以下。重慶三面環山，溝壑縱橫，因此風速較小。但在夏季雷陣雨天氣時，又一反常態，常常伴有大風，風速每秒可達 10－27 米。

二、旅遊資源

具有三千年悠久歷史的重慶旅遊資源豐富，既有集山、水、林、泉、瀑、峽、洞等為一體的壯麗自然景色，又有熔巴渝文化、民族文化、移民文化、三峽文化、「涪都」文化、都市文化等於一爐的濃郁文化色彩。重慶旅遊局統計重慶市擁有以長江山峽、大足石刻、山城夜景為代表的 20 多個景區，自然、人文景點 300 餘處，其中世界文化遺產 1 個，中國重點文物保護單位 13 個，國家級風景名勝區 6 個，國家級文物保護單位 7 個，國家級森林公園 5 個，AAAA 級旅遊區（點）13 個

重慶有 23 個民族，其中最主要的少數民族是人口約 150 萬的土家族。他們主要聚居在市東南部酉，秀，黔。彭和石柱五個自治縣。這些地區交通長其閉塞，使土家族保留了相對較多的巴人習俗，直接承襲了黔江地區，土家火熱優美的擺手舞、清新喜樂的秀山花燈，憑欄依傍青山秀水的土家吊腳樓，是重慶特有的巴渝遺風。

重慶城建在立體的山水之間，雖沒有平原城市的壯觀精巧與大都市的繁華熱鬧，卻有別具一格立體城市景觀和立體交通。除了古老的石梯坎外，還有現代化的自動扶梯，電梯和纜車等運客工具，特別是重慶連接兩條大江的跨江索道車，為中國所獨有。重慶古老又現代的城市建築和特色交通工具，充滿著歷史文化名城特有的歷史厚重與深沉的文化韻味。

隨著重慶社會經濟和旅遊業的發展，旅遊環境顯著改善，服務水準日益提高。重慶的旅遊開發前景廣闊，旅遊業已被列為新的支柱產業和經濟增長點加以培育。

著名景區

1. 山城夜景

山城夜景是重慶的一張城市名片，重慶市區三面臨江，一面靠山，倚山築城，建築層疊聳起，道路盤旋而上，城市風貌十分獨特，由此形成綺麗夜景。「不覽夜景，未到重慶」，雄偉的山城重慶，以輝煌的夜景聞名海內。山城夜景自古雅號「字水宵燈」，為清乾隆年間「巴渝十二景」之一。因長江、嘉陵江蜿蜒交匯於此，形似古篆書「巴」字，故有「字水」之稱。「宵燈」更映「字水」，風流占盡天下。

清人王爾鑒詩云：「高下渝州屋，參差傍石城。誰將萬家炬，倒射一江明。浪卷光難掩，雲流影自清。領看無盡意，天水共晶瑩。」山城夜景的特色之一得益於起伏的地勢和依山而上的重重樓房。每當夜色降臨，萬家燈火高低輝映，如漫天星漢，極為瑰麗；二得益於兩江環抱，雙橋相鄰。江中百舸爭流，流光溢彩。橋面千紅萬紫，宛如游龍，動靜有別，有似不夜之天。

觀賞山城夜景有三大去處：南岸區南山上的一棵樹觀景台和大金鷹，可謂「隔岸觀火」；鵝嶺公園上的瞰勝樓，身臨其境縱覽兩江；朝天門「兩江遊」遊船，環繞揚子嘉陵，360°全方位立體飽覽山水之城。

2. 大足石刻

大足石刻是重慶市大足縣境內主要表現為摩崖造像的石窟藝術的總稱，是中國重點文物保護單位、世界文化遺產。大足全縣有70 多處石刻，造像達 5 萬多個。大足石刻是唐末、宋初時期的宗教摩崖石刻，以佛教題材為主，有北山石刻，南山石刻，和寶頂石刻三個區域。尤以北山摩崖造像和寶頂山摩崖造像最為著名，是中

國著名的古代石刻藝術。北山摩崖造像位於重慶市大足縣城北 1.5 公里的北山，造像長約三百多米。造像最初開鑿於晚唐景福元年（西元 892 年），歷經後樑、後唐、後晉、後漢、後周五代至南宋 1162 年完成，歷時 250 多年。現存雕刻造像四千六百多尊，其中造像 264 龕窟，陰刻圖 1 幅，經幢 8 座，是中國晚期石窟藝術中的優秀代表。

3. 紅岩村

紅岩村原名紅岩嘴，位於沙坪壩區化龍橋紅岩村 13 號，距市區 8 公里。紅岩村因其地質成分主要為侏羅紀紅色葉岩而得名。抗日戰爭時期，中共中央南方局和八路軍駐渝辦事處設於紅岩村，辦事處大樓是一幢三層木結構樓房，二樓有毛澤東、周恩來同志的辦公室、臥室，陳列著當年毛澤東、周恩來同志使用過的各種物品和毛澤東同志所著詞《沁園春·雪》手稿。三樓是辦事處幹部的工作間及宿舍。各房間內有許多反映當年生活和工作的物品及照片。紅岩村以它對中國革命的特殊貢獻享譽海內外。

4. 長江三峽

長江三峽是中國 10 大風景名勝之一，是瞿塘峽、巫峽、西陵峽的總稱。古有李白的「朝辭白帝彩雲間，千里江陵一日還」的美境。長江三峽西起重慶奉節的白帝城，東到湖北宜昌的南津關，跨奉節、巫山、巴東、秭歸、宜昌五縣市，全長 193 公里，是長江上最為奇秀壯麗的山水畫廊。隨著規模巨大的三峽工程的興建，這裏更成了世界知名的旅遊熱線。

三峽地靈人傑，是中國古文化的發源地之一，著名的大溪文化就發源於此；屈原、昭君在這裏出生；李白、劉禹錫、白居易、歐陽修、蘇軾、陸游等詩聖文豪在這裏留下足跡和千古傳頌的詩章；這裏的大峽深谷曾是無數英雄豪傑馳騁用武之地……它們同這裏的山水風光交相輝映，名揚四海。

5. 武隆喀斯特

「重慶武隆喀斯特」世界自然遺產是「中國南方喀斯特」的重要組成部分，是深切型峽谷的傑出代表，它不僅是反映地球演化歷史的傑出範例，而且還是重要的生命記錄，包含了正在進行的地貌演化和重要的地貌形態或自然地理特徵，被喻為解讀長江三峽形成機理的一把鑰匙，具有喀斯特特徵的世界性意義。

三、旅遊資源特色

在自然旅遊資源方面，截至 2005 年重慶市共有國家 A 級旅遊景區 53 個，其中 3A 級以上有 30 個；有中國歷史文化名鎮 3 個，中國重點寺廟 3 處，國家森林公園 22 個，國家地質公園 3 處；建成中國工農業旅遊示範點 12 個，有 19 個區縣榮獲「中國優秀旅遊城區」稱號；有 214 處市級風景名勝區、森林公園、自然保護區和重點文物保護單位。

在人文旅遊資源方面，重慶自古以來就是長江上游的政治、軍事、經濟和文化中心，有著三千多年的歷史積澱，巴渝文化、現代化山城文化、大後方抗戰文化和三峽文化構成重慶市獨具特色的文化內涵。在飲食方面，重慶的川菜烹飪制法有 30 多種，花色菜品有 4000 多個，巴渝飲食文化為廣大中外遊客所青睞。

四、設施

（一）交通

重慶地處中國中部和西部地區的結合部，鐵路、水路、公路、航空、管道運輸等交通方式發展都很快。重慶還是中國長江上游地區唯一彙集水、陸、空交通資源的特大型城市。

1. 鐵路

重慶擁有成渝鐵路、川黔鐵路、襄渝鐵路、渝懷鐵路、遂渝鐵路（中國西部地區第一條高速鐵路）五條電氣化鐵路幹線和達萬鐵路。另還有鐵路支線三萬鐵路（綦江三江至萬盛）和萬南鐵路（萬盛至南川）。在建宜萬鐵路、襄渝鐵路複綫、蘭渝鐵路、渝利鐵路、遂渝二線、南涪鐵路。成渝城際鐵路、渝萬鐵路（城際鐵路）、渝黔鐵路也即將動工。另外還有規劃中的渝鄭鐵路、渝昆鐵路、重慶——西安客運專線、重慶——長沙客運專線。

2. 公路與橋樑

經過重慶的國道有 210 國道、319 國道、212 國道、318 國道和 326 國道。重慶高速公路建設從成渝高速公路開始，至 2007 年末已建成高速公路 1000 公里，規劃為三環十射三聯線高速公路網。與公路建設發展同步的重慶橋樑建設也發展迅速，號稱「中國橋都」，目前重慶在長江上已建成特大橋十五座，規劃建設的還有六座，嘉陵江上已建特大橋十二座，在建特大橋四座。

3. 水運

重慶以長江為依託，建有港口和客貨碼頭數十個，開展了重慶經上海至海外的江海聯運業務，千噸級輪船可終年通航。水上運輸總里程已達 4000 公里以上。三峽工程建成後，萬噸級船隊可直達重慶。

4. 航空

重慶主城區內曾經先後有五座機場投入使用。重慶全市現有兩座民用機場，分別是重慶江北國際機場、重慶萬州五橋機場，第三座機場重慶黔江舟白機場正在建設，已開闢 50 多條國際、國內航線。

5、城市公共交通

重慶主城區內公共交通包含公交汽車、輕軌、地鐵、過江索道、纜車、扶梯、升降電梯以及過江輪渡等，其中主要公共交通工具是軌道交通和公交汽車（由於山路崎嶇，在重慶馬路上幾乎看不到自行車和電動車）。

（二）接待設施

重慶旅遊業經過多年的積累，已經形成了以「行、住、食、遊、購、娛」等要素為主體，其他關聯產業為支撐，並具有一定規模和水準的旅遊產業體系。2005 年重慶擁有旅行社 220 家，其中國際旅行社 23 家，國內旅行社 197 家；星級飯店 189 家；中國重點風景名勝區和國家 AAAA 級旅遊景區 27 個，中國工農業旅遊示範點 12 處，還湧現出一批新興的旅遊景點；農家樂有 3650 餘家，遍及全市 40 個區縣，並呈多元主題發展態勢；旅遊直接從業人員 19.96 萬人。

重慶商貿零售業、餐飲業、交通運輸業、郵電通訊業、建築業和食品飲料業等相關聯業的發展也很迅速。重慶擁有人民廣場、名人廣場、朝天門廣場等標誌性休閒專案，以及三峽博物館、重慶美術展覽館、重慶文化藝術中心、自然博物館、重慶大劇院、山城音樂廳、重慶雜技藝術宮等文化項目。目前，重慶市擁有 21 種 9962 個體育場館，面積達 1146 萬平方米，有著為數較多的在建或已建高爾夫球場、跑馬場等群眾體育設施。在購物方面，重慶的社會消費品零售總額居中國大城市第五位，擁有如重慶百貨大樓、解放碑購物廣場等數量眾多的大型購物廣場。

五、地方法規

1. 重慶市旅遊條例
2. 重慶市旅行社門市部管理辦法
3. 重慶市導遊人員管理辦法

六、參考文獻

1. 林移剛等，提升重慶旅遊的整體競爭力分析（J）特區經濟，2007 年 12 月。
2. 陳雪鈞等，重慶旅遊產業發展戰略研究（J），重慶交通大學學報，2008 年 10 月，第 8 卷第 5 期。
3. 彭壽清，重慶旅遊文化發展初探（J），經濟地理，2004 年 11 月，第 24 卷第 6 期。
4. 張傑，全國旅遊市場競爭態勢及重慶旅遊發展對策（J），中國水運，2009 年 3 月，第 9 卷第 3 期。
5. 劉妮等，重慶旅遊產業空間格局及其重點旅遊資源開發（J），邊疆經濟與文化，2009 年第 9 期。
6. 楊衛東，重慶旅遊地形象定位（J），經濟師，2004 年第 10 期。
7. 楊永豐等，重慶旅遊景區管理風險研究（J），重慶科技學院學報，2007 年第 1 期。

黑龍江

一、概況

　　黑龍江省簡稱「黑」，系由境內最大河流黑龍江而得名，是中國東北部位置最北、緯度最高的省份。它介於東經 121°11'～135°05'，北緯 43°26'～53°33'之間。北部和東部隔黑龍江、烏蘇里江與俄羅斯相望，西部與內蒙古自治區毗鄰，南部與吉林省接壤。土地面積 45.4 萬平方千米。占全中國總面積的 4.7%。黑龍江省共劃 12 地級市、1 地區、17 縣級市、51 縣、1 自治縣。有漢、滿、朝鮮、蒙古、回、達翰爾、鄂倫春、赫哲、柯爾克孜、鄂溫克等民族。冬季長而寒冷，夏季短而涼爽，南北溫差大，北部甚至長冬無夏。因而夏宜避暑，冬宜賞雪、歡冰燈、進行冰雪運動。

　　近 5 年來，黑龍江旅遊行業實現了年均 20%以上的增長速度。黑龍江擁有得天獨厚的冰雪旅遊資源，每年舉辦的哈爾濱國際冰雪節、雪雕博覽會、冰燈遊園會、國際滑雪節等冰雪活動，成為中國馳名的旅遊品牌。黑龍江還積極調整優化旅遊產業結構，將「一季遊」拓展為「四季遊」，大慶等地的工業旅遊、伊春的「森林氧吧」、大小興安嶺、紮龍國家自然保護區等地的自然生態游、五大連池、鏡泊湖夏季避暑遊、遍佈黑龍江省的秋季「五花山」都成為了新興的旅遊品牌。

　　據統計，2005 年以來，黑龍江省入境旅遊接待人數累計達到530.55 萬人次，年均增長 28.63%，旅遊外匯收入 23.45 億美元，年均增長 30.26%，入境遊客源地已經覆蓋了 75 個國家和地區；國內

旅遊接待人數累計達到 2.45 億人次，年均增長 20.19%，國內旅遊收入 1446.3 億元，年均增長 22.19%，黑龍江省旅遊業總收入累計實現 1623.1 億元，年均增長 22.44%，旅遊市場呈現出冬季火爆，夏季高峰提前、延後，秋季淡季縮短的良性發展態勢。

地理位置和自然狀況

1. 地貌

黑龍江省地勢大致是西北部、北部和東南部高，東北部、西南部低；主要由山地、臺地、平原和水面構成。西部屬松嫩平原，東北部為三江平原，是中國最大的東北平原的一部分，平原占全省總面積的 37.0%，海拔高度為 50～200 米；西北部為東北——西南走向的大興安嶺山地，北部為西北一東南走向的小興安嶺山地，東南部為東北一西南走向的張廣才嶺、老爺嶺、完達山脈，土地約占全省總面積的 24.7%。黑龍江省有長 10 公里以上的河流 1700 多條，海拔高度在 300 米以上的丘陵地帶約占全省的 35.8%。

境內的黑龍江是中國四大河流（包括黑龍江、黃河、長江、珠江）之一，始於石勒喀河與額爾古納河匯流處，距河口 2,824 公里。黑龍江全長 5498 千米（從南源克魯倫河至河口），流域面積 184.3 萬平方千米，在中國境內河長 3474 千米，流域面積約 88.7 萬平方千米，占流域的 48.1%。從黑龍江南北源匯合點起，到俄羅斯哈巴羅夫斯克（伯力）的黑龍江與烏蘇里江匯合點止，為中、俄界江。

2. 氣候

黑龍江屬中溫帶到寒溫帶的大陸性季風氣候，年平均氣溫多在 -5℃～5℃之間。氣溫由東南向西北逐漸降低，南北差近 10 攝氏度。1 月平均氣溫-31 至-15℃，極端最低氣溫達 52.3℃（漠河 1969 年 2

月 13 日）。7 月為 18～23℃，無霜期僅 3～4 個月，年平均降水量
300～700 毫米。

　　春季大風日最多，且多在松嫩平原和三江平原；夏季氣溫高，
降水多，光照時間長；秋季溫暖而乾爽；冬季，從西伯利亞來的乾
冷的空氣帶來晴朗乾燥的天氣，伴有強霜。太陽輻射資源豐富，年
日照時數一般在 2300－2800 小時。太陽輻射的時空分佈特點是南
多北少，夏季最多，冬季最少，生長季的輻射總量占全年的 55%
～60%。各地區降水量不平衡，多介於 400 mm～650 mm 之間，沿
海地帶最大。

二、旅遊資源

　　黑龍江省旅遊資源景區、景點具有成線、成片集中分佈的特點。
據統計，現已開發建設的就達 100 餘處，涉及自然旅遊資源、人文
旅遊資源兩大類 20 餘個亞類（見表 9）。共有 9 個中國優秀旅遊城
市（即哈爾濱市、齊齊哈爾市、牡丹江市、佳木斯市、大慶市、伊春
市、阿城區、綏芬河市、虎林市、鐵力市），1 個國家級歷史文化名城、
227 處重點文物保護單位、2 個國家級旅遊風景區、14 個省級旅遊風
景區（見表 10）和 16 個自然保護區，這些構成了黑龍江省旅遊業
發展的骨架體系。世界公認的三大類旅遊資源冰雪、森林和海洋，
黑龍江省就包括了兩大類，且又是十分普遍。黑龍江省有林地面積
達 1,592143 km^2，森林覆蓋率達 3515%，有 353 處國營林場。

景點介紹

　　1. 松花江

　　松花江是黑龍江的最大支流，東北地區的大動脈，全長一千八
百四十公里，流域面積 54 萬平方公里。松花江流域範圍內山嶺重

疊，滿布原始森林，蓄積在大興安嶺、小興安嶺、長白山等山脈上的木材，總計十億立方公尺，是中國面積最大的森林區。冬季的松花江氣候嚴寒，有時會降至攝氏零下三十度，結冰期長達五個月。但是在豐滿水電廠這一段從不結冰，據說是因為通過發電廠流入江裏的水溫甚高所致。這一段夾帶暖流的江面，不斷冒起團團蒸汽，凝結在岸邊的柳絲、松葉上，形成一簇簇、一串串晶瑩似玉的冰花，十裏長堤頓時成了玲瓏剔透、玉樹銀枝的世界。這就是聞名中國的「樹掛」奇景。

2. 黑龍江

黑龍江南源額爾古納河與北源石勒喀河匯合而成，黑龍江的源頭洛古河江段長 200 多公里，最深 12 米，最淺 1 米，沿江兩岸風光寧靜秀麗。洛古河又是黑龍江源頭第一村的村名，現有農家 36 戶，至今已有 90 多年的歷史。

3. 大興安嶺漠河

漠河縣位於中國最北端，因其夏至時節手工藝白晝最長可達 19 個小時，又被稱做「不夜城」和「中國的北極村」。漠河縣北極村前依滾滾黑龍江，依傍連綿大山，木刻楞房舍排列井然。這裏一年四季國內外遊人絡繹不絕，尤其是每年夏至前後，漠河縣舉辦「夏至節」，遊人更是摩肩接踵，流連忘返，因為們不僅可以遊覽「北陲哨兵」、「神州極碑」、「野生罌粟園」、「最北一家」等諸多景點，還可度過那神奇的「白晝」之夜，有幸者會目睹北極光那光耀天地、溢彩流金的神奇景象。

4. 五大連池

五大連池是中國著名的火山遊覽勝地。西元 1719－1721 年，火山爆發堵塞了當年的河道，形成了五個互相連通的熔岩堰塞湖。

這裏有景色奇特的火山風光、豐富完整的火山地貌和療效顯著的礦泉「聖水」，是一個集遊覽觀光、療養休息、科學考察多種功能的綜合性天然風景名勝區。五大連地除五個堰塞湖外，還有許多古代和近代的火山。中、近期形成的火山共 14 座，其中老黑山和火燒山年齡最小，但體態龐大，景色尤佳，是五大連池中最佳景區。老黑山山勢高聳，植被蔥郁，相對高差達 166 米，是 14 座火山中最高的一座。

5. 鏡泊湖

鏡泊湖是 5000 年前經多次火山噴發，熔岩阻塞牡丹江古河床而成的火山熔岩堰塞湖。湖水南淺北深，湖面海拔 350 米，最深處超過 60 米，最淺處則只有 1 米；湖形狹長，南北長 45 公里，東西最寬處 6 公里，面積約 91.5 平方公里。鏡泊湖以天然無飾的自然之美而著稱，以氣勢雄渾的吊水樓瀑布、奇麗壯觀的地下森林、盛衰疑迷的渤海古國遺址為主要景區。還有珍珠門、道士山、老鸛山、大孤山、小孤山、白石砬子、城牆砬子等景點。現為國家重點風景名勝區。

6. 齊齊哈爾紮龍自然保護區

紮龍是中國著名的珍貴水禽自然保護區，位於市區東南三十公里處，總面積二十一萬公頃。區內地勢低窪，河流漫溢，葦草叢生，湖泡星羅棋佈，是適於水禽鳥類棲息繁衍的天然樂園。據統計，紮龍自然保護區有各種禽鳥二百九十六種。其中尤以鶴類居多而聞名於世，世界有十五種鶴，中國有九種，而紮龍可見六種（丹頂鶴、白枕鶴、蓑羽鶴、灰鶴、白頭鶴），因此，齊齊哈爾有「鶴鄉」之美稱。紮龍自然保護區地域遼闊、生態原始、鳥類眾多、交通方便，既是旅遊勝地，又是科研中心。觀鳥的最佳季節是五月至七月份。冬季也可以在冰湖雪地上觀賞馴鶴。

7. 人文景觀

人文景觀以上京龍泉府故城遺址最為典型、完整位於甯安縣東京城，瀕牡丹江為唐渤海國「五京」首府。建制仿唐長安城興築，分外城、內城和宮城（紫禁城）三部分，遺址現已發掘，被列為中國重點文物保護單位。

表 9　黑龍江省主要旅遊資源極其類型

類型			景點
自然旅遊資源	地質資源	地質構造	完達山褶皺構造、五大連池斷裂構造
		地層剖面	完達山燕山期海相地層、大慶地宮松嫩盆地地層岩芯
		古生物化石	嘉蔭龍骨山恐龍化石
	地貌資源	山巒地貌	阿城松峰山、威虎山、牡丹峰、桃山、玉泉山
		火山熔岩景觀	五大連池火山群、鏡泊湖火山熔岩流、地下森林火山口、二克山火山錐
		蝕余景觀	湯旺河石林、茅蘭溝河谷奇觀
		象形山石	木蘭駱駝峰、木蘭雞冠山、海林鷹嘴峰、饒河縣喀爾喀山、佳木斯猴石山、寶清藍棒山
		沙地景觀	泰來沙地
		沙灘	哈爾濱松花江太陽島沙灘
		島嶼	虎林珍寶島 齊齊哈爾明月島、哈爾濱太陽島、佳木斯柳樹島
		洞穴	五大連池冰洞、鏡泊湖熔岩隧道、漠河嘎仙洞
	水景資源	風景河段	黑龍江、烏蘇里江、牡丹江、湯旺河、嫩江、松花江等江段
		漂流河段	黑龍江黑河短、沾河、湯旺河上中游
		湖泊	興凱湖、鏡泊湖、連環湖、蓮花湖、五大連池
		瀑布	鏡泊湖吊水樓瀑布
		泉	林甸溫泉、五大連池礦泉、德都雙龍泉
		冰雪	大、小興安嶺、東南山地林海雪原、松花江冰河風光
		沼澤濕地	紮龍自然保護區、三江平原濕地
	生物資源	森林	五營森林風光、豐林自然保護區、牡丹峰自然保護區、孟加崗森林區、地下森林區、哈爾濱植物園區、涼水自然保護區

		奇花異木	大興安嶺、小興安嶺白樺林、伊春人參基地
		動物棲息地	丹頂鶴與紮龍自然保護區、洪河鳥禽自然保護區、七星砬子東北虎自然保護區、興凱湖鳥禽自然保護區、呼中自然保護區、山河貓科動物保護區、呼瑪河自然保護區、遜別拉河自然保護區
		狩獵動物資源	連環湖禽類狩獵場、桃山狩獵場、玉泉山狩獵場、平山狩獵場、白山狩獵場、烏龍狩獵場、洪湖水禽獵場
		動物觀賞	哈爾濱東北虎「林園」、牡丹江橫道河子貓科動物飼養基地、哈爾濱動物園
	氣象資源	夏季避暑氣候	鏡泊湖度假區、伊春林區、哈爾濱太陽島
		冬季冰雪氣候	寒冷大雪天氣、霧淞、雪淞
	天文景觀	極光、極晝及日出	黑龍江漠河北極村、烏蘇鎮日出
人文旅遊資源	名勝古跡	人類文化遺址	嘎仙洞拓跋鮮卑祖先居住地、十八站舊石器時代遺址、金上京會寧府遺址、渤海國龍泉府故城遺址、小嶺古冶鐵遺址、昂昂溪細石器文化遺址、官地與大山青銅時代遺址、小南山新石器文化遺址、罕達汽金礦、閻家崗舊石器遺址
		軍事遺址	日本 731 細菌部隊罪證遺址、蒲與路故城、虎頭要塞、璦琿古城
		古城遺址	平樂古城、五國頭城、依蘭古城、靖邊營、甯古塔、鳳林平原古城
		宗教建築	哈爾濱極樂寺、聖母教堂、天主教會教堂、清真寺
		古典建築	哈爾濱文廟、衍福寺雙塔、哈爾濱七級浮屠塔
		古碑	寶嚴大師塔銘志石碑
		古墓	金太祖阿骨打陵址、新香坊金代墓群、三靈古墓
		摩崖字畫	亞溝石刻、渤海摩崖岩畫
	現代景觀	水工建築	蓮花湖水電站、引嫩工程
		廠礦	哈爾濱三大動力企業
		農林牧漁業	三江平原觀光農業、西部草原牧場、大小興安嶺林業採伐作業景觀
		陵寢陵園	東北烈士紀念館、楊子榮烈士陵園、哈爾濱烈士陵園

	橋樑碑塔	哈爾濱公路大橋、哈爾濱防洪紀念塔、蘇聯紅軍紀念碑
	博物館	大慶油田開發科學實驗陳列館、小興安嶺資源博物館
	名人紀念地	肖紅故居、八女投江紀念地
	體育文化設施	哈爾濱冰上訓練基地
	公園	哈爾濱兆麟公園、齊齊哈爾龍沙公園
	城市風貌	哈爾濱中央大街、大慶石油城、伊春林城、雞西煤城
	邊境口岸	黑河市、綏芬河市、同江市
	民風民俗	赫哲族、達斡爾、鄂倫春、蒙古族民俗村、遜克「俄羅斯」風情
	節日慶典	哈爾濱冰雪節、五大連池飲水節、牡丹江金秋節、伊春森林節、大慶石油節、齊齊哈爾觀鶴節

（資料來源：吳相利等，黑龍江省旅遊資源基本特徵及吸引向性評價（J），國土與資源研究，1999 年第 4 期。）

表 10　黑龍江省國家級省級風景名勝區

級別	數量	景區名稱
國家級	2	五大連池風景區、鏡泊湖風景區
省級	14	哈爾濱太陽島、賓縣二龍山、鐵力桃山、密山興凱湖、依蘭丹青河、齊齊哈爾明月島、五常龍鳳山、雞東哈達河、佳木斯柳樹島、佳木斯四豐山、海林蓮花湖、黑河臥牛湖、勃利吉光河、延壽縣延壽山

（資料來源：吳相利等，黑龍江省旅遊資源基本特徵及吸引向性評價（J），國土與資源研究，1999 年，第 4 期。）

三、旅遊資源特色

　　黑龍江省是中國位置最北、緯度最高的省份，在黑龍江的北部和東北部，有綿延 2800 多公里的水界和 200 多公里的陸界中俄邊

境線。黑龍江旅遊資源具有四大特色：地理氣候特色、生態景觀特色、邊境區位特色和地域文化特色。

（一）地理氣候特色

黑龍江省大部分區域處於中溫帶，冬寒冷、夏溫涼。冬季有哈爾濱的冰雕、冰燈享譽中外，目前已形成以哈爾濱冰雪大世界、太陽島雪雕藝術博覽會、哈爾濱冰燈遊園會、牡丹江雪堡、中國雪鄉大海林為代表的冰雪觀光旅遊產品，其規模和藝術水準都居世界先進水準。山區冬季雪量大，雪質好，雪期長 120 天左右，正是開展滑雪、溜冰、冬獵的大好季節，目前，黑龍江全省建有高中初滑雪場近百家，其中以亞布力、二龍山、吉華、華天烏吉密、平山神鹿、日月峽為代表的大型滑雪場。黑龍江的夏季比較短促，氣溫不高，7 月份平均氣溫平原南部僅 24℃，哈爾濱只有 22.5℃，大興安嶺低部低於 18℃，加上溫泉等特有自然環境，使這裏不少地方成為夏季的避暑勝地。

（二）生態景觀特色

黑龍江省森林旅遊資源分佈較廣，境內有大小興安嶺、張廣才嶺和完達山脈等林區，森林覆被率達 41.9%，面積居中國第一。黑龍江省不僅森林面積廣大而且有中國少有的寒溫帶針葉林帶森林和世界上最典型最大的一片紅松原始森林。紮龍自然保護區是中國第一個水禽綜合保護區，也是世界上最大的一塊濕地，已被列入世界上重點保護濕地名單，近 10 年來已接待 30 多個國家 100 多萬遊人參觀。

黑龍江濕地類型多、面積大，三江平源濕地達 200 萬公頃，松嫩平原濕地達 123 萬公頃；著名的紮龍自然保護區面積達 21 萬公頃，被列入世界重要濕地名錄，已經成為科考和濕地觀光的重要景區。在紮龍自然保護區，遊客可以乘竹筏徜徉在蘆葦蕩中，看成群的水鳥起落，欣賞丹頂鶴幽雅的舞姿。在森林和濕地環境中繁衍著

眾多的珍貴動植物，如東北虎、熊、豹、野豬、駝鹿、梅花鹿、飛龍、紫貂、丹頂鶴、天鵝、人參、猴頭、木耳等，都是極具吸引力的旅遊資源。此外，大慶當奈濕地、興凱湖濕地、洪河濕地等也是濕地休閒觀光的好去處。另外，黑龍江省西部和東部草原遼闊，草原占全省土地總面積的 11.2%，達 7600 萬畝，是中國擁有大草原的 10 個省份之一，具有放牧、觀光價值。

（三）邊境區位特色

黑龍江省是中國邊疆省份，邊境地帶跨國旅遊具有優勢。黑龍江烏蘇里江界江旅遊，跨國一日遊、三日遊、五日遊，邊境地區觀光考察旅遊的開展都賴於邊境的區位。

黑龍江省與俄羅斯接壤，有 3000 多公里的邊境線，其中界江 2300 公里；有 25 個開放口岸，其中 17 個已經成為旅遊口岸。中俄大界江黑龍江和烏蘇里江由於迄今人類沒有大面積的開發，自然景觀原始，人文景觀獨特。交通方面，無論是航空、鐵路，還是公路、水路都可以非常便捷地前往俄羅斯，並可連線到日本等周邊國家，體驗跨國之旅。綏芬河、黑河、東甯、同江等地已成為中國邊境旅遊的熱點地區。俄羅斯遠東地區物產豐富，生態環境好，風情獨特，吸引著越來越多的遊客前去觀光遊覽。

（四）地域文化特色

黑龍江歷史人文資源特徵明顯，古生物化石出土點 88 處，遠古人類遺址 12 處，唐代渤海國，遼代、金代、清代「龍興之地」遺址豐富。另外，黑龍江民族文化風情濃郁。滿族、鄂倫春族、錫伯族發源於黑龍江省，赫哲族是黑龍江省的獨有民族，鄂倫春、達翰爾、鄂溫克族主要位居於黑龍江省，朝鮮族聚居全省各地，蒙古族生活於松嫩平原。少數民族大多居於深山或偏居一隅，受外界影

響較少，民俗民風古樸，且傳承良好，其衣食住行，婚喪嫁娶，生產生活習俗獨特，是黑龍江省旅遊資源中的一枝奇葩。

富有特色的城市觀光遊也是吸引外地遊客的旅遊產品之一。世界冰雪旅遊名城哈爾濱是一個具有濃郁歐亞大陸風情的國際經貿大都市，保留了以哥特式建築為主的世界多國風格的建築和東西方宗教文化場所。中央大街步行街、聖索菲亞教堂聞名遐邇。此外，石油之都大慶、林都伊春、鶴城齊齊哈爾、雪城牡丹江都顯示著自己獨特的城市魅力。

黑龍江省內中國的最北端的漠河是觀看白晝北極光的最佳場地。漠河「白晝」時淩晨 2 點太陽就從東方升起，晚上 9 點才剛剛落下，午夜天空仍佈滿彩霞。位於黑龍江與烏蘇里江匯合處的烏蘇鎮是中國的最東端，是最早見到太陽的地方。

四、設施

交通

1. 鐵路

黑龍江省境內目前有 62 條鐵路幹線、支線和聯絡線，鐵路營運里程超過 5300 公里（其中地方鐵路超過 492 公里），鐵路專用線超過 1030 公里，均居中國第 1 位。

2. 公路

公路總里程 66821 公里，有國道主幹線 2 條，國道 8 條，省道 30 條，縣道 225 條，高速公路和一級公路達到 1762 公里，二級以上公路達到 8796 公里。97.7%的鄉鎮和 56.39%的村屯通公路。

3. 水路

2004 年，水運完成的貨物周轉量 19 億噸公里，比 2003 年減少 2.7%；水運完成旅客周轉量 2970 萬人公里，比 2003 年增長 3.8%。

4. 民航

黑龍江省現有 5 個民用機場，即：哈爾濱太平國際機場、齊齊哈爾三家子機場、牡丹江海浪機場、佳木斯機場和黑河機場。除黑河機場外，均為國際口岸機場。現有航線 56 條，其中國內航線 40 條，國際航線 15 條，特殊管理航線 1 條。

五、政策

2008 年以來，黑龍江省有 50 個與發展旅遊產業相關的基礎設施大項目相繼開工，總投資額達 330 億元。漠河機場至北極村、亞布力至海林雪鄉、拉林至鳳凰山、甯安至鏡泊湖等公路建設總投資 167 億元，總里程達到 2015 公里。2009 年還新增了星級飯店 19 家，家庭旅館 105 家、旅行社 50 家、快捷酒店 500 家。

「大東北」旅遊品牌的一個特點是「抱團兒」發展。2000 年成立的東北「4＋1」旅遊城市聯合體成為東北地區旅遊業發展的核心力量。瀋陽、長春、鞍山、哈爾濱和大連在旅遊產品整合，旅遊形象包裝，旅遊節慶活動上相互支援、配合，先後組織了近 30 餘次國內外宣傳促銷活動，積極樹立東北旅遊整體品牌形象，共同拓展和深度開發海內外客源市場。2009 年，黑龍江還加入了中國北方 10 省市區旅遊合作行動計畫，簽署了《東北區域旅遊合作框架協定》。「優勢互補、資源分享、客源互換、利益互惠」帶來的效益顯現，僅 2009 年「十一」黃金周期間，黑龍江省接待的國內旅遊者就達 688.02 萬人次，同比增長 34.98%；國內旅遊收入 25.2 億元。

六、參考資料

1. 鄧琳，黑龍江旅遊資源及開發利用（J），齊齊哈爾大學學報，2002 年 1 月。
2. 吳相利，等.黑龍江省旅遊資源基本特徵及吸引向性評價（J），國土與資源研究，1999 年第 4 期。
3. 陳麗威，黑龍江旅遊資源的優勢及開發對策（J），黑龍江省社會主義學院學報，2007 年 12 月。
4. 張勝義，黑龍江旅遊發展及其個性化趨勢（J），今日南國，2009 年 3 月。
5. 李春光，試析 2009 年黑龍江旅遊發展的機遇（J），中國新技術新產品，2009 年 12 期。
6. 王法金等，淺談黑龍江省旅遊資源的開發（J），經濟縱橫，2001 年 2 月。

吉林

一、概況

　　吉林省簡稱吉，省會長春市，位於中國東北地區中部，北界黑
龍江省，南接遼寧省，西鄰內蒙古自治區。處於日本、俄羅斯、朝
鮮、韓國、蒙古與中國東北部組成的東北亞的腹心地帶，東與俄羅
斯接壤，東南部以圖們江，鴨綠江為界與朝鮮民主主義人民共和國
隔江相望。地處東經 122～131 度，北緯 41～46 度之間。幅員面積
為 18.74 萬平方公里，占中國總面積的 2%，東西長 750 公里，南
北寬 600 公里。東南部高，西北部低，中西部是廣闊的平原。管轄
長春 1 個副省級城市、吉林、四平、通化、白山、遼源、白城、松
原 7 個地級市和延邊朝鮮族自治州。

　　近年來，吉林的旅遊人數逐年增加，2008 年吉林省旅遊業接
待總人數 4558.65 萬人次，同比增長 21.31%，其中：接待入境旅遊
者人數 61.73 萬人次，同比增長 13.56%，接待國內旅遊者 4496.92
萬人次，同比增長 21.40%。旅遊總收入達到了 450.80 億元人民幣，
同比增長 28.74%，相當於吉林省地區生產總值的 7.02%。其中，
外匯收入 2.11 億美元，同比增長 17.92%，國內旅遊收入 436.10 億
元人民幣，同比增長 29.60%。

（一）地貌

　　吉林省地貌形態差異明顯。地勢由東南向西北傾斜，呈現明顯
的東南高、西北低的特徵。以中部大黑山為界，可分為東部山地和

中西部平原兩大地貌區。東部山地分為長白山中山低山區和低山丘陵區，中西部平原分為中部臺地平原區和西部草甸、湖泊、濕地、沙地區。地貌類型種類主要由火山地貌、侵蝕剝蝕地貌、沖洪積地貌和沖積平原地貌構成。主要山脈有大黑山、張廣才嶺、吉林哈達嶺、老嶺、牡丹嶺等。主要平原以松遼分水嶺為界，以北為松嫩平原，以南為遼河平原。吉林省地貌形成的外應力以冰川、流水、風和其他氣候氣象因素的作用為主。第四紀冰川在長白山的冰川剝蝕遺跡至今仍然可見。現代流水侵蝕作用對地貌的影響很廣泛，山地、丘陵、臺地、平原、盆地、谷地多受侵蝕、剝蝕、堆積、沖積等綜合作用，形成了各種流水地貌，如河漫灘、沖積洪積平原、沖溝等。火山地貌占吉林省總面積的 8.6%，流水地貌占 83.5%，湖成地貌占 2.6%，風沙地貌約占 5.2%。

（二）氣候

　　吉林省處於北半球的中緯地帶，歐亞大陸的東部，相當於中國溫帶的最北部，接近亞寒帶。東部距黃海、日本海較近，氣候濕潤多雨；西部遠離海洋而接近乾燥的蒙古高原，氣候乾燥，形成了顯著的溫帶大陸性季風氣候特點，並有明顯的四季更替。大部分地區年平均氣溫為 2～6℃，全年日照 2200～3000 小時，年活動積溫平均在 2700～3600℃，年降水量在 400～600 毫米，無霜期 120～160 天，具有雨熱同季特點，對各種農作物生長十分有利。初霜期在 9 月下旬，終霜在 4 月末 5 月初。

二、旅遊資源

　　吉林省的旅遊資源主要有以下三大類：

（一）冰雪旅遊文化資源

吉林省的地理位置和氣候條件，形成了豐富的冰雪旅遊資源，是吉林的一大特色，分佈普遍，在中國具有較大的優勢。吉林霧淞已成為與桂林山水、雲南石林、長江三峽齊名的四大自然奇特景觀。其次還有吉林北大湖滑雪場、松花江滑雪場和長白山、通化金廠冰雪訓練場及長春淨月潭等冰雪旅遊基地。冰雪旅遊賦冰雪以生命，在千里冰封、萬里雪飄的北國冬天，上演了多部曲的融文化、體育、旅遊、經貿、科技等多領域綜合性的活動。

（二）自然旅遊文化資源

1. 長白山森林旅遊

「保護地球的『肺』」、「回歸大自然」的口號，把人們帶入了長白山東部的原始森林區。據悉，每年到森林旅遊的國內外遊客有100萬人次。特別是「非典」過後，在健康旅遊的熱浪中，森林游逐步升溫。因為，森林每天散發著「陰離子」，森林密度越大，散發的就越多，空氣就越清新，促使人體新陳代謝，降低血壓，提高人體防病能力。因此，人們把大森林稱為「綠色醫院」，是健身旅遊的好去處。

2. 奇特的長白山溫泉

在長白山高湖天水的附近，大約 1000 平方米的地域，有 30 多處泉水日夜不停地噴湧而出，經科學工作者測定，多數溫泉的水溫常年保存在 60～70℃以上，最熱的溫泉水溫高達 82℃。在泉眼周圍長滿了奇異的苔蘚植物，毛茸茸、綠盈盈，好似沁在水中的毛毯。溫泉附近長年沉澱下來的礦物質，使池中的岩石表面披上了別樣的金黃、寶藍、殷紅、翠綠等五顏六色的彩裝，好似美麗的陶瓷。

這些微量的礦物質對皮膚病、胃病、關節炎等有一定的療效，是健康旅遊的樂園。

3. 旖旎的濕地旅遊

在吉林省西部通榆縣境內的向海保護區為世界著名的濕地生態系統保護地，區內沙丘蜿蜒起伏，湖泊波光瀲灩，黃榆婆娑起舞，葦海碧波蕩漾，草原茫茫蒼蒼。其中有各類野生植物 600 多種、各類珍禽 293 種，目前世界上僅有的 1500 多隻一類保護珍禽丹頂鶴中，就有 60 多隻在這裏繁衍生息。被世界野生生物基金會評審為「具有國際意義的 A 級自然保護區」。

（三）人文史跡旅遊文化資源

吉林省有著悠久的歷史、燦爛的文化、光榮的革命傳統，富有特色的人文史跡旅遊文化資源，主要可分成三類：一是長春的殖民遺跡，包括偽皇宮、偽滿國務院、偽滿八大部、偽滿中央銀行、日本神武展舊址、關東軍司令部舊址等，已作為對國外旅遊者展示舊日軍侵華史實、對國內旅遊者和青少年進行愛國主義教育的基地。二是重大史跡，包括集安的高句麗古跡、四平的葉赫那拉遺址、農安的黃龍府、唐渤海國古墓群、敦化的正覺寺等。

三、旅遊資源特色

吉林市的開放性和相容性是這個城市最突出的個性。作為滿族重要的發祥地之一，吉林市有著濃郁的民族風情，同時又經受了偏家文化、宗教文化及外來文化千百年來的漫染，積澱了豐厚而又多樣化的文化底蘊。

　　吉林市歷史悠久，考古發現證明早在 10 多萬年前，這裏就有古人類繁衍、生息，至今吉林市還留有古扶余王國、高句麗王朝、古渤海國建城的遺跡。

　　冰雪旅遊、冰雪體育、冰雪旅遊已經成為吉林市的一張名片，每年都舉辦中國吉林霧淞冰雪節之外，政府還逐年加大對冰雪運動場所和設施的建設投資力度，開發冬季冰雪旅遊資源，豐富冬季旅遊活動內容，提升冰雪旅遊產品水準，擴大冰雪旅遊知名度。

　　滿族特色幾百年來，滿漢兩族水乳交融，是一個相互吸納並不斷揚棄的過程，吉林市是滿族的發祥地和聚居地之一，現有滿族人口 25.2 萬人，至今仍有許多建築帶有滿族特色，生活習俗也帶有濃郁的滿族色彩，特別是滿族聚集的村電有些風俗還是很講究的，最具滿族特色的滿族原始宗教一薩滿教、滿族服飾、滿族飲食、滿族婚俗等仍流傳至今。

四、設施

交通

1. 鐵路

　　吉林省的鐵路網大體可分為西北——東南和西南——東北兩個走向。中國主要鐵路幹線京哈線貫穿吉林南北。從吉林省內可直達哈爾濱、瀋陽、大連、北京、天津、西安、石家莊、武漢、濟南、南京、廣州、上海等中國主要城市。吉林省鐵路以長春為中心，以吉林、四平、白城、梅河口等為主要樞紐，以京哈、長圖、長白、平齊、瀋吉、四梅、梅集等線路為幹線，形成連接吉林省各市、州及廣大城鄉的鐵路網。

2. 公路

2004 年末，吉林全省公路通車總里程達到 47255 公里，比上年增長 7.4%。其中，高速公路里程達到 542 公里，與上年持平；二級以上公路通車里程達到 8226 公里，增長 10.8%，占總里程的比重達 17.4%；農村公路通車里程達到 34210 公里，增長 10.6%，占總里程的 72.4%。

3. 水運

吉林省主要通航河流有嫩江、松花江、圖們江和鴨綠江。一般 4 月中旬至 11 月下旬為通航期。吉林全省內河航道 1789 公里，有內河港口 3 個（大安港、吉林港、扶餘港），年吞吐能力 140 萬噸。

4. 航空

航空以長春為中心，以吉林、延吉為補充，可直達北京、上海、海口、昆明、香港、深圳、韓國漢城、日本仙台及日本東京、仙台、名古屋等地。千米以上的長白山地和海拔 500 米以下的低山丘陵，中西部是松遼平原，平原西部低平，為吉林牧業基地。

五、參考資料

1. 任增林，發展有特色的吉林旅遊事業（J），長白學刊，1998 年 2 月。
2. 王曉南，振興吉林老工業基地與吉林旅遊經濟戰略研究（J），通化師範學院學報，2004 年 7 月。

遼寧

一、概況

　　遼寧省簡稱遼，寓意「遼河流域，永遠安寧」之意，位於中國東北地區的南部，省會瀋陽市。遼寧陸地面積 14.69 萬平方公里，人口 4315 萬（截至 2008 年年底），轄十四個地級市，其中計畫單列市 1 個（大連），副省級城市 2 個（瀋陽、大連），57 個市轄區、5 個開放先導區（均在大連）、17 個縣級市、27 個縣（其中 8 個少數民族自治縣）。遼寧歷史悠久，是中華民族和中華文明的發源地之一。遼寧處於溫帶——暖溫帶區域並與吉林、內蒙古、河北等省區接壤，東南隔鴨綠江與朝鮮為鄰。有漢、滿、蒙古、回、朝鮮、錫伯等民族。

（一）地形

　　東西端直線距離最寬約 550 公里，南北端直線距離約 550 公里。遼寧省陸地面積 14.59 萬平方公里，占中國陸地面積 1.5%。遼寧省大陸海岸線長 2178 公里，約占中國的 12%。地勢大體為北高南低，從陸地向海洋傾斜；山地丘陵分列於東西兩側，向中部平原傾斜。地貌劃分為三大區：東部山地丘陵區為長白山脈向西南之延伸部分，是遼寧省主要林區；西部山地丘陵區由東北向西南走向的努魯兒虎山、松嶺、黑山、醫巫閭山組成，東緣的臨海狹長平原，習慣上稱為「遼西走廊」，是中國東北地區溝通華北地區的主要路上通道；中部遼河平原是東北平原的一部分，由遼河及其 30

餘條支流沖積而成，面積為 3.7 萬平方公里，占全省面積 25%，地勢平坦，土壤肥沃，水源充足，另有大面積沼澤窪地、漫灘和許多牛軛湖。

（二）氣候

遼寧省屬北溫帶大陸季風氣候，四季分明。境內雨熱同季，日照豐富，積溫較高，冬長夏暖，春秋季短。春季大部地區日照不足；夏季前期不足，後期偏多；秋季大部地區偏多；冬季光照明顯不足。年平均氣溫 4℃～10℃，最高氣溫零上 30℃，最低氣溫零下 30℃。全年無霜期約 140～200 天。遼寧省是東北地區降水量最多的省份，年平均降水量為 714.9 毫米。東部山地丘陵區年降水量在 1100 毫米以上；西部山地丘陵區與內蒙古高原相連，年降水量在 400 毫米左右，是遼寧省降水最少的地區；中部平原降水量比較適中，年平均在 600 毫米左右。

二、旅遊資源

遼寧省共有旅遊景區 573 個，9 處國家重點風景名勝區、1 處國家歷史文化名城、35 處中國重點文物保護單位。

瀋陽和撫順有許多文化和旅遊資源一脈相承，尤其是已被列入世界文化遺產的「一宮三陵」，就分別位於沈、撫兩市，體現出兩市的歷史文化淵源。撫順是清王朝的發祥地，也是滿族文化的發祥地。加上由清代皇家宮廷禮儀表演、滿族歌舞表演、東北二人轉等民族風情遊，使清文化逐步成為國內國際有影響力的獨特旅遊資源。

另外，在國家日前確定的 30 條中國紅色旅遊精品線路中，瀋陽的「九一八」歷史博物館、抗美援朝烈士陵園和撫順的平頂山慘案遺址紀念館、戰犯管理所舊址已被「串連」成線。此外，遼寧的自然旅遊資源主要包括由鞍山千山，丹東鳳凰山，本溪關門山，錦

州醫巫閭山，瀋陽棋盤山等構成的山體風光；由大連金石灘、長興島、仙浴灣，丹東大鹿島，營口魷魚圈等組成的海濱旅遊線路；由瀋陽怪坡、隕石山，本溪水洞，盤錦紅海灘等組成的奇特景觀旅遊線路；以及興城、葫蘆島等地古跡組成的遼西文化游和丹東中朝邊境遊等。

綜合來說，遼寧的旅遊資源按地區分佈可有以下四大區域：

（一）遼中旅遊資源

遼中旅遊區旅遊資源。瀋陽故宮和「關外三陵」已經成功申報世界文化遺產，「關外三京」是清王朝的奠基地和清文化的發祥地，史跡眾多，文化底蘊深厚。中部區域通過中心城市瀋陽的經濟輻射和吸引，與周圍經濟社會活動聯繫緊密的地區形成的「區域經濟共同體」。該區域以瀋陽為中心，包括鞍山、撫順、本溪、營口、遼陽、鐵嶺六市，屬十遼河平原地區。主要的旅遊地質資源是低山丘陵、河流、溫泉和礦產旅遊資源較為豐富。

（二）遼南旅遊資源

這一區包括大連市和營口市，自然條件優越，經濟繁榮，交通方便，物產豐富。以大連為龍頭的遼南旅遊區旅遊資源的最顯著特徵，一是海，二是洋。大連是著名的海濱城市。現已開發的海上看大連專項旅遊是大連的知名旅遊品牌，海島之旅、旅順之旅、棒槌島之旅等三條主要海上旅遊線路備受青睞。旅遊景點有：金石灘「海上地質博物館」、岩溶地貌仙人洞、生物景觀蛇島、海岸地貌發育，有地層剖面奇觀等。洋是大連都市旅遊資源的特色和靈魂，其含義，一是異國風情，二是現代氣息。由於歷史的原因，大連從建市的那天起就是一個充滿異國情調的西洋城市，美麗的廣場，寬闊的草坪，多彩的建築，迷人的花壇，瀟灑的噴水池，抒情的雕塑以及時裝、足球等，無不洋溢著「洋」的氣息。三是歷史滄桑感。儘管

戰場上的硝煙早已經散去，但歷史的記憶永遠吸引著無數的遊人來這裏參觀、憑弔。

（三）遼西旅遊資源

本區包括錦州、阜新、朝陽、葫蘆島四市，屬於遼西丘陵地區，是內蒙古高原和遼河平原間的過渡地帶，地勢由西北向東南傾斜，沿渤海海濱是狹長平原——「遼西走廊」。本區的旅遊地質資源主要有：奇特的山峰、海岸地貌、眾多的生物化石和豐富的礦產旅遊資源、岩溶地貌資源等。特色景點眾多，錦州筆架山天橋為天下奇景，盤錦紅海灘風景區是一處自然環境與人文景觀完美結合的純綠色生態旅遊系統。此外，萬佛堂、奉國寺、醫巫間山等也較有特色。遼西地區是人類歷史發展最早的地區之一，歷史悠久，古跡眾多。牛河梁紅山文化遺址的發現將中華文明史提前了 1000 多年。查海遺址是東北地區發現的時代最早的一處新石器時代遺址，「有最早的龍紋陶片、最早的玉器，是紅山文化的根系」。遼西地區幾乎各縣市都有文物、古跡和傳說。遼西地處關內外要道，歷來是兵家必爭之地，明末「甯遠之戰」、「甯錦大捷」、「松山之戰」等著名戰役都發生在這裏。

（四）遼東旅遊資源

本區包括丹東、本溪二市，屬遼東山地丘陵地區。區內峰巒起伏，群山交錯，山間河流眾多，形成以山水風光為主的旅遊資源區，主要的旅遊地質資源有本溪國家地質公園、岩溶地貌發育、火山地貌遺跡較多，是觀賞岩溶、火山及山水的好地方。丹東在中國素有「三最」之稱：最大邊境城市，萬里長城最東起點，萬里海疆最北海角。丹東旅遊資源豐富，自然景觀江、河、湖、海、山、島、泉、林、洞等樣樣皆有，人文景觀有廟、庵、寺、宮、院等古建築一應俱全，同時還保留有甲午戰爭、日俄戰爭、抗日戰爭、抗美援朝戰爭等戰爭遺跡。

三、旅遊資源特色

遼寧的旅遊資源有三大特色：

（一）民族特色鮮明

遼海文化歷史悠長，從金牛山文化算起已有 28 萬年之久。在中國 1000 多萬滿族人口中，遼寧占了一半以上；在中國十三個滿族自治縣中遼寧省就有八個。在幾千年的漫長發展過程中，滿族的祖先們為後人留下了豐富的物質文化資源和非物質文化資源。

以滿族民風為代表的關東民俗表現出濃郁的色彩，是「神奇遼寧，多彩關東」的真實寫照。遼寧地區主要的滿族物質文化資源。遼寧滿族物質文化資源主要集中在被譽為「關外三京」的瀋陽（盛京）、撫順（興京）、遼陽（東京）及其周圍地區。它們在中國眾多的清前史跡中具有重要的歷史價值。瀋陽故宮是皇族生活，進行政治活動的地方，也是皇族禮儀慶典、拜祭祖先的場所。這些清前獨具特色的史跡，為後人提供了完整、豐富而悠久的前清滿族文化資源景觀。

（二）自然資源奇特

如鞍山玉佛、本溪和遼陽的地溫異常帶等堪稱中華奇觀，瀋陽怪坡和古隕石都是舉世罕見的自然奇觀。以大連為龍頭的遼南旅遊區旅遊資源的最顯著特徵，一是海，二是洋。大海是大連最重要、最具特色的旅遊資源，北方海濱城市更使大連魅力倍增。洋是大連都市旅遊資源的特色和靈魂。

（三）歷史滄桑感

一個旅順口，半部中國近代史。遼西地區幾乎各縣市都有文物、古跡和傳說。遼西地處關內外要道，歷來是兵家必爭之地，戰

爭史料和遺跡多。此外，特色景點眾多，錦州筆架山天橋、盤錦紅海灘風景區堪稱天下奇景，萬佛堂、奉國寺、醫巫閭山等也較有特色。丹東在中國素有「三最」之稱：最大邊境城市、萬里長城最東起點、萬里海疆最北海角。

四、設施

（一）交通

1. 鐵路

鐵路密度位居中國首位，有沈丹、長大、沈山、沈吉、錦承、魏塔等鐵路幹線、支線共 57 條，以瀋陽為樞紐向四周輻射。2003 年年底，遼寧全省鐵路營業里程達 3939.3 公里，比上年增長 11.0%。電氣化鐵路達 1050.1 公里，增長 79.8%。

2. 公路

截至 2008 年 10 月，遼寧省內高速公路達到 2800 公里。已通車的高速有：京沈高速、沈環高速、錦朝高速、錦阜公路、沈丹高速、丹大高速、土羊高速、沈吉高速、沈彰高速、沈大高速、沈四高速、盤海營高速、鐵朝高速、本遼高速、大窯灣疏港路。

3. 航空

遼寧有 6 個機場，通航日本、俄羅斯、韓國、香港等國家和地區及國內 100 多個大中城市。民航通航里程 33.6 萬公里，比上年增長 40.8%，新增航線 7 條。

4. 水運

主要港口有丹東，大連，營口，莊河，錦州，葫蘆島，旅順羊頭窪。國家級港口有大連港（中國第四位）、營口港（中國第十位）。

5. 主要城市交通

瀋陽地鐵，沈撫輕軌，大連輕軌。

（二）接待設施

截至 2005 年底共有旅行社 362 個，其中國際旅行社 29 個，星級飯店 188 個，其中五星級酒店 5 個。

五、地方法規

1. 遼寧省旅遊條例
2. 遼寧省風景名勝保護管理暫行條例
3. 遼寧省實施《中華人民共和國國家賠償法》若干規定
4. 遼寧省導遊人員管理辦法

六、參考資料

1. 李學成，開發滿族文化資源（J），為遼寧旅遊產業服務滿足研究，2008 年第 1 期。
2. 范秋梅，關於遼寧旅遊地質資源區劃與開發的幾點思考（J），地域科研。
3. 黃雪，遼寧旅遊產業集群發展策略研究（J），區域經濟與產業經濟。

4. 謝春山等,遼寧旅遊產業的區域整合對策（J）,瀋陽師範大學學報,2007 年第 4 期。

5. 劉靜洋等,瀋陽經濟區構建與遼寧旅遊競爭力提升（J）,瀋陽大學學報,2007 年第 2 期。

河北

一、概況

　　河北省簡稱冀，地處華北平原的北部，兼跨內蒙古高原，臨渤海北京周邊，西為太行山地，北為燕山山地，其餘為河北平原。河北中環首都北京和北方重要商埠天津市，北與遼寧、內蒙古為鄰，西倚太行山與山西省為鄰，西北部、北部與內蒙古自治區交界，南與河南、山東接壤，東臨渤海。現轄 11 地級市、22 縣級市、109 縣、6 自治縣。60 多個市縣對外開放。海岸線長 487 公里，面積為 18.47 萬平方千米，人口 7000 萬，有漢族、回族、滿族等民族。

　　河北是中國的文物大省，有中國重點文物保護單位 168 處，名列中國第三位，著名的還有邯鄲趙王城遺址、涉縣媧皇宮、響堂山石窟、保定直隸總督署、古蓮花池、清西陵、滿城漢墓、定州塔、唐山清東陵、滄州鐵獅子、趙州橋、正定隆興寺等。

　　2007 年全年接待國際遊客 81.8 萬人次，比上年增長 12.8%，旅遊外匯收入 3.1 億美元，增長 27.1%；接待國內遊客 10029.5 萬人次，增長 10.8%，創收 556.7 億元，增長 13.6%。旅遊業總收入 580.1 億元，增長 14.0%。

（一）地貌

　　河北省地勢由西北向東南傾斜，西北部為山區、丘陵和高原，其間分佈有盆地和谷地，中部和東南部為廣闊的平原。河北省的地

勢有三大地貌單元，其中壩上高原平均海拔 1200-1500 米，占全省總面積的 8.5%，燕山和太行山地，其中包括丘陵和盆地，海拔多在 2000 米以下，占全省總面積的 48.1%，河北平原是華北大平原的一部分，海拔多在 50 米以下，占全省總面積的 43.4%。

（二）氣候

河北省屬溫帶大陸性季風氣候。特點是冬季寒冷少雪，夏季炎熱多雨；春多風沙，秋高氣爽，大部分地區四季分明。年平均氣溫在 4～13℃ 之間，一月-4～2℃，七月 20～27℃，各地的氣溫年較差、日較差都較大。全年無霜期 110～220 天，年日照時數 2500-3100 小時；一般年均降水量 524.4 毫米。燕山南麓和太行山東側迎風坡，形成兩個多雨區，張北高原偏處內陸，降水一般不足 400 毫米。夏季降水常以暴雨形式出現，春季降水少。

二、旅遊資源概況

河北省是中國惟一兼有海洋、平原、湖泊、丘陵、山地、高原的省份，再兼外繞渤海、內環京津的地理優勢，以及悠久的歷史文化，成為中國著名的旅遊資源大省。2005 河北省是旅遊資源強省，現有世界文化遺產 3 處，即萬里長城（山海關、紫荊關、金山嶺）、避暑山莊及周圍寺廟、明清皇家寢陵（清東陵、清西陵）。國家級文物保護單位 88 處，居中國第 3 位。國家級歷史文化名城 4 座，分別為承德、邯鄲、保定、正定。國優秀旅遊城市 4 座，國家級 AAAA 景點 23 處，中國 10 大風景名勝 2 處，中國旅遊勝地 3 處，國家級風景名勝區 7 處，國家級森林公園 11 處，國家級自然保護區 4 處。

景區介紹

1. 避暑山莊

避暑山莊原名熱河行宮，俗稱承德離宮，建於西元 1703 年至 1792 年（即清朝康熙四十二年至乾隆五十七年），占地 564 萬平方米，宮牆長達 10 公里。這是一座宮苑一體的大型皇家園林，分為宮殿區和苑景區兩大部分，宮殿區包括正宮，東宮，松鶴齋和萬壑松風四組建築，風格古樸典雅，是清朝皇帝處理朝政，舉行慶典，日常起居的地方。苑景區又有湖區，平原區和山區之分。湖光山色，兼具「南秀北雄」之特點。山莊內樓臺殿閣，寺觀庵廟等古建築達 120 多組，它們因山就水，遍佈中國，其中就有康熙皇帝以四字命名的「三十六景」和乾隆皇帝以三字命名的「三十六景」，史稱「康乾七十二景」。避暑山莊在清朝的歷史上曾起過重要的作用，素有第二個政治中心之稱，現在是中國重點文物保護單位，被列為「世界文化遺產名錄」，中國「四十四個風景區」和「十大名勝」之行列，承德市也因此而被譽為中國歷史文化名城。

2. 木蘭圍場

木蘭圍場又稱清代皇家獵場。位於承德北部圍場縣境內。東西長約 150 公里，南北長約 100 公里，周長近 700 公里，總面積約 10,400 平方公里，塞罕壩國家級森林公園就在景區內。這裏風光秀麗，景色迷人，是一處獨具特色的旅遊、狩獵、觀光、度假勝地。清代，這裏是皇帝、八旗子弟及王公貴族行圍習武的場所。它和避暑山莊一起，成為清政論的另一個政治活動中心。這裏氣候宜人，水草豐美，森林茂密，野獸繁多，是一個天然的動物、植物園。夏季到來，到處是花，漫坡鋪錦，呈一派塞外草原風光。木蘭圍場的藍天、白雲、清風、明月、溪流、湖泊、高山、曠野別具風格，常

使遊人讚歎不止。山林野草中，還矗立著一塊塊石碑。記載著康熙、乾隆二帝的武功神威。眾多的古跡，在野趣中，供人憑弔鑒古；美麗生動的傳說，則給遊人平添了諸多話題。

3.山海關

山海關是長城的重要組成部分。現存的山海關關城和附近長城、城堡、墩台都是明代建築。據歷史記載，明朝洪武十四年（西元 1381 年），大將軍魏國公徐達見這裏「襟山枕海，實遼薊咽喉，乃移關於此」，建關設衛。「山海關」因關在山海之間而得名。

山海關位於秦皇島市東北部，北依燕山，東臨渤海，地扼東北通向華北的咽喉，地理位置十分重要。前人曾以「兩京鎖鑰無雙地，萬里長城第一關」的詩句，來形容其險要。山海關之所以又稱為「天下第一關」，乃極言其地勢險要，修築精巧，作用重大。當年，山海關外有寬 5 丈、深 2.5 丈的護城河，城高 4.1 丈。城的四面各有一個關門，其東門曰「鎮東」，即「天下第一關」門。在關城的東西各築羅城，關城南北各築翼城，以駐軍隊，互為犄角。關城東數裏外又築威遠城、烽火臺、敵臺等附屬工程。以上這些建築，好像眾星捧月般拱衛著主體建築山海關關城，組成了一個完整的防禦工程體系，起著長城東首要害重鎮的作用，體現了中國古代勞動人民卓越的建築藝術和軍事才能。山海關被列為國家級歷史文化名城，山海關旅遊景區（包括天下第一關、老龍頭、孟薑女廟、角山）被列入國家最高級別「4A」級旅遊景區。

4.北戴河

北戴河海濱位於秦皇島西南 15 公里處，北有聯峰山作屏障，南臨茫茫滄海。風光明媚，氣候宜人，春無風沙，冬無嚴寒，秋季天高氣爽，夏季最熱的農曆六七月，平均氣溫也只有 23℃。整個

風景區，東自鴿子窩、金山嘴起，西至戴河口止，長約 13 公里，寬約 2 公里，為一條狹長的沿海地帶。這裏沙軟潮平，是海水浴的好地方。翠黛的山巒，明淨的海灘，幽靜的別墅，優美的園林，把海邊長廊裝點得絢麗多彩。盛夏時節，遊客來到北戴河便會陶醉在迷人的海濱風光之中，清晨看日出，午間海水浴，傍晚觀海潮，待到明月高懸，漫步在沙灘上，欣賞那松濤海濤匯成的美妙交響樂，令人心曠神怡。這裏是中國著名的風景區，也是馳名中外的避暑、療養勝地，被列為國家級風景名勝區。北戴河名勝古跡很多，號稱二十四景。主要有聯峰山、鷹角亭、通天澗、駱駝石、對語石、觀音寺、韋陀像、蓮花石公園等，這些名勝都各有情趣，引人入勝。這兒的山格外的青，海也格外的藍。常常一天之內就可以觀賞許多景致：日出日落，漲潮落潮，風雨陰晴，真是變幻多姿。

三、旅遊資源特色

在自然景觀方面，河北省內地形地貌齊全，兼有海濱、平原、湖泊、丘陵、山地和高原的省份。有清東陵、清西陵等 3 處世界文化遺產；有首批被評為國家 AAAAA 級的旅遊景區秦皇島市山海關景區、保定市安新白洋澱景區、承德避暑山莊等。河北省共有 430 處旅遊景區（點），12 條國家級旅遊線路。

河北省文化歷史悠久，民俗風情多姿多彩。中華民族的始祖黃帝、炎帝和蚩尤就是在河北由征戰到融合，開創了中華文明史。春秋戰國時期，河北大地上的燕國、趙國和中山國，創造了豐富多彩的燕趙文化。元明清三朝定都北京，河北成為拱衛京師的畿輔重地。河北文物不僅數量眾多，而且許多是中國之最。如最大的皇家園林──承德避暑山莊，最早的敞肩石拱橋──趙州安濟橋，最高的立式銅佛──正定隆興寺銅佛，最大的鐵獅子──滄

州鐵獅子，最大的皇家陵寢──清東陵和清西陵，最早的郵政驛站──懷來雞鳴驛等等。其他如號稱天下第一關的山海關，革命聖地西柏坡，華北烈士陵園等古今勝跡更是不勝枚舉。在 2002 年中國北方旅遊交易會上，承德打出「遊承德，皇帝的選擇」這一招牌。

在豐富的自然景觀、人文景觀和地域生活形態中，蘊涵著獨具特色的地域文化。以民間藝術為例，河北省有極具特色的武強木版年畫，蔚縣、豐甯剪紙，吳橋雜技、木偶，冀南印染，曲陽石雕，新城泥人，磁州陶窯藝，大名草柳編，唐山皮影，易水古硯，辛集農民畫以及散在民間的手工織錦、面塑、刺繡等，如能從旅遊角度對其進行充分挖掘整理、研究開發，形成創新型燕趙民間藝術，會極大地豐富河北省旅遊的文化內涵。再如河北省有多座各具特色的歷史文化古城，如承德，如保定，如邯鄲，這是老祖宗留下的巨大的文化歷史寶庫。

河北省還有許多革命聖地，西柏坡、阜平城南莊、紅河槽、涉縣 129 師司令部舊址、冉莊地道戰遺址、華北烈士陵園等等。讓遊人在飽覽自然和人文景觀的同時，感受革命理想主義和英雄主義的激情，可謂一舉兩得。

四、設施

交通

1. 鐵路

境內有 15 條主要幹線鐵路線通過，鐵路貨物周轉量居中國大陸省份第 1 位。

2. 公路

有 17 條國家幹線公路，公路貨物周轉量居中國大陸省份第 2
位；2004 年河北省公路通車里程 70198 公里，其中高速公路 1706
公里，分別增長 7.4%和 1.5%。

3. 航空

石家莊民航機場是國家批准的國際口岸機場，現已開通 44 條
航線，通達中國 32 個大中城市，並開通了石家莊至香港及俄羅斯
等獨聯體國家的航線。秦皇島山海關機場開通 21 條航線，通過中
國 17 個城市。北京首都機場、天津國際機場也可為河北利用。

4. 港口

河北海運條件十分便利，自北向南，有秦皇島港、京唐港、天
津港及正在建設中的黃驊港等較大出海口岸。其中，秦皇島港 2004
年貨物吞吐量達 1.5 億噸，京唐港 2004 年貨物吞吐量達 2602 萬噸。

五、地方法規

1.　河北省旅遊條例
2.　河北省旅遊投訴辦法
3.　河北省旅遊區旅遊點導遊人員管理辦法
4.　河北省風景名勝區管理條例
5.　石家莊市旅遊業管理辦法
6.　承德避暑山莊及周圍寺廟保護管理條例
7.　秦皇島市旅遊業管理規定（試行）
8.　豐寧滿族自治縣旅遊業管理條例
9.　清東陵保護管理辦法

六、參考文獻

1. 段學紅，論河北旅遊發展的文化內涵開掘（J），石家莊職業技術學院學報，2003 年 2 月，第 15 卷第 1 期。
2. 丁疆輝等，河北旅遊競爭影響因素分析（J），安徽農業科學，2007，35（3）。
3. 段學紅，關於河北旅遊線路設計的構想（J），石家莊職業技術學院學報，2004 年 2 月，第 16 卷第 1 期。
4. 王玉成等，促進河北旅遊發展的財政對策（J），河北大學學報，2006 年，第 6 期第 31 卷。
5. 徐曉紅等，淺析奧運經濟與河北旅遊（J），商業現代化，2008 年 4 月（上旬刊）。

海南

一、概況

　　海南省位於中國最南端，北以瓊州海峽與廣東省劃界，西臨北部灣與越南民主共和國相對，東瀕南海與臺灣省相望，東南和南邊在南海中與菲律賓、汶萊和馬來西亞為鄰。海南省的行政區域包括海南島和西沙群島、中沙群島、南沙群島的島礁及其海域。陸地（包括海南島和西沙、中沙、南沙群島）總面積 3.5 萬平方公里，海域面積約 200 萬平方公里。海南島海南島地處熱帶、亞熱帶之間，形似一個呈東北至西南向的橢圓形大雪梨，總面積（不包括衛星島）3.39 萬平方公里，擁有豐富的自然資源，集熱帶海島自然風光、民族風情、名勝古跡於一島。全島可供開發的旅遊資源共 11 大類 241 處。

（一）氣候

　　海南是中國最具熱帶海洋氣候特色的地方，全年暖熱，雨量充沛，幹濕季節明顯，常風較大，熱帶風暴和颱風頻繁，氣候資源多樣。海南島年日照時數為 1750 至 2650 小時，年平均氣溫在攝氏 23－25 度之間，全年無冬。大部分地區降雨充沛，全島年平均降雨量在 1600 毫米以上。中部和東部沿海為濕潤區，西南部沿海為半乾燥區，其他地區為半濕潤區。降雨季節分配不均勻，冬春乾旱，夏秋雨量多。

（二）動、植物資源

　　海南的植被生長快，植物繁多，是熱帶雨林、熱帶季雨林的原生地。到目前為止，海南島有維管束植物 4000 多種，約占中國總數的 1/7，其中 600 多種為海南所特有。在 4000 多種植物資源中，藥用植物 2500 多種；喬灌木 2000 多種，其中 800 多種經濟價值較高，列為國家重點保護的特產與珍稀樹木 20 多種；果樹（包括野生果樹）142 種；芳香植物 70 多種；熱帶觀賞花卉及園林綠化美化樹木 200 多種。熱帶森林以生產珍貴的熱帶木材而聞名中國，在 1400 多種針闊葉樹種中，喬木達 800 種，其中 458 種被列為國家的商品材，屬於特類木材的有花梨、坡壘、子京、荔枝、母生等 5 種，一類材 34 種，二類材 48 種，三類材 119 種，適於造船和製造名貴傢俱的高級木材有 85 種，珍稀樹種 45 種。

　　海南陸生脊椎動物有 500 多種，其中，兩棲類 37 種（11 種僅見於海南，8 種列為國家特產動物）；爬行類 104 種；鳥類 344 種；哺乳類 82 種（21 種為海南特有）。

二、旅遊資源

（一）海岸景觀

　　在海南長達 1528 km 的海岸線上，沙岸約占 50%～60%，沙灘寬數百米至數千米不等，多數地方風平浪靜、海水清澈、沙白如絮、清潔柔軟，岸邊綠樹成蔭、空氣清新。海水溫度一般為 18～30℃，陽光充足明媚，一年中多數時間可進行海浴、日光浴、沙浴和風浴。當今旅遊者喜愛的陽光、海水、沙灘、綠色、空氣這 5 個要素，海南環島沿岸均兼而有之。在東海岸線上，還有一種特殊的熱帶海岸

森林景觀——紅樹林和一種熱帶海岸地貌景觀——珊瑚礁，均具有較高的觀賞價值。

（二）山川森林

海南島的山脈多數在 500 至 800 米之間，海拔超過 1000 m 的山峰 81 座，綿延起伏、氣勢雄偉。頗負盛名的有位於海南島中部、山頂成鋸齒狀、形如五指的五指山，主峰海拔 1867.1 米，是海南島最高的山峰；氣勢磅礴的鸚哥嶺，主峰海拔 1811.6 米；奇石疊峰的東山嶺、瀑布飛瀉的太平山等，均是登山旅遊和避暑勝地。海南山川最具有特色的是密佈著熱帶原始森林，最著名的有樂東縣尖峰嶺、昌江縣霸王嶺、陵水縣吊羅山和瓊中縣五指山等 4 個熱帶原始森林區。

（三）河流瀑布

全島獨流入海的河流共 154 條，南渡江、昌化江、萬泉河為海南島三大河流，組成輻射狀水系，灘潭相間，河水清澈，是旅遊觀景的好地方，尤以聞名中國的「萬泉河風光」為最佳。大山深處的小溪，迂回於深山密林之中，間有大石迭置，瀑布眾多。尤其通什市的太平山瀑布、瓊中縣的百花嶺瀑布、五指山瀑布等久負盛名。

火山溫泉

歷史上的火山噴發，在海南島留下了許多死火山口。最為典型的一座是位於瓊山市石山海拔 200 m 以上的雙嶺，嶺上有 2 個火山口，中間連著一下凹的山脊，形似馬鞍，又名馬鞍嶺。該嶺附近的雷虎嶺火山口，羅京盤火山口也保存得十分完整。島上溫泉分佈廣泛，多數溫泉礦化度低、溫度高、水量大、水質佳，大多屬於治療性溫泉，如興隆溫泉、南平溫泉、藍洋溫泉、七仙嶺溫泉、官塘溫泉和半嶺礦泉等。

（四）人文景觀

1. 名勝古蹟

海南具有歷史意義的古跡主要有：為紀念唐宋兩代被貶謫來海南島的李德裕等 5 位歷史名臣而修建的五公祠、北宋大文豪蘇東坡居瓊遺址一東坡書院以及為紀念蘇東坡而修建的蘇公祠、漢武帝派譴入海南的伏波將軍下令開鑿的漢馬伏波井、崖州古城、韋氏祠堂、文昌閣等等。革命紀念地有瓊崖縱隊司令部舊址、嘉積鎮紅色娘子軍紀念塑像、金牛嶺烈士陵園、白沙起義紀念館、宋慶齡陳列館等。

2. 民族風情

海南省共有 37 個民族，除漢族外，世居海南島的少數民族有黎族、苗族、回族等。各少數民族至今仍保留著許多質樸敦厚的民風民俗和獨特的生活習慣，使海南的社會風貌顯得豐富多彩。黎族是海南島上最早的居民，海南也是中國唯一的黎族聚居區，黎族頗具特色的民族風情，具有獨特的旅遊觀光價值。

三、旅遊資源特點

海南是中國旅遊業改革創新的試驗區，世界一流的海島休閒度假旅遊目的地，中國生態文明建設示範區，國際經濟合作和文化交流的重要平臺，南海資源開發和服務基地，國家熱帶現代農業基地。海南島已具備成為「國際旅遊島」的五大優勢：

（一）天然區位和綠色生態優勢

海南旅遊資源得天獨厚，豐富多彩，其熱帶海島風光、黎族文化風情在中國獨有，對國內市場具有特殊的吸引力；而熱帶海

島風光、民族風情加上豐富而優質的溫泉資源、沒有污染的生態環境、熱帶森林等組合，對東南亞地區乃至歐美也有一定的比較優勢和吸引力。正如原世界旅遊組織秘書長薩維尼亞克所指出的，「海南是一個美麗好客的寶島，它是讓中國人民乃至全人類賞心悅目的明珠」

海南省政府多年來一直致力於生態環境的改善，海南島的空氣品質居中國首位，五指山更以每立方釐米 8000 個負氧離子號稱「海南島之肺」，海南擁有「天然大氧吧」和「生態大花園」的美譽。

（二）民族與文化多樣

海南省的居民，分屬漢、黎、苗、回、藏、彝、壯、滿、侗、瑤、白、泰、佤、佘、水、京、土、蒙古、布依、朝鮮、土家、哈尼、傈僳、高山、錫伯、門巴、納西、仫佬、哈薩克、鄂倫春等30 多個民族。世居的有黎、苗、回、漢等族。

千百年來，古樸獨特的民族風情使本島社會風貌顯得更加豐富多彩，其中最具有特色的便是黎族與苗族的生活習俗。拉龜、射箭、蕩秋千、攀藤摘花、挑山欄過河、過獨木橋等體育項目，鼻蕭、椰烏、吹樹葉等樂器表演，唱歌、跳竹竿舞等娛樂項目，射魚、貴屋等生活方式，織錦等手工技能具有濃郁的少數民族風情。

（三）旅遊基礎設施完備，層次豐富

2008 年，三亞接待遊客總人數超過 604 萬人次，其中海外旅遊者 51 萬余人，分別是 1987 年的 43 倍和 17 倍；旅遊收入 91 億多元，是 1997 年的 7.6 倍。近年來接待的遊客人數、旅遊總收入均占海南全省的 50%以上。省位城市海口近年來積極開闢以海口為龍頭的「瓊北旅遊圈」，2007 年接待過夜遊客 637.9 萬人次，實現旅遊總收入 60.02 億元。兩項指標均占海南全省比重的三分之一。

　　海南已建成旅遊景區（點）32 處，其中國家 5A 級 2 處，4A 級 3 處，擁有中國第一個 10 萬噸級國際郵輪專用碼頭。海南也是亞洲地區國際知名度假酒店分佈最密集的地區，五星級賓館擁有率在中國平均人口佔有比例最高。

　　目前，三亞鳳凰國際機場、海口美蘭國際機場開通了 100 多條國際、國內航線，2007 年旅客吞吐量超過 1000 萬人次。海口和三亞直達北京、上海、廣州的火車已經開通，海南東環鐵路 2010 年即將建成。

（四）政策優勢

　　海南是既有的也是中國唯一的全省範圍的經濟特區。國務院辦公廳《關於支持海南省發展旅遊業有關問題的函》明確給予海南旅遊業以大力支持和幫助，同意海南進一步發揮經濟特區優勢，在旅遊對外開放和體制改革等方面積極探索，先行試驗。國家旅遊局、國家發改委、外交部、公安部、中國民用航空局、稅務局等 15 個部委也均表示，對海南建設國際旅遊島積極支持。

（五）全方位的對外開放格局

　　經國務院批准，海南從 2000 年 10 月 31 日起開始實行對外國旅遊團免辦簽證政策：韓國、日本、俄羅斯、美國等 21 個國家的 5 人以上旅遊團，經國家旅遊局批准在海南省內註冊的 40 家國際旅行社組團，在海南停留時間不超過 15 天的，可以免辦簽證從海南入境。

　　世界上主要旅遊酒店管理公司也紛紛進入海南，日本的第二大旅遊社 HIS、德國 TUI 集團、英國 Mytravel 集團均已入駐，俄羅斯烏拉爾洲際航空開通了通往海南的國際包機航線。

　　另外，從 2002 年開始，博鰲亞洲論壇每年定期在中國海南博鰲召開年會。亞洲以及其他大洲有關國家政府、工商界和學術界領

袖都會聚會海南，不僅帶動了博鰲的經濟發展，也打出了海南省最大的國際名片。

此外，海南省還協辦了新絲路模特大賽、世界小姐評選、狂歡節等都營造了海南的旅遊品牌。

四、設施

（一）交通

1. 公路

海南島陸上交通以公路為主，通車里程達 1.7 萬餘公里，以「三縱四橫」為骨架，有幹線直通各港口、市、縣，並有支線延伸到全島 318 個鄉鎮和各旅遊景點，形成縱橫交錯、四通八達的環島交通網絡。環島高速公路已建成通車，大大縮短了本島北南之間的交通里程和時間，對海南經濟的騰飛將起著不可估量的意義。

2. 鐵路

粵海鐵路通道已正式開通。海口至廣州的旅客列車已正式運行，並與中國鐵路網並網。

3. 海運

海南是島省，四周環海，海運是本省交通的重點。海南全省 68 個天然港灣，已開闢港口 24 個，其中以海口、三亞、八所、洋浦四個港口為最大。海口和三亞兩港口已開闢對外貿易航線 69 條，和世界 24 個國家和地區有航運業務往來，為港澳臺同胞和海外旅遊者到海南來觀光遊覽提供了方便。

4. 航空

海南省的航空事業發展最快，海南現有兩個機場。海口美蘭國際機場和三亞鳳凰國際機場已接受內地和香港幾十家航空公司的班機起降，其中，海口美蘭機場已與香港、澳門、臺灣、泰國、新加坡、馬來西亞等國家和地區以及國內各主要省會城市通航，並進入中國 8 大航空港之列；三亞鳳凰機場已開通新加坡、馬來西亞、泰國、韓國、日本、俄羅斯、香港、澳門、臺灣等國家和地區 10 多條國際航線，並與國內 20 多個城市通航。兩個機場一共開通國內外航線 70 多條。

（二）接待設施

近年來，海南省旅遊業以《海南旅遊發展規劃》為藍圖，以取得社會、經濟和環境綜合效益為目標，得到了很大的發展。目前，海南省已擁有各類旅遊接待床位約 515 萬張，旅遊專用客車 400 多輛，推出 6 大系列拳頭旅遊產品，重點開發 8 大片度假遊覽地，湧現出一批諸如尖峰嶺熱帶雨林、興隆熱帶植物園、南山佛教旅遊園區等環境保護型旅遊景點。旅遊服務水準、旅遊管理水準等均有很大的提高。

目前，海南省共有旅遊住宿接待單位 500 多家，其中旅遊定點飯店和度假村 241 家，已評定星級的有 40 家。海南旅遊飯店檔次齊全，其硬體設施普遍較高。旅遊飯店中，各類度假酒店占 30%，城市商務酒店也普遍添設多項娛樂、休閒和保健設施，可以滿足國內外不同檔次、不同類型團體和旅遊者商務會務、旅遊度假和觀光的需要。已開發的、可接待遊客的旅遊度假區、景區、參觀遊覽點不僅數量上達 80 多處，而且檔次、規模上都有較大的提高，體現出比較鮮明的特色。總之，目前海南旅遊形成了檔次較高、吃住行游購樂各項設施配套成龍的旅遊接待體系。

表 11　1987 年以來海南旅遊景點和旅遊飯店數量

年份	旅遊景點（個）	旅遊飯店（個）
1987 年	10	31
1988 年	11	41
1989 年	13	52
1990 年	136	58
1991 年	13	65
1992 年	16	80
1993 年	17	103
1994 年	17	128
1995 年	19	195
1996 年	23	220
1997 年	26	251
1998 年	27	233
1999 年	32	241
2000 年	35	238
2001 年	43	252
2002 年	43	264
2003 年	47	274
2004 年	50	317
2005 年	41	364
2006 年	48	387
2007 年	50	414
2008 年	49	440

（資料來源：海南省統計局）

五、旅遊業發展情況

解放初到七十年代末，海南除了五公祠外，基本上沒有供人們參觀遊覽的地方。改革開放後，為了滿足人們對旅遊的需求，各級

政府開始建設各種旅遊景點，海南先後有了天涯海角、鹿回頭、大東海等 10 餘個景點。海南旅遊已從單一的觀光旅遊發展成為包含自然生態旅遊、宗教民俗旅遊、文化藝術會展旅遊、度假休閒旅遊、體育休閒旅遊等多元化的旅遊產品體系。到 2008 年，全省共有各類旅遊景區（點）49 個，比 1987 年增加 39 個，增長 3.9 倍。

　　過去，海南沒有一家賓館，60 年代，為了接待回國探親的華僑和來瓊的外國人，建設了華僑大廈，它是海南唯一的涉外酒店。改革開放後，隨著商務活動增多，陸續建起了泰華、金融大廈、望海樓等賓館酒店，1987 年，全省共有接待賓館 31 家。海南建省辦特區後，海南旅遊業取得了翻天覆地的變化，賓館酒店的建設速度如同雨後春筍般，希爾頓、萬豪、假日、喜來登、索菲特、凱悅、凱萊、天域、皇冠、香格里拉、紅樹林等名譽全球的中外連鎖酒店紛紛落戶海南。至 2008 年止，全省擁有飯店、賓館、招待所 2000多家，旅遊飯店 440 家，比 1987 年增加 409 家，增長 13.2 倍。其中國際知名五星級旅遊飯店 20 家，四星級旅遊飯店 54 家，三星級旅遊飯店共 116 家，還有許多已經達到四星和五星酒店標準但尚未參加評星的酒店。海南已成為全國五星級以上酒店密度最大的省份之一。

　　海南旅遊業從無到有、從弱到強，經歷了起步、成熟、滯脹、調整、提升等發展階段。

　　2008 年，全省共接待過夜旅遊人數 2060 萬人次，比 1987 年增長 26.4 倍，平均每年增長 17.1%，其中接待國內旅遊者 1962.07萬人次，比 1987 年增長 33 倍，平均每年增長 18.3%，接待海外旅遊者 97.93 萬人次（其中，外國人 73.13 萬人次），比 1987 年增長 4.7 倍，平均每年增長 8.0%；全省旅遊收入達 192.33 億元，比 1987年增長 167.7 倍，年均增長 27.7%。其中，境外旅遊收入 3.9 億美元，比 1987 年增長 32.9 倍，年均增長 18.3%。旅遊收入對經濟的拉動作用和支柱作用日益增強，主導地位不斷凸顯（見表 12）。

表 12　1987 年以來接待旅遊過夜人數和旅遊收入

年份	旅遊人數（萬人次）		旅遊收入（億元）	
		其中：入境旅遊人數（萬人次）		其中：國際旅遊外匯收入（萬美元）
1987 年	75.08	17.31	1.14	1150
1988 年	118.54	20.46	2.87	1547
1989 年	88.05	11.05	3.14	2002
1990 年	113.46	18.87	4.09	2717
1991 年	140.61	27.72	5.17	3821
1992 年	247.38	26.98	9.44	5715
1993 年	279.41	23.97	37.74	6155
1994 年	289.60	24.73	47.99	7560
1995 年	361.01	32.78	52.39	8098
1996 年	485.80	33.90	57.23	8542
1997 年	791.00	41.28	61.67	10120
1998 年	855.97	39.42	66.96	9625
1999 年	929.07	45.49	72.46	10506
2000 年	1007.57	48.68	78.56	10883
2001 年	1124.76	45.68	87.89	10602
2002 年	1254.96	38.93	95.38	9199
2003 年	1234.10	29.33	93.55	7957
2004 年	1402.89	30.86	111.01	8160
2005 年	1516.47	43.19	125.05	12846
2006 年	1605.02	61.69	141.43	22912
2007 年	1873.78	103.58	176.36	37380
2008 年	2060	97.93	192.33	39032

（資料來源：海南省統計局）

六、地方法規

1. 海南省珊瑚礁保護規定
2. 海南省林地管理條例
3. 海南省紅樹林保護規定
4. 海南省環境保護條例
5. 海南省自然保護區管理條例
6. 海南省旅遊條例

七、參考文獻

1. 陳耀，建設生態省和海南旅遊的新突破。
2. 陳耀，《論海南旅遊發展階段》，1998 年「海南旅遊理論研討會」。
3. 國新聞網，2010 年 01 月 05 日，打造「國際旅遊島」中國海南島已具備五大優勢。
4. 劉小航等，海南旅遊資源持續利用探討熱帶地裏，2002 年 6 月第 22 卷，第 2 期。
5. 《海南省旅遊發展規劃大綱》。

雲南

一、概況

　　雲南簡稱「雲」或「滇」，地處中國西南邊陲，總面積 39.4 萬平方公里，占中國總面積的 4.1%。雲南素有「彩雲之南，萬綠之宗」的美譽。這裏山河壯麗，自然風光優美，擁有北半球最南端終年積雪的高山，茂密蒼茫的原始森林，險峻深邃的峽谷，發育典型的喀斯特岩溶地貌，使雲南成為自然風光的博物館，再加上雲南眾多的歷史古跡、多姿多彩的民俗風情、神秘的宗教文化，更為雲南增添了無限魅力。

　　從 1995 年到 2004 年的 9 年間，雲南省年接待的海外旅遊者從 60 萬人次增加到 1101 萬人次；旅遊外匯收入從 17 億美元增加到 422 億美元；接待國內遊客從 1622 萬人次增加到 6011 萬人次，國內旅遊收入從 475 億元增加到 3341 億元；旅遊總收入從 61 億元增加到 3693 億元。其中：2004 年全年接待海外旅遊者人次和旅遊外匯收入，分別比上年增長 10.1%和 24.1%；接待國內旅遊者人次和國內旅遊收入，分別比上年增長 16.3%和 20.1%；旅遊業總收入比 2003 年增長 20.4%。旅遊業已經成為雲南經濟支柱產業之一。

（一）雲南行政區劃

　　雲南省下轄 16 個州市級行政區，其中 8 個地級市（昆明市、玉溪市、曲靖市、麗江市、保山市、普洱市、臨滄市、昭通市）、8

個少數民族自治州（楚雄彝族自治州、紅河哈尼族彝族自治州、文山壯族苗族自治州、西雙版納傣族自治州、大理白族自治州、德宏傣族景頗族自治州、怒江傈僳族自治州、迪慶藏族自治州）。16 個州市共管轄 129 個縣級行政區：其中 12 個市轄區、9 個縣級市、79 個縣、29 個自治縣。

（二）雲南地勢地貌

雲南是一個高原山區省份，屬青藏高原南延部分。地形一般以元江谷地和雲嶺山脈南段的寬穀為界，分為東、西兩大地形區。東部（昆明、玉溪、楚雄、紅河、曲靖、文山、昭通等地）為滇東、滇中高原，稱雲南高原，系雲貴高原的組成部分，地形波狀起伏，平均海拔 2000 米左右，表現為起伏和緩的低山和渾圓丘陵，發育著各種類型的岩溶喀斯特地形。西部（大理、麗江、迪慶、怒江、保山、德宏等地）為橫斷山脈縱谷區，高山深谷相間，相對高差較大，地勢險峻。總體上看雲南地貌呈波濤狀，高山峽谷相間、山川湖泊縱橫，是一個多山的省份，但由於盆地、河谷、丘陵，低山、中山、高山、山原、高原相間分佈，各類地貌之間條件差異很大，類型多樣複雜。

（三）雲南民族

雲南有 52 個民族居民，世居民族有 26 個，其中雲南獨有民族有 15 個。由於各自民族不同的自然環境，呈現出不同的社會文化形態。雲南各民族豐富多彩的風俗民情，是一個活的歷史博物館。

雲南是中國少數民族種類最多的省份，全省少數民族人口 1400 多萬，占全省總人口的 1/3 人口超過 5000 人的世居少數民族 25 個，其中 15 個為雲南獨有；人口超過 100 萬的少數民族有彝、白、哈尼、傣、壯 5 個；雲南全省有 15 種少數民族跨國境而居。經過千百年的發展，雲南各民族創造了各具特色、豐富多彩的民族

文化和民俗風情，如納西族的東巴文化、傣族的貝葉文化、彝族的太陽曆文化、哈尼族的梯田文化等。

二、旅遊資源

雲南擁有除海洋旅遊資源以外的其他各種旅遊資源，濃郁的少數民族風情造就了絢麗多彩的民族文化。其自然景觀神奇多樣，特殊的地形地貌呈現出類型多樣、立體分佈的氣候特點，囊括了中國南北方各種氣候類型。眾多的高原湖泊和良好的生態環境構成了獨特的旅遊資源，是夏無酷暑、冬無嚴寒的休閒度假旅遊勝地。主要風景名勝有 60 多處，面積占雲南全省總面積的 3.3%，其中列為世界文化遺產的有麗江大研古鎮，列為世界自然遺產的有滇西北「三江並流」風景區，列為國家重點風景名勝區的有石林、大理、西雙版納、昆明滇池、麗江玉龍雪山、騰沖地熱火山、瑞麗江——大盈江、宜良九鄉、建水等 10 餘處。

北有雄偉壯麗的雪山冰川；南有廣袤的熱帶雨林和珍稀動植物；西有蜿蜒奔騰的「三江並流」奇觀；東有壯觀的喀斯特岩溶地貌；中有眾多的高原湖泊和四季如春的旅遊名城——昆明。經過多年的建設，雲南省已形成了六大雲南旅遊精品線路，即滇中度假休閒之旅、滇西北香格里拉生態文化之旅，滇西異國風情之旅、滇西南熱帶雨林風情之旅，滇東南喀斯特山水奇觀之旅，滇東北古滇文化之旅。

雲南獨有的地理環境和氣候條件為雲南產出普洱茶、野生菌、貢米、水果、三七、天麻、蟲草等優質土特產提供了土壤；多樣化的傳統民族文化產生了琳琅滿目的雲南民族民間工藝品，木雕、紮染、民族服飾、銀器成為眾多旅遊者選購的紀念品。近現代工業的發展也讓雲南斑銅、錫器等產品名揚海內外。豐富的雲南特產為雲南的發展注入了活力。

風景名勝

雲南省有世界遺產 3 個：麗江古城（聯合國教科文組織世界文化遺產，1997 年）、三江並流（聯合國教科文組織世界自然遺產，2003 年）、石林（聯合國教科文組織世界自然遺產，2008 年）；國家級風景名勝區 12 個：路南石林、滇池、九鄉、大理、玉龍雪山、三江並流、丘北普者黑、騰沖地熱火山、瑞麗江——大盈江、建水、西雙版納、瀘西阿盧古洞；其次著名的景區還有瀘沽湖、蒼山洱海、香格里拉、騰沖地熱火山。按景點的分佈這些景區可劃分在三條線上，分別是：

1. 西北線

西北線是雲南最經典線路。西北線上的大理、麗江、香格里拉，都是雲南著名的景點。大理以風花雪月最為聞名，下關風，上關花，蒼山雪，洱海月。香格里拉，「太陽最早照耀的地方，是東方的建塘，人間最殊勝的地方，是奶子河畔的香格里拉」。其中所描繪的香格里拉，實質上就是指雲南的迪慶藏族自治州。迪慶處於國家三江並流的中心地帶，包括香格里拉、維西、德欽 3 個縣，其中香格里拉為其首府。迪慶境內分佈著世界上最為壯觀且稀有的低緯度山區現代冰川、雪山，梅裏雪山十三峰連綿不絕，縱貫全境，主峰卡格博峰海拔 6740 米。迄今仍是無人登臨的「處女峰」，位列藏傳佛教八大神山之首。雪山環繞之間，分佈著許多大大小小的草甸和壩子，它們是迪慶人民生息繁衍的地方，有靜謐的湖水彙聚成無數海子——其中以碧塔海、納帕海、黑海、碩都海景致最為迷人；「小布達拉宮」噶丹松贊林寺、茨中天主教堂莊嚴而神聖；以及夢想中的伊甸園——香格里拉。

2.西南線

西南線可體驗雲南的民族風情。西雙版納,古代傣語為「猛巴拉那西」,意思是「理想而神奇的樂土」。西雙版納一線的風景與風情,都帶上了些熱帶色彩。西雙版納是傣族之鄉,由於臨近泰國、緬甸等佛教國家,小乘佛教在這裏深入人心,處處可見充滿東南亞風情的佛寺、佛塔,傣族人基本上都是虔誠的佛教徒。

3.南線

雲南南部最出名的地方元陽梯田。元陽哈尼族開墾的梯田隨山勢地形變化,因地制宜,坡緩地大則開墾大田,坡陡地小則開墾小田,甚至溝邊坎下石隙也開田。因而梯田大者有數畝、小者僅有簸箕大,往往一坡就有成千上萬畝,被人稱之為「天地藝術大交響樂」。

三、旅遊資源特點

雲南擁有獨特的旅遊資源,一是自然風光類型多樣。雲南獨特的地理結構,形成了眾多罕見的地質奇觀,如騰沖地熱火山群、「天下第一湯」溫泉。獨特的地貌環境還造成了滇東高原和滇西橫斷山脈兩大風格迥異的景觀區:滇東高原表現為起伏和緩的低山丘陵,發育著各種類型的喀斯特地貌景觀,如「天下第一奇觀」石林、「高原明珠」滇池、「生態奇觀」建水燕子洞,以及眾多的溶洞、喀斯特瀑布等。而橫斷山脈高山峽谷錯落有致,高黎貢山、碧羅雪山、雲嶺縱列;金沙江、元江、瀾滄江、怒江等成帶狀排列,形成三江並流和帶狀水系山水大觀。山勢險峻,形成了海拔 4000 m 以上的雪山群,有著世界上最長峽谷之一的怒江峽谷,世界最深峽谷之一的「狂濤卷地,飛瀑撼天」的虎跳峽,令人神往的「香格里拉」迪慶高原。二是生物資源豐富多樣。雲南氣候類型複雜多樣,立體氣

候顯著，加上地形複雜，為各種動植物的生長創造了良好條件。雲南素有「動物王國」、「植物王國」和「天然花園」的美譽，是中國擁有森林面積最多和森林覆蓋率最高的省區之一。三是民族風情絢麗多姿。雲南有 26 個少數民族在此聚居，是中國少數民族最多的省份。民族節慶活動是雲南各民族人文生態景觀的集中表現形式之一，如傣族的「潑水節」、彝族的「火把節」、白族的「三月街」、傈僳族的「刀杆節」、哈尼族的「阿瑪突」等。

從核心優勢的構成比例上看，人文旅遊資源（主要是民族文化旅遊資源）占絕大部分，而且自然旅遊資源優勢在很大程度上也要依賴於民族文化旅遊資源的存在才能真正發揮出來。因此，雲南旅遊資源核心優勢就在於雲南擁有多樣性的民族文化旅遊資源。正是這些豐富多彩、特色鮮明、異彩紛呈、濃郁神秘的民族文化旅遊資源賦予了雲南旅遊資源勃勃生機，使雲南可以在競爭激烈的國內和國際旅遊市場上獨樹一幟，成為最具特色的旅遊目地之一。

四、設施

（一）交通

雲南自古就是中國連接東南亞各國的陸路通道。有出境公路 20 多條，15 個民族與境外相同民族在國境線兩側居住。與泰國、柬埔寨、孟加拉、印度等國相距不遠。省內的交通網和其他基礎設施為旅遊交通、旅遊景區景點、設施及其它服務的正常運行提供服務，並在各種交通方式之間保持平衡發展。

航空運輸方面——加快形成以昆明機場為門戶樞紐，省內支線機場、小型旅遊機場合理佈局的機場體系。公路方面——雲南省旅遊發展的第 10 個 5 年計畫旨在通過修建 5 條新的高速公路、7 條新修或重新改建的二級公路、15 條新修或重新改建的三級公路和 4

條四級公路來改善雲南省的公路運輸基礎設施。到 2005 年年底，雲南全省的公路里程預計可達 115000 公里；鐵路運輸方面，全面提高貴昆、南昆、成昆鐵路主幹線技術標準，大力拓展鐵路網規模；水路運輸方面，雲南省境內可開發的水路約有 8000 公里，但是，可通航的里程卻只有 1324 公里，主要集中在金沙江（長江上游）和瀾滄江（湄公河上游）的河道上。

1. 鐵路

2004 年，雲南省現有 3 條准軌電氣化鐵路幹線，6 條鐵路支線。3 條地方合資鐵路；米軌鐵路幹線 2 條，支線 3 條。管內線路總延長 2927.853 千米，營運里程 1925 千米。旅客發送完成 1523.8 萬人，貨運發送完成 5081.7 萬噸。貴昆線貴高時速由原來的 60～80 千米提高到 120 千米，結束了雲南境內沒有時速 100 千米的歷史。

2. 公路

2004 年，雲南省公路建設完成固定資產投資 167.13 億元，創歷史新高，已基本形成以昆明市為中心（樞紐），輻射全省，邊接四川、貴州、廣西、西藏和周邊國家緬甸、老撾、越南和泰國公路的公路交通網。納入國家統計的公路通車里程 16.7 萬千米，其中高速公路 1291 千米，二級以上公路 3326 千米，三級公路 10062 千米，四級公路 96197 千米。縣級和農村公路共完成路基工程 2465 千米，使農村公路達 141873 公里。全年公路完成客運量 3.65 億人，貨運量完成 5.43 億噸。

3. 水路

2004 年，雲南省完成水運建設投資 0.7 億元。納入國家統計的通航里程 2549 千米。全年水路客運量完成 412 萬人，貨運量完成 221 萬噸。景洪港通過部省驗收，規劃年貨物吞吐量 10 萬噸，客

運量 40 萬人次。金沙江新灘貨運碼頭通過驗收，年貨物吞吐量 20 萬噸。

4. 航空

雲南省共有民用機場 10 個，旅客吞吐量 1270 萬人次、貨郵吞吐量 17.95 萬噸。雲南省已擁有飛往北京、上海、廣州、深圳、拉薩等 92 個大中城市的航線 200 餘條，通往曼谷、仰光、萬象、香港等國外和地區的航線 17 條。

（二）接待設施

1. 旅行社業

截止 2007 年年底，雲南省有旅行社 434 家，其中：國際旅行社 59 家，國內旅行社 375 家，旅行社資產總額為 12.61 億元，負債總額為 7.86 億元，所有者權益總額為 4.39 億元，註冊資本金為 4.75 億元，實繳稅金 2510 萬元，旅遊結匯收入 2406 萬美元。雲南全省旅行社從業人員 11410 人，其中導遊人員 5198 人，會計人員 1008 人。

從旅行社的經營規模來看，旅遊業務營業收入總額為 54.94 億元，其中：國際旅行社旅遊業務收入總額為 36.87 億元，旅遊收入平均值為 7090 萬元，其中超過億元收入的有 10 家旅行社，最高的達 8.97 億元。國內旅行社旅遊收入總額為 17.51 億元，旅遊收入平均值為 462 萬元，國內旅行社經營規模最大的旅遊收入僅為 7400 多萬元。

從經營效益來看，旅行社利潤總額為 3049 萬元，淨利潤總額 2614 萬元，毛利潤總額為 2.39 億元，其中：52 家國際旅行社淨利潤總額為 857 萬元，毛利潤總額為 1.31 億元，376 家國內旅行社淨利潤總額為 1756 萬元，毛利潤總額為 1.09 億元。

從旅行社的所有制情況來看，雲南省加快推進旅行社的改制，到 2006 年年底，雲南省 435 家旅行社中，國有、集體性質的旅行

社只有 124 家，占 28.77%，其餘旅行社通過改制，建立了以有限責任公司為主體的現代企業制度。

從旅行社的佈局來看。昆明是省會城市、雲南全省的旅遊集散地，昆明共有國際旅行社和國內旅行社 195 家，占全省旅行社總數 435 家的 44.8%。旅遊熱點地區的版納、大理、麗江、迪慶、德宏等州、市共有旅行社 117 家，占全省旅行社總數的 26.9%。上述 5 個州、市再加上昆明，6 個州、市共有旅行社 312 家，占全省旅行社總數 448 家的 72%。而臨滄市有 9 家、怒江州有僅 6 家、昭通市只有 3 家，其他州、市的旅行社總量也在 10－23 家之間。

從雲南省旅行社行業在中國的位置來看，2006 年，雲南省旅行社旅遊業務營業收入在中國排在第 6 位，旅遊業務毛利潤排在第 9 位，實繳稅金排在第 8 位，入境外聯人天排在第 14 位，入境接待人天排在第 10 位元，國內旅遊組織人天排在第 14 位，國內旅遊接待人天排在第 4 位，綜合排名第 7 位。進入中國百強的國際社有四家，國內社有 8 家，一共 12 家，排在第 6 位。

2. 星級飯店業

截止 2007 年底，雲南省星級飯店總數達到 795 家，在中國位居第三位，星級飯店資產總額約 330 億元，客房總數 62494 間，從業人員 56146 人。其中一星級 99 家，二星級 480 家，三星級 165 家，四星級 40 家，五星級 11 家。昆明地區星級酒店 107 家，客房總數 16133 間；麗江市星級酒店共 179 家，客房總數 10380 間；大理市星級酒店 104 家，客房總數 6788 間；西雙版納州星級酒店 35 家，客房總數 4047 間。

雲南省旅遊星級飯店受旅遊冷熱程度、經濟發展狀況、通達條件、輻射程度等因素影響，主要集中在昆明、大理、麗江、紅河、玉溪、版納等旅遊熱點、交通樞紐或行政中心城市，旅遊開發程度低、經濟發展較為緩慢的城市及區域的旅遊星級飯店數量相對較少。

按註冊登記類型劃分：國有、集體、股份制、私營企業四種類型所占份額高達 95%，其中以國有（30.28%）、私營（42.88%）類型企業所占比重最大，相比之下，在企業市場運作能力和專業化程度較高的外資、合資企業所占比例較少（3.56%）；飯店行業是最早與國際接軌的一個行業，但由於體制與機制改革力度等方面的原因，導致飯店行業向市場化有序發展的進程不夠理想；私營飯店存在專業程度較弱的情況。

3. 旅遊客運業

雲南省旅遊汽車形成規模經營的地區主要有 5 個，即昆明、西雙版納、大理、麗江和迪慶，全省旅遊車輛總數 4045 輛，其中昆明 1860 餘輛，西雙版納 459 餘輛、大理 676 餘輛、麗江 600 餘輛、迪慶 450 餘輛，車輛總坐位數約 10 萬個。雲南全省旅遊汽車企業有 50 家，其中：昆明 28 家，大理 4 家，麗江 2 家，迪慶 2 家，西雙版納 1 家。旅遊汽車企業主要集中在昆明地區，這表明了昆明地區旅遊車輛承擔了雲南旅遊中心集散地昆明向滇西、滇西北以及滇南和滇東南的遊客分流運輸，而滇西北三州市在多年來的發展中遊客接待也自成體系，主要擔負區域內的環線輸送，即大理──麗江──香格里拉──大理。西雙版納的旅遊車則主要承擔州內各旅遊線路的運輸工作。

五、參考文獻

1. 周婭，論雲南旅遊資源的核心優勢[J]，雲南民族大學學報，2003 年 5 月，第 20 卷第 3 期。
2. 王豔萍，雲南旅遊資源的自然壟斷性與政府管制。
3. 鄧傑，雲南旅遊資源優勢及其開發對策的研究，經濟管理論壇，2005 年第 23 期。

山東

一、概況

　　山東省別稱齊魯（或東魯），簡稱魯，省會濟南市。位於中國東部沿海、黃河下游、京杭大運河的中北段，陸地南北最長約 420公里，東西最寬約 700 餘公里，陸地總面積 15.67 萬平方公里，約占中國總面積的 1.6%。西部連接內陸；中部高突，泰山是全境最高點；東部的山東半島突出於黃海、渤海之間，隔渤海海峽與遼東半島遙遙相對。廟島群島屹立在渤海海峽，山東是渤海與黃海的分界處，扼海峽咽喉，成為拱衛首都北京的重要海防門戶。截至 2008年年底，山東省總計 17 個地級市，140 個縣級單位（其中市轄區49，市 31，縣 60）。

　　山東地形，中部突起，為魯中南山地丘陵區；東部半島大都是起伏和緩的波狀丘陵區；西部、北部是黃河沖積而成的魯西北平原區，是華北大平原的一部分。山東省的最高點是位於中部的泰山，海拔 1545 米；最低處是位於東北部的黃河三角洲，海拔 2 米至 10米。境內山地約占陸地總面積的 15.5%，丘陵占 13.2%，窪地占4.1%，湖沼占 4.4%，平原占 55%，其他占 7.8%。

　　山東省屬於暖溫帶半濕潤季風氣候區，氣候溫和，四季分明。年平均氣溫 11 度～14 度，年平均降水量 550 毫米～950 毫米，無霜期沿海地區 180 天以上，內陸地區 220 天以上。

　　山東省人口 9367 萬（截止至 2007 年底），是中國人口第二大省。山東是一個多民族雜居的省份，其中漢族人口占總人口的 90%

以上。在少數民族中，回族人口最多，占少數民族人口總數的 95%
左右。

二、旅遊資源

　　山東是中華文明的重要發祥地之一，自然風光秀麗，文物古跡
眾多。景區（點）遍佈山東省各地，文化、生態、鄉村、民俗等資
源多姿多彩。截止 2007 年年底 A 級旅遊區 221 處，5A 級旅遊景
區 3 處，4A 級旅遊景區 38 處，3A 級旅遊景區 95 處，2A 級旅遊
景區 80 處，1A 級旅遊景區 5 處。其中世界級遺產 2 處，分別是泰
山風景名勝區和孔子故里曲阜「三孔」（孔府、孔廟、孔林）旅遊
區；還有「人間仙境」蓬萊，齊國故都臨淄，「道教聖地」嶗山，「世
界風箏都」濰坊，國際啤酒城青島，國際葡萄酒城煙臺，榮成「天
盡頭」，「泉城」濟南，黃河入海奇觀，「仙山之祖」昆嵛山，有著
女媧補天的美麗傳說的嶧山，以集聚水滸英雄而著名的史稱「八百
里水泊」的梁山泊等。

（一）旅遊景點概覽

1. 國家重點風景名勝區：泰山、蒙山、青島嶗山、膠東半島海
   濱、淄博博山、青州。
2. 國家歷史文化名城：曲阜、濟南、青島、聊城、鄒城、臨淄、
   周村。
3. 省級歷史文化名城：淄博、泰安、濟寧、青州、蓬萊、濰坊、
   臨沂、棗莊、臨清、滕州、莒縣、煙臺、廣饒。
4. 中國歷史文化名村：章丘市官莊鄉朱家峪村。
5. AAAAA 級景區（3 個）：煙臺市蓬萊閣旅遊區、濟寧市曲
   阜明故城（三孔）旅遊區、泰安市泰山景區。

6. AAAA 景區：濟南千佛山風景名勝區、青島海底世界、青島啤酒博物館、青島天幕城、青島嶗山風景區、青島石老人風景區、青島銀海國際遊艇俱樂部、青島海濱風景區、威海榮成赤山風景名勝區、煙臺張裕酒文化博物館、煙臺金沙灘海濱公園、煙臺蓬萊海洋極地世界、臨沂蒙山旅遊區、沂水雪山旅遊區、沂水地下大峽谷、沂水天然地下畫廊、鄒城三孟旅遊區、鄒城嶧山風景區、淄博原山國家森林公園、淄博周村古街，滕州微山湖濕地，滕州盈泰生態溫泉度假村、威海乳山銀灘旅遊度假區等。

山東基本形成了濟南、泰安、曲阜延伸到鄒城的「山水聖人」旅遊區；山東以青島、煙臺、威海為一體的海濱風光旅遊區；以濰坊市區為中心，以風箏、楊家埠木版年畫、民俗風情為主體的民俗旅遊區；以淄博齊國故城、殉馬坑、蒲松齡故居為主體的齊文化旅遊區；以黃河入海奇觀和原始自然風貌為主體的東營黃河口旅遊區；以水滸故事為主線；以梁山、陽古為重點的「水滸」旅遊線。在此基礎上，以「文化聖地，度假天堂」「好客山東」為旅遊整體形象品牌，整合現有資源和產品，打造山水聖人、黃金海岸、逍遙遊「三大骨幹產品體系」，滿足不同層次遊客的旅遊消費需求。

山東省濱海旅遊資源稟賦條件優越，擁有優質沙灘 140 多公里、各類島嶼 299 座，還有與眾不同的文化特性、特色美食、民俗及傳統文化，濱海旅遊深度開發潛力巨大。目前，山東半島已成為山東最大的優秀旅遊城市群，35 個優秀旅遊城市有 19 個分佈在濱海城市。青島擁有國家級旅遊度假區 1 處。16 個省級旅遊度假區有 14 個分佈在濱海城市。36 個高爾夫球場有 33 個集中在濱海地區。這裏還是世界第七大葡萄酒海岸，青島奧帆基地、日照水上運動基地形成了海洋運動休閒聚集地，青島的天堂海岸、日照的陽光海岸、煙臺的葡萄酒海岸、威海的幸福海岸都形成了特色鮮明的濱海旅遊產業聚集優勢。

　　濱海旅遊業在山東半島藍色經濟中的定位是：打造成為中日韓旅遊合作的「橋頭堡」、東北亞地區休閒度假旅遊目的地、中國濱海高端旅遊示範區，中國最大的溫帶濱海旅遊聚集帶，建成國際化程度高、生態環境優美、文化魅力獨特，社會文明祥和的國際一流的濱海旅遊目的地。省旅遊局正積極推進將山東半島藍色經濟區的濱海旅遊上升到國家戰略層面，在山東半島建設一處國家級濱海旅遊帶動型綜合試驗區。

（二）開發部署

　　山東省依據濱海旅遊資源，將重點打造海濱休閒度假、海洋觀光、海上健身運動、遊艇與郵輪、溫泉與高爾夫、啤酒與葡萄酒文化、海島與海洋文化體驗、海水熱療與理療美容、海洋食品養生、海洋科普和修學、潛水與海上牧場、河口濕地生態遊、自駕車營地、濱海鄉村游等產品集群。首先要突出發展海上遊艇、郵輪旅遊和海島旅遊。青島要率先成為郵輪的停靠港，並逐步打造郵輪的母港，使郵輪旅遊成為山東高端旅遊的亮點。加快旅遊島嶼建設，把煙臺長島島群和養馬島、威海榮成近島群和劉公島、青島外海島群建設成為山東具有國際吸引力的休閒度假海島，形成濱海旅遊的新熱點。

　　其次，按照國際化要求建設高標準濱海度假酒店群。借鑒世界著名溫帶濱海旅遊度假區的開發經驗和地中海、加勒比海沿岸的開發模式，根據山東省濱海旅遊業發展現狀和未來態勢，青島、煙臺、威海要積極創造條件，各選擇一處區位條件優越、度假環境優美、各類資源要素配置最佳的海濱，集中建設達到一萬間左右度假客房規模，符合國際標準的度假酒店群，在東營、濱州建設國內規模最大的自駕車生態休閒度假營地，培育具有國際競爭力的溫帶濱海度假區，形成「避寒在海南，避暑到山東」的中國濱海休閒度假格局。再就是按照大眾化要求建設濱海旅遊度假連綿帶。

三、山東省旅遊總收入統計

2009 年，山東省森林旅遊直接收入和森林公園年接待遊客人數均創歷史新高。森林旅遊直接收入 10.03 億元，實現社會旅遊收入 70 億元以上。到 2009 年底，森林公園已發展到 194 處，其中國家級森林公園 36 處，省級森林公園 62 處，市級森林公園 96 處，森林公園總面積已達 36.61 萬公頃。

據統計，2009 年，森林公園接待遊客 2065 萬人次，比 2008 年淨增 215 萬人次，同比增長 11.62%；森林旅遊直接收入 10.03 億元，比 2008 年增加 1.07 億元，同比增長 11.62%；實現社會旅遊收入 70 億元以上。

據山東省旅遊局和國家統計局山東調查總隊統計顯示，2009 年，山東全省實現旅遊總收入 2452 億元同比增長 22.3%，相當於山東全省 GDP 的比重達到 7.2%。其中，國內旅遊收入約 2330 億元，同比增長 22%；入境市場實現旅遊外匯收入 17.6 億美元，同比增長 26%。

2009 年，山東全省旅遊總收入相當於服務業增加值的比重達到 21.7%，而省內居民旅遊消費占全社會消費總額的 6.7%，為山東省經濟實現預期目標做出了重要貢獻。2009 年，山東省接待國內旅遊人數約為 2.89 億人次，同比增長 20%。旅遊收入和旅遊人數分別占到山東省旅遊總收入和總人數的 95%和 99%。旅遊結構也得到進一步優化：全年接待國內過夜遊客 1.8 億人次，同比增長 18%，過夜遊客花費 1970 億元，同比增長 21%；一日游遊客約 1 億人次，增長 22%；一日游遊客花費 360 億元，增長 27%。

根據山東省旅遊局開展的入境旅遊統計和國家統計局回饋的入境遊客花費抽樣調查資料，2009 年山東省入境旅遊人數為 310 萬人次，同比增長 22%，其中入境過夜人數 296 萬人次，同比增長 21%。

表 13　山東省旅遊總收入

年份	旅遊總收入		相當於山東全省	
	（億元）	增長%	GDP%	三產增加值%
1996	203.8	———	3.42	10.45
1997	229.9	12.8	3.46	10.13
1998	264.1	14.8	3.69	10.61
1999	307.2	16.3	4.01	11.23
2000	412.7	34.3	4.83	13.62
2001	494.4	19.8	5.24	14.44
2002	610.8	23.5	5.79	15.85
2003	573.4	-6.1	4.61	13.34
2004	814.7	42.1	5.42	17.10
2005	1038.7	27.5	5.62	17.54
2006	1295.6	24.7	5.93	18.56
2007	1653.6	27.7	6.37	19.05
2008	2005.2	21.2	6.45	19.34

（資料來源：山東省旅遊局）

　　2009 年，山東省旅遊投資規模大幅增長，全年完成旅遊投資 800 餘億元，同比增長 37%，增幅不僅高於山東全省固定資產投資總體增速，而且高於第三產業投資的平均增速。到年底山東省在建重點旅遊專案 414 個，規劃總投資 3000 億元。（如表 13）

　　2010 年青島將重點推進 72 個旅遊大項目建設，總投資額達 896 億元，以進一步推動全市旅遊業發展。

　　72 個大項目分為 6 大類，分別是休閒度假類、娛樂類、文化觀光類、高星級酒店專案、旅遊綜合體專案、服務設施專案等。其中休閒度假類項目共 12 個，包括港中旅海泉灣、溫泉國際會展度假城、今典紅樹林度假會展等專案，總投資約 319 億元；娛樂類項目共 4 個，包括海上嘉年華、華強文化科技產業園一期等專案，總投資約 181 億元；文化觀光類項目共 12 個，包括大澤山開發、板

橋鎮中國秧歌城等，總投資約 44 億元；高星級酒店項目共 27 個，包括銀座凱悅大酒店、喜來登大酒店、四季酒店等，總投資 211 億元；旅遊綜合體專案 9 個，包括太平洋夢時代廣場、李滄寶龍城市廣場等，總投資約 132 億元；旅遊服務設施專案共 8 個，包括嶗山遊客服務中心等，總投資 9 億元。

四、交通

　　山東目前已建成機場 9 個，分別為濟南遙牆國際機場、青島流亭國際機場、煙臺國際機場、威海國際機場、濰坊機場、臨沂機場、濟南張莊機場、東營機場和濟寧嘉祥機場。

　　山東的鐵路已形成比較完備的網路，鐵路客運幾乎覆蓋了省內所有城市。境內鐵路有京滬線（途經山東省的德州、濟南、泰安、兗州、棗莊）、京九線（途經山東省的聊城、菏澤）、膠濟線、藍煙線、桃威線、兗石線、新兗線、淄東線等。主要鐵路樞紐有濟南（京滬線、膠濟線交匯處）、德州（京滬線、石德線交匯處）、兗州（京滬線、新兗線、兗石線交匯處）、菏澤（京九線、新兗線交匯處）。兗石鐵路最東端的港口城市日照，被國家批准為新亞歐大陸橋東方橋頭堡之一。

　　山東公路以通車里程長、路面等級高，通車里程、公路密度均居中國前列，目前，省會濟南與各市政府駐地、主要旅遊城市、港口城市和重要物資集散地等，均由二級以上高級公路連接。山東省基本實現了以幹線公路為主骨架、幹支相連、四通八達的公路網路。省會城市濟南與山東省 13 個城市由高速公路直接相連，80 多個縣（市區）通了高速公路，山東省境內的主要旅遊景點幾乎全部可以通達。

　　山東共有 8 個客運港口，其中青島港、日照港為國際客運站，煙臺港客運站、威海港、石島新港、龍眼港為國際國內客運站，煙臺救助打撈局碼、蓬萊港客運站為國內客運站。

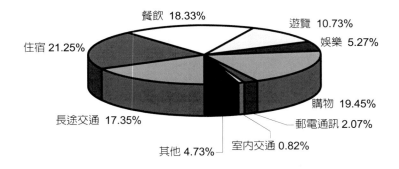

全省國內旅遊收入構成圖

五、地方法規

1. 旅遊休閒購物街區品質評定
2. 濟南市旅遊購物推薦場所管理辦法（試行）
3. 旅遊餐館星級劃分與評定
4. 山東旅遊特色村評定標準
5. 山東旅遊強鄉鎮評定標準
6. 山東省旅行社等級劃分與評定標準（試行）
7. 山東省旅行社等級評定管理辦法（試行）
8. 威海市社會導遊人員管理辦法實施細則
9. 威海市社會導遊人員管理辦法
10. 濟寧市服務業發展引導資金管理辦法
11. 日照市民俗旅遊村標準規範（試行）
12. 日照市「一日遊」管理辦法
13. 《青島市旅遊管理條例》
14. 青島市旅遊投訴規定
15. 濟南市旅遊投訴規定

16. 濟南市旅遊管理條例
17. 濟南市旅遊突發公共事件應急預案（試行）
18. 導遊服務品質
19. 山東省旅遊條例

六、參考資料

1. 資料和圖表來源：山東省旅遊局（http://www.sdta.gov.cn/2009/list.asp?id=19768）
2. 中國山東新聞網。
3. 山東轉變行銷方式拉動旅遊消費，大眾日報。
4. 入境游增長成為我市 2009 年旅遊新特點，菏澤日報。
5. 四大規劃撐起山東旅遊戰略支柱產業，大眾日報。
6. 山東旅遊的數字，2009 年，大眾日報。
7. 山東旅遊向戰略支柱加速轉變，大眾日報。
8. 四大舉措托起旅遊消費新熱點，大眾日報。
9. 青島重點推進 72 個旅遊大專案建設總投資 896 億元，中國網。

安徽

一、概述

安徽省簡稱「皖」，位於中國東南部。南北長約 570 公里，東西寬約 450 公里，總面積 13.96 萬平方公里，約占國土面積的 1.45%。鄉鎮 1850 個，省會合肥市。

安徽省地形地貌呈現多樣性，長江和淮河自西向東橫貫全境，將全省分為淮北、江淮、江南三大自然區。淮河以北地勢坦蕩遼闊，為華北大平原的一部分。中部江淮之間，山地崗丘逶迤曲折，丘波起伏，崗沖相間；長江兩岸和巢湖周圍地勢低平，屬於著名的長江中下游平原。南部以山地、丘陵為主。安徽省大致可分為五個自然區域：淮北平原、江淮丘陵、皖西大別山區、沿江平原、皖南山區。安徽地處暖溫帶與亞熱帶過渡地區，氣候溫暖濕潤，四季分明。但氣候條件分佈差異明顯，天氣多變，降水年際變化大，常有旱澇等自然災害發生。

年平均氣溫在 14～17℃之間，平均日照 1800～2500 小時，平均無霜期 200～250 天，平均降水量 800～1800 毫米。

二、安徽旅遊概況

安徽歷史悠久，山川秀麗，旅遊資源點多面廣，遍級全省。現有 5 個國家級重點風景名勝區，其中黃山為安徽山水典範，區內奇松、怪石、雲海、溫泉堪稱「四絕」，被聯合國科教文組織列入《世

界自然文化遺產名錄》，令世人矚目；九華山是中國四大佛教名山之一，景色清幽，香火鼎盛，現存 78 座古寺廟，以佛教殿堂與皖南民居相結合而獨樹一幟；著名的道教聖地齊雲山，摩崖石刻、道教遺存和別具一格的丹霞地貌令人矚目；曾被漢武帝封為「南嶽」的天柱山，雄奇靈秀兼備，有 45 峰、86 怪石、18 瀑等勝景；琅琊山以宋代歐陽修的《醉翁亭記》而名揚天下，它以茂林、幽洞、碧湖、流泉為特色。

安徽現有各類旅遊景區 462 家、國家重點風景名勝區 10 家、中國歷史文化名城 5 座、國家級森林公園 28 處、省級森林公園 17 處、國家級文保單位 56 家，截止到 2007 年 4 月底，安徽省有 A 級旅遊景區 138 家，其中 5A 級 2 家、4A 級 29 家、3A 級 32 家、2A 級 70 家、1A 級 5 家。目前安徽省的 A 級旅遊景區數量居中部六省第二位。

安徽文化遺存豐富而別具特色，安慶、歙縣、壽縣、亳州、績溪為國家歷史文化名城。歙縣是歷史上的徽州府所在地，新安畫派、新安醫學、歙派篆刻、徽派版畫、徽派園林建築、徽菜和徽劇的發祥地就在於此。集中在歙縣、黟縣境內的明清民居、祠堂和石舫，數以千計，歷經滄桑而古貌猶存，其數量之多，構思之奇巧，石、木、磚雕之精美，舉國罕見，是民間建築的傑作，成為安徽民俗旅遊的必遊之地。

省內還有 9 座省級歷史文化名城：鳳陽、桐城、黟縣、蒙城、渦陽、潛山、和縣、貴池、宣州。有 36 處國家級重點文物保護單位，403 處省級重點文物保護單位。

三、旅遊資源特色

安徽省的旅遊資源豐富多樣，及具特色。為中國十大旅遊資源最豐富的省區之一，其旅遊資源包括自然景觀和人文景觀。

　　而自然景觀中極具特色的有：

（一）地文景觀中的山嶽景觀、特異景觀。

（二）水域景觀中的湖泊水庫、瀑布泉點。

（三）氣候景觀中的宜人氣候、天象奇觀。

（四）生物景觀中的古樹名木與奇花異草。

（五）文物景觀中的古建築、古遺跡近現代重要史跡及代表性建築。

（六）民俗風情中的名居建築、生活習俗、風味飲食、民間建築。

（七）城鄉風貌中的古鎮風貌。

（八）現代設施中的文化休閒、娛樂設施。

（九）飲食購物中的烹調技藝與美味佳餚。

四、設施

　　安徽的高速公路已經全部聯網，由合肥到 17 個市都有高速，安徽境內的高速公路已經達到 2500 多公里，到各個市都非常便捷達。目前飛機航線已經通達了中國的 33 個城市，同時，還開通了合肥到首爾，臺北的直航航班。安徽的住宿條件也得到了很大的發展。目前，星級酒家多達 450 多家，其中五星級酒店有 10 多家，這些都可以滿足國內外遊客的需求。

五、地方法規

1.　旅行社等級劃分與評定

2.　農家樂旅遊等級劃分與評定

3.　《安徽省「十一五」旅遊發展規劃》

4.　安徽省消費者權益保護條例（涉及旅遊業方面）

浙江

一、概況

　　浙江省，簡稱「浙」，地處中國東南沿海、長江三角洲南翼，省會杭州市。東臨東海，南接福建，西與江西、安徽相連，北與上海、江蘇接壤。浙江省陸域面積 10.18 萬平方公里，是中國面積最小的省份之一。海域面積 26 萬平方公里。大陸海岸線和海島岸線長達 6500 公里，占中國海岸線總長的 20.3%，居中國第一。有面積 500 平方米以上島嶼 3061 個，是中國島嶼最多的一個省份。

　　浙江省人口絕大部分屬江浙民系，其中吳語人口占全省總人口的 98%以上，部分江浙民系人口使用徽州話（又稱徽語）方言。除此以外還有閩南語、蠻話、蠻講、佘話、官話等語言人口分佈在省內個別縣市。

　　浙江屬亞熱帶季風氣候，四季分明，光照充足，降水充沛。年平均氣溫 15℃～18℃。1 月、7 月分別為全年氣溫最低和最高的月份，5 月、6 月為集中降雨期。

二、旅遊資源

　　浙江旅遊景點類型豐富，有重要地貌景觀 800 餘處，水域景觀 200 餘處，生物景觀 100 余處，人文景觀 100 餘處。浙江山川秀麗，人文薈萃。擁有西湖，有中國最大的人工湖——杭州千島湖，溫州雁蕩山、永嘉楠溪江、文成百丈漈，舟山普陀山、嵊泗列島，紹

興諸暨五泄，台州天臺山、仙居，湖州德清莫干山，寧波奉化雪竇山，衢州江郎山，金華雙龍洞、永康方岩，麗水仙都等16處國家級風景名勝區，數量居中國第1位；有杭州、寧波、紹興、衢州、金華、臨海6座國家級歷史文化名城，省級歷史文化名城12座；有中國重點文物保護單位134處，省級重點文物保護單位279個；有國家級自然保護區7個，國家森林公園20個。京杭大運河穿越浙江北部，在杭州與錢塘江匯合。省會杭州是中國七大古都之一，也是中國著名的風景旅遊城市，以秀麗迷人的西湖風光聞名於世。以「詩畫江南・山水浙江」為主題，文化浙江、休閒浙江、生態浙江、海洋浙江、商貿浙江、紅色旅遊是浙江精心打造的六大旅遊品牌。

自然風光與人文景觀交相輝映，使浙江成為名副其實的旅遊勝地。以杭州西湖風景名勝區為中心，縱橫交錯的風景名勝，遍佈浙江全省。浙東一片，可以游水鄉，謁佛國，亦可尋覓唐詩之蹤跡。西湖、東湖、東錢湖、溪口、普陀，一路行來，水網交織，阡陌縱橫，山水綿延，直通大海，沿途有中國最典型的水鄉風貌；杭州靈隱寺、淨慈寺，新昌大佛寺、南岩寺，寧波天童寺、阿育王寺、保國寺、雪竇寺，天臺國清寺、德清覺海寺、龍興寺，普陀普濟寺、慧濟寺、法雨寺，佛學深厚，慈航普度；西子湖畔、山陰道上、穿岩十九峰、謝靈運古遊道、天姥石城、石樑飛瀑等，李白、杜甫、劉長卿、宋之問、元稹、王勃、賀知章、溫庭筠、杜牧等400多位唐代詩人，留下了一處處行蹤和上千首詩作。浙南一片，北接括蒼，東臨大海，以奇山異水、飛瀑流泉著稱海內。溫州雁蕩山、楠溪江、洞頭島，台州天臺山、神仙居、古長城，麗水仙都峰、石門洞、南明山，山水雄奇，名勝眾多，目不暇接。浙西一片，集天地之靈氣，聚山川之精華。從杭州出發一路上行，西湖、富春江──新安江以及安徽黃山3個國家級重點風景名勝區連成一線，不愧為中國著名的黃金旅遊線之一。富陽鸛山、桐

盧瑤琳洞、建德小三峽、淳安千島湖、金華雙龍洞、衢州江郎山、浙西大峽谷、開化錢江源等，山水如畫，美不勝收。杭徽高速公路經天目山，可直達安徽黃山。浙北一片，著名的京杭大運河縱貫富饒的杭嘉湖平原，這裏是著名的蠶鄉，是絲綢文明的發祥地之一，也是絲綢之路的起點。南潯、西塘、烏鎮、新市等江南古鎮，古跡尚在，風物猶存；莫干山、龍王山、南北湖等避暑勝地，環境獨特，景色宜人；海甯錢江潮、安吉竹種園、天荒坪抽水蓄能電站等，氣象萬千，蔚為大觀。這裏還與蘇州、無錫、宜興等地共同形成了古運河——太湖旅遊區。

浙江是綠茶、毛竹的主要產地，著名的龍井茶馳名中外。浙江也是中國書法的聖地，歷史上曾出現過王羲之、褚遂良、吳昌碩等書畫大家。盛產大、小黃魚、帶魚、烏賊四大海魚及四大家魚。浙北平原是中國著名的魚米之鄉、絲綢之府，重要的黃麻、桑蠶產區。浙江絲綢歷史悠久，距今已有 4700 多年歷史。公路是浙南山區重要交通線。沿海水運發達。寧波、溫州為重要的對外開放港口。深水海港北倉港已基本建成。六七千年來，勤勞勇敢的浙江人民在開發與建設這塊美麗富饒的土地的同時，也留下了眾多的文化古跡，獨具特色的風土人情，技術精湛的手工藝品，美味可口的佳餚，使自然山水景觀與歷史人文景觀巧妙地結合起來，交相輝映，形成了浙江旅遊文化獨特的內容與形式。

（一）節慶活動

浙江大的節慶活動主要有：2006 年 4 月，中國義烏（國際）文化產業博覽會、2006 年杭州世界休閒博覽會、首屆世界佛教論壇；5 月浙江國際文化旅遊節，7 月中國舟山國際沙雕節，9 月中國湖州國際湖筆文化節、中國國際錢江觀潮節、浙江山水旅遊節，10 月中國杭州西湖國際博覽會、第六屆寧波國際服裝節、杭州西湖國際煙花大會等。

（二）旅遊服務

　　隨著旅遊事業的發展，浙江的旅遊基礎設施日臻完善，綜合接待能力明顯提高。浙江省現有星級飯店 1000 餘家，名列中國第二。國際知名酒店，如雷迪森（Radisson）、假日（Holiday-Inn）、香格里拉（Shangri-la）、雅高（Accor）、凱悅（Hyatt）等在浙江都有連鎖酒店。國際、國內旅行社 1000 餘家。

三、地方法規

1. 浙江省導遊人員管理辦法
2. 浙江省旅行社管理辦法
3. 浙江省旅遊度假區管理辦法
4. 寧波市旅遊業管理辦法
5. 浙江省行政處罰聽證程式實施辦法
6. 浙江省行政執法證件管理辦法
7. 浙江省行政許可監督檢查辦法

福建

一、概況

福建地處中國東南沿海（北緯 28°30'~28°22'，東經 115°50'~120°40'），毗鄰浙江、江西、廣東，與臺灣隔海相望，是中國大陸距離東南亞和大洋洲海上距離最近的省份之一，也是中國與世界交往的重要視窗和基地。福建省面積 12.14 平方公里，海岸線長 3324 公里，森林覆蓋率 63%，居中國之首。福建依山傍海，風光綺麗，無山不奇，無水不秀，素有「東海仙境」之美譽。其最大特點是「山海一體，閩台同根，民俗奇異，宗教多元」。福建境內常年溫暖濕潤，年平均溫度 17℃~21℃，降雨量 1400 mm~2000 mm。

福建是以漢族為主、多民族聚居的省份，常住人口達到 3551 萬人。福建又是著名僑鄉和臺胞祖籍地，旅居海外的華人、華僑達 800 多萬人，臺灣同胞中有 80%祖籍是福建。

二、旅遊資源概況

福建省擁有 1 處世界文化與自然遺產（武夷山）、1 個世界地質公園（泰寧）、13 個國家級風景名勝區、10 個國家級自然保護區、21 個國家森林公園、9 個國家地質公園、4 個國家歷史文化名城、85 個中國重點文物保護單位、2 個國家旅遊度假區、25 個 4A 級旅遊區、24 個中國工農業旅遊示範點單位，有 7 個中國優秀旅遊城市、2 個省級優秀旅遊縣。還有天然沙灘 60 多處可開發為沙灘浴

場，具有旅遊開發價值的島嶼 100 多個。泉州海上絲綢之路文化和客家民居土樓等正在申報世界文化遺產，南音也正在申報人類口述和非物質遺產代表作。

福建山多海闊，山海相容，優越的亞熱帶海洋性氣候，多種多樣的海岸類型，景色秀麗的島嶼，千姿百態的海蝕景觀，加之沿海眾多富有宗教、文化、軍事、歷史內涵的名勝古跡和新興的港口城市，構成理想的觀光度假勝地，其中有被列為國家重點風景名勝區的鼓浪嶼、清源山、太姥山、海壇島和國家旅遊度假區的湄洲島以及「海上綠洲」東山島等。泉州在元代曾是中國最大的貿易港口。著名的武夷山、桃源洞、玉華洞以及古寺廟、古塔、古橋、古城堡和王審知、鄭成功、林則徐、陳嘉庚等名流英傑的舊居遺跡等，也都是獨具特色的旅遊勝地。

福建人文景觀也很豐富，永定土樓是世界上獨一無二的神話般的山村民居建築；能幹靈巧的惠安女更是閩南獨特的民俗風情中的一個亮點；閩南古剎開元寺金碧輝煌，氣勢恢宏；福建還是一個英才輩出的地方，歷史上曾湧現過李綱、蔡襄、鄭成功、林則徐這樣名垂千秋的大人物。

（一）福建發展旅遊業有三大優勢

1.區位優勢

福建南連珠江三角洲，北接長江三角洲，面對臺灣，臨近港澳。「同三」高速公路貫穿福建海岸帶，區內交通發達，十分方便吸引國內主要客源地的旅遊者。

2.客源優勢

作為臺灣同胞的主要祖籍地，有 80%以上的臺胞祖籍在福建，福建與臺灣在地緣、血緣、文緣、商緣、法緣等方面有著密切的關

係。此外，有六分之一的香港同胞、四分之一的澳門同胞是福建人。在開發港澳臺客源市場，促進兩岸四地旅遊交流合作方面具有天時、地利、人和的優勢。

3.資源優勢

福建擁有迷人的武夷仙境、浪漫的鼓浪琴島、神奇的客家土樓、多彩的惠女風情、神聖的媽祖朝覲、古老的曇石山文化、神秘的白水洋奇觀、輝煌的古田會址、奇特的丹霞地貌、壯美的濱海火山等十大旅遊品牌。擁有 13 個國家級重點風景名勝區、9 個國家級自然保護區、19 個國家級森林公園、6 個國家級地質公園、4 個國家級歷史文化名城、45 個中國重點文物保護單位、7 個中國優秀旅遊城市、2 個國家旅遊度假區、22 個 AAAA 級旅遊區、5 個中國工農業旅遊示範點、1 個武夷山「世界文化與自然遺產」，泰甯大金湖於 2009 年 2 月榮獲「世界地質公園」稱號。泉州海上絲綢之路和客家民居土樓正在申報世界文化遺產。

（二）福建旅遊資源的主要特色

濱海旅遊資源有較大的規模優勢。有 300 多公里長的海濱適合開發成旅遊勝地，其中平潭、長樂、晉江、廈門、龍海、東山等地的濱海旅遊資源可以連片開發，形成不同活動內容的大型海濱浴場。多數海濱浴場各項品質標準達到國際海濱浴場條件。大部分海濱林帶環繞，是避暑消夏、度假休養的理想之地。

山嶽景觀種類齊全。福建的地貌類型主要有花崗岩、丹霞、海蝕、火山岩和喀斯特（岩溶）等。花崗岩地貌有太姥山、鼓山、日光岩、清源山、石竹山等，岩溶地貌有玉華洞、天鵝洞、永安石林等，丹霞地貌有武夷山、金湖、桃源洞、冠豸山等，火山岩地貌有靈通岩、十八重溪、支提山等。其中海蝕地貌、花崗岩地貌和丹霞地貌發育較為成熟，平潭的海蝕地貌、太姥山的花崗岩地貌、武夷

山的丹霞地貌所形成的奇特景觀，在中國有一定的代表性。森林旅遊資源豐富獨特。福建山地丘陵多，森林茂密，森林覆蓋率 60.5%，居中國首位。武夷山被譽為「天然植物園」，梅花山被譽為「生物物種基因庫」，南靖樂土雨林被譽為「珍稀有的亞熱帶雨林」，三明格氏栲林是世界上面積最大的天然栲樹林。良好的環境、清新的空氣、充沛的水源和豐富的物種，為福建開展綠色生態旅遊提供了優越條件。

宗教和民間信仰文化發達，門類繁多，中國少見。列為漢族地區佛教中國重點寺院的有 14 座，福州的湧泉寺和西禪寺、閩侯的雪峰寺、甯德的支提寺、莆田的廣化寺、泉州的開元寺、晉江的龍山寺、漳州的南山寺、廈門的南普陀寺等在臺灣及東南亞、日本有很大影響。泉州有「世界宗教博物館」之稱。此外，媽祖、陳靖姑、祖師公、保生大帝、廣澤尊王等主要地方民間信仰也有廣泛影響，在海內外擁有眾多的信徒。

古代建築類型多樣，涉及軍事、農業、交通、宗教、民居等，有較高的科考與觀賞價值。泉州洛陽橋、晉江安平橋、惠安崇武古城、南安蔡氏古民居、東山銅山古城、漳浦趙家堡、莆田木蘭陂、泰甯尚書第、永安安貞堡、閩清宏琳厝、華安二宜樓及永定土樓、南靖土樓等，還有朱熹、鄭成功、林則徐等眾多的名人故居遺跡，都是名聞遐邇的人文景觀。

民族民俗風情濃郁，地方文化內涵豐富。福建山多，交通不便，在長期的歷史發展過程和獨特的地域條件下，形成古樸的民風、多彩的民俗。其中最具代表性的是服飾奇特、勤勞儉樸的「惠安女」形象。客家民俗和佘族等少數民族的獨特風情對遊客有吸引力。福建的戲曲文化、閩學文化、古越文化、飲食文化等在國內也有一定的知名度。

山與海、自然與人文緊密組合，形成優良的旅遊資源地域組合結構。旅遊資源分佈相對集中，宗教、民間信仰文化和濱海旅遊資

源主要分佈在閩東南地區，客家文化主要分佈在閩西地區，丹霞地貌主要分佈在武夷山脈，花崗岩地貌主要分佈在沿海地區，森林主要分佈在閩西北地方。一些主要景區，自然景觀與人文景觀交相輝映，互為襯托，最有代表性的是被評為世界「雙遺產」的武夷山。這種景觀區域分佈相對獨立和景區中自然景觀與人文景觀相互交融的特點，既有利於旅遊功能區的劃分，也有利於重點旅遊項目的確定、主要旅遊線路的設計。

三、政府政策

早在2004年2月福建省政府份已制定了加快福建省旅遊發展的三個五年計劃，目標是到2015年前：旅遊業將成為福建省新興的支柱產業，形成海西經濟區的重要內容和支撐，建成旅遊設施完善、旅遊產業結構合理、旅遊服務品質和管理水準較高的旅遊強省。2009年，國務院出臺了《關於支持福建省加快建設海峽西岸經濟區的若干意見》更為福建省加快發展海西旅遊提供了有利保證。

目前福建已建立了22個自然保護區，面積達12.87萬公頃，其中國家級自然保護區3個，武夷山、永定土樓被聯合國列為世界文化遺產。比較有特色且聞名中國的景點有：武夷山、永定土樓、莆田湄山島、廈門鼓浪嶼一萬石岩、福鼎太姥山、泰甯金湖、永安桃源洞一鱗隱石林、連城冠豸山、屏南鴛鴦溪、白水洋、福州鼓山、福清石竹山、周甯九龍湖瀑布、東山風動石一塔嶼、將樂玉華等。這些景點都是福建省旅遊的品牌，吸引了眾多的海內外的遊客來旅遊觀光。

到2012年，福建旅遊總收入達2000億，2009年5月，《國務院關於支持福建省加快建設海峽西岸經濟區的若干意見》（下稱「意見」）的發佈，《意見》提出「將海峽西岸經濟區建成中國重要的自

然和文化旅遊中心」的要求，無疑提升了「海峽旅遊」的戰略地位與作用，並使之成為海西發展的重要角色。

事實上，海峽西岸經濟區東與臺灣地區一水相隔，北承長江三角洲，南接珠江三角洲，在中國區域經濟發展佈局中處於重要位置。而福建省在海峽西岸經濟區中居主體地位，與臺灣地區地緣相近、血緣相親、文緣相承、商緣相連、法緣相循，具有對台交往的獨特優勢。

據福建省旅遊局提供的資料顯示，自 1987 年至 2008 年的 21 年間，到福建觀光遊覽、尋根謁祖、探親訪友的臺胞已達 1022 萬人次，約占福建全省入境遊客總量的 1/3，接近大陸接待臺胞總數的 1/5。

由於福建省坐擁武夷山、閩西南土樓、鼓浪嶼等著名景區，富有閩南文化、客家文化、媽祖文化等兩岸共同文化內涵，這些得天獨厚的自然和文化資源優勢，對兩岸遊客具有極強的吸引力。

因而，有關專家認為，通過培育「海峽旅遊」品牌，積極構建環海峽旅遊區，完全有可能將其打造成為繼長三角、珠三角、環渤海之後的中國第四大重點旅遊區域。

福建省新近出臺的《關於進一步推動旅遊產業發展的若干意見》，更是對「海峽旅遊」的未來發展制定了若干戰略目標，其中包括：到 2012 年，福建省旅遊總收入達到 2000 億元；到 2020 年，福建省旅遊總收入超過 5000 億元。

中國國家旅遊局也公開表示，將積極引導和充分發揮福建獨特的區位優勢，全面支持福建加快海峽西岸經濟區的建設，聯合香港、澳門，把兩岸四地作為大的旅遊經濟圈，合作研發高端產品，把海峽東西兩岸建設成為世界級的旅遊目的地。

福建加強保護閩江河口濕地自然保護區開發生態旅遊，於 2001 年，福建省建立自然保護社區，2003 年，建立閩江河口濕地縣級自然保護區，並成立長樂市閩江河口濕地自然保護區管理處。2007 年 12 月，福建閩江河口濕地晉升為省級自然保護區。

　　保護區坐落於長樂市東北部和馬尾區東南部的交界處閩江入海口的梅花水道，地跨潭頭、文嶺、梅花、琅岐4個鎮12個行政村。總面積3129公頃（長樂2260／馬尾869）。其中，核心區1.4萬畝、緩衝區1.3萬畝、實驗區2萬畝。

　　保護區內動植物資源豐富，有紅樹林、濱海鹽沼、濱海沙生植被等3個植被類型10個群系；有脊椎動物394種。是東亞——澳大利西亞候鳥遷徙通道的中間地帶，鳥類有265種，其中水鳥152種，雁鴨類和鴴鷸類水鳥有2萬隻以上在這裏越冬，在這裏遷徙停歇的水鳥超過5萬隻，是福建省水鳥最為集中分佈的區域，屬於生物多樣性最為敏感的重要地帶。目前，已發現有國家I級保護動物5種，國家II級保護動物49種。列入《中國瀕危動物紅皮書》名單的28種，「中日候鳥保護協定」142種，「中澳候鳥保護協定」56種，省重點保護動物44種。珍稀瀕危鳥類主要記錄有黑臉琵鷺、黑嘴端鳳頭燕鷗、卷羽鵜鶘、勺嘴鷸、鴻雁等。

　　閩江河口濕地自然保護區屬濕地類型自然保護區，以河口淺灘為主，由鱔魚灘和周邊潮間帶、河口水域組成，是閩江流域多年沉積形成的大片潮間沙灘和泥灘。是福建省最優良的河口三角洲濕地，最具典型性的濱海濕地生態系統，是亞熱帶地區典型的河口濕地，在東洋界華南區具有重要的代表性。閩江河口濕地自然環境優越、生物多樣性豐富、稀有物種眾多，有5項指標達到國際重要濕地的標準，自然綜合體具有很高的保護和科學研究價值，同時也具有巨大的生態旅遊潛力。

　　福建每年有2000萬元扶持重大旅遊專案，於2009年6月制定《福建省旅遊設施建設專案財政貼息資金管理暫行辦法》，從09年起，福建省級財政將每年安排2000萬元，對全省規模較大的旅遊設施建設項目貸款實施財政貼息扶持政策，希望以此發揮省級財政旅遊專項資金的導向作用，帶動銀行資金支持旅遊項目建設，拓寬旅遊建設項目投融資管道。

　　此次出臺的政策，扶持範圍包括：省級重點建設旅遊專案、4A級以上旅遊景區、國家級風景名勝區、國家級旅遊度假區、國家級以上自然或文化遺產地、國家級以上地質公園、國家級森林公園、優秀旅遊縣以及主要旅遊目的地規劃內需要建設的在建旅遊配套專案。符合上述扶持範圍，在上年內新開工的旅遊設施建設項目且貸款金額在 2000 萬元以上的獨立企事業法人，可根據《辦法》申請貸款本金平均餘額 2%－3%貼息。

　　自 2009 年 5 月國務院通過《關於支持福建省加快建設海峽西岸經濟區的若干意見》，明確海峽西岸經濟區四大定位之一是「中國重要的自然和文化旅遊中心」，福建旅遊產業面臨重大發展機遇。而在此之前 2007 年 12 月，「海峽兩岸旅遊區」被列為國家「十一五」優先規劃和建設的 12 個重點旅遊區之一。

　　在海峽旅遊助推下，福建旅遊業不斷發展。2008 年，福建接待海內外遊客達 8860 萬人次，是 2004 年的近兩倍，年均增長 21%；旅遊總收入由 2004 年的 463 億元增加到 2008 年的 1015 億元，年均增長 29.8%，旅遊業已成為海峽西岸經濟區重要支撐產業。

　　福建和台旅遊界簽署《閩台旅遊品質保障合作協議》內容如下：

> 2009 年福建省旅遊協會和臺灣六大旅遊同業公會的代表，包括臺灣旅行業品質保障協會、中華兩岸旅行協會、臺北市旅行商業同業公會、高雄市旅行商業同業公會、臺灣省旅行商業同業公會聯合會和高雄市觀光協會共同簽署了合作協定。

> 七家協定簽署單位商議建立旅遊品質保障合作機制，將定期舉行聯席會議，採取積極措施，開展雙邊互訪，組織旅遊質監、品保人員以及旅遊從業人員的赴台或赴閩教育培訓，遇到涉及閩台旅遊服務品質等重大問題，雙方相關部門及人士應及時研討對策。

兩岸今後還將實現遊客在兩地無障礙投訴，形成兩地全覆蓋旅遊投訴綠色通道，確立旅遊投訴處理意見相互認同制度；建立相互委託調查、取證制度，為處理違規違禁行為提供證據，建立兩地執法動態通報制度。

《閩台旅遊品質保障合作協議》全文如下：

一、建立旅遊品質保障合作機制

（一）建立聯席會議制度。定期舉行聯席會議，交流工作經驗，制定工作計畫。

（二）建立交流機制。組織兩地考察和交流。採取積極措施，開展雙邊互訪，組織旅遊質監、品保人員以及旅遊從業人員的赴台或赴閩教育培訓，舉辦業務交流會，加強業務交流學習，提高旅遊質監、品保人員的辦案能力和旅遊企業守法經營意識，促進旅遊行業自律。

（三）建立協調機制。遇到涉及閩台旅遊服務品質等重大問題，雙方相關部門及人士應及時研討對策，以督促兩地旅遊業界提升旅遊服務品質，切實保護旅遊者和旅遊經營者的合法權益，共同提升兩地的旅遊形象和影響力。

二、建立兩地旅遊誠信平臺

（一）提倡誠實守信，共建誠信旅遊活動，逐步完善兩地旅遊誠信體系。

（二）雙方根據各自的授權範圍，加強對旅遊企業的管理，規範企業經營行為，努力保障旅遊品質。雙方旅遊企業和從業人員嚴格按照旅遊行業標準及合同約定，為旅遊者提供服務，做到不欺客、不宰客、不做虛假宣傳、不提供違法違禁服務。

（三）加強資訊溝通，推薦誠信旅遊企業，通報誠信缺失的旅遊企業。

三、建立兩地旅遊投訴平臺以及快速反應和處理機制

（一）實現遊客在兩地無障礙投訴，形成兩地全覆蓋旅遊投訴綠色通道；確立旅遊投訴處理意見相互認同制度，及時進行資訊溝通。

（二）及時通報涉及兩地旅遊投訴的案件，對重大旅遊糾紛和投訴採取協調一致的合作立場，共同處理應急事件。兩地旅遊者和旅遊經營者在對方的旅遊活動中，如遇到困難和問題，對方應及時為旅遊者和旅遊經營者提供所需的幫助。

（三）提高旅遊投訴處理效率，堅持公正與效率並舉，即時就地解決糾紛，妥善化解矛盾，確保旅遊團隊行程暢通、順利。

四、建立相互委託調查取證制度

為規範兩地的旅遊市場秩序，建立旅遊市場秩序執法合作制度。建立相互委託調查、取證制度，為處理違規違禁行為提供證據，建立兩地執法動態通報制度。

五、各自確定旅遊品質保障機構、人員和聯絡方式

雙方共建日常性的溝通平臺，設立旅遊舉報投訴電話熱線。

六、未盡事宜，雙方另行協商解決

本協議一式七份，經簽字蓋章雙方各持一份。

福建省旅遊協會
臺灣旅行業品質保障協會
中華兩岸旅行協會

臺北市旅行商業同業公會

高雄市旅行商業同業公會

臺灣省旅行商業同業公會聯合會

高雄市觀光協會

二〇〇九年四月三十日

　　福建與金馬澎地區推出 10 條「閩台聯線旅遊線路」：福建已與金門、馬祖、澎湖旅遊機構及旅遊業者聯合設計推出了 10 條「閩台聯線旅遊線路」。其中 5 條短線線路是經福建赴金馬澎旅遊，時間相對較短，為 3 至 7 天，較適合短期內到福建旅遊觀光的遊客出遊；另外 5 條長線線路，是經福建連接金馬澎並延伸至臺灣島內旅遊，時間為 8 至 12 天，適合時間彈性較大的老年旅遊群體及休閒度假遊客出遊。

　　這 10 條線路凸顯了「海峽旅遊」特色有：一、產品多樣，滿足多層次遊客的需求。線路涵蓋了福建、金馬澎和臺灣本島的精華旅遊景點，可滿足不同層次、不同年齡結構遊客的需求。二、是價格合理，普通民眾也可接受。

　　八大措施促進台閩旅遊業雙向互動內容如下：

2009 年 5 月，國家旅遊局宣佈了開放大陸居民赴台旅遊三原則，引起中國旅遊業界的重視，福建省旅遊部門決定採取八項新措施。

1、組織編寫閩台旅遊合作區規劃。以國家旅遊局把閩台旅遊合作區規劃作為中國 9 個重點專項課題為契機，邀請大陸和台港澳的旅遊規劃專家學者，參與編制閩台旅遊合作區規劃，提升閩台旅遊合作水準。

2、加大福建居民赴金馬澎地區旅遊工作力度。福建省獲准
經營「金馬遊」業務的旅行社數量由 2008 年底試辦期間
的 5 家擴大到 21 家；準備與金門旅遊界聯手策劃在金門
舉辦大型旅遊活動；「5‧18」期間福建省旅遊部門已與
馬祖業界人士就福建居民赴馬祖地區旅遊的相關問題進
行了商討，並達成共識。

3、全方位開展閩台旅遊交流與合作。邀請臺灣主要旅行商
來閩商討共同開發廈門——金門——臺灣和福州——馬
祖——臺灣的旅遊線路，簽訂旅遊合作協議，建立定期
旅遊協商機制；將於 7 月份組織福建省主要旅行社和旅
遊景區負責人約 50 人赴臺灣推介福建省旅遊產品；聯合
台港澳旅遊機構聯辦《海峽旅遊》雜誌，全面推介閩港
澳臺四地旅遊風光和線路，開通「海峽旅遊」網站；參
與策劃、拍攝由臺灣同名電影改編的 24 集電視連續劇
《小城故事》，並爭取在臺灣及東南亞地區播放。

4、策劃有影響力的旅遊節慶活動。在 2009 年「9‧8」期間，
將由國家旅遊局與福建省政府聯合主辦，由福建省旅遊
局承辦首屆海峽旅遊博覽會，內容包括海峽旅遊論壇、
旅遊專案招商、旅遊產品推介、民俗風情展示等。屆時，
將邀請臺灣 6 大旅行同業協會和港澳旅遊機構參加。

5、在首屆海峽旅遊博覽會期間，與香港亞太旅遊協會聯合
舉辦「團圓之旅」閩台港澳百部自駕車旅遊活動，由廈
門出發沿同三高速公路北上，於中秋節到達北京。

6、總結以往連續舉辦 6 屆媽祖文化旅遊節經驗，爭取把媽祖
文化旅遊節升格為由國家旅遊局和省政府主辦的一項重
大旅遊文化節慶活動，擴大對臺灣民眾的影響力和感召力。

7、爭取與歐洲高斯達郵輪公司聯合開闢連接福州、廈門、
金門、香港主要旅遊景點的海上郵輪旅遊航線。

8、在簽訂「武夷山──阿里山」旅遊對接協定的基礎上，
繼續組織閩台主要旅遊景區和旅行社的業務對接，深化
兩地旅遊交流與合作。

2008 年及 2009 年 1－10 月份福建省旅遊經濟情況分析如下：

2008 年，面對國際金融危機、國內頻發自然災害等國內外諸
多不利因素影響，福建省旅遊行業在省委、省政府和國家旅遊局的
正確領導下，深入學習實踐科學發展觀，緊緊圍繞建設海峽西岸經
濟區戰略目標，突出「海峽旅遊」主題，大力實施專案帶動，加快
旅遊產業轉型，拓展旅遊客源市場，取得了較好的成績。全年接待
遊客 8855.38 萬人次，比上年增長 6.6%，其中接待入境遊客 293.19
萬人次，增長 9.1%，接待國內遊客 8562.19 萬人次，增長 6.5%；
旅遊總收入 1014.55 億元，增長 1.1%，其中外匯收入 23.93 億美元，
增長 10.3%，國內旅遊收入 851.62 億元，增長 1.6%。

2009 年 1－10 月份，福建省接待中國國內遊客 7942.28 萬人
次，比增 9.7%，實現國內旅遊收入 797.95 億元，比增 8.1%；接待
入境旅遊者 225.79 萬人次，比上年下降 4%，實現外匯收入約 18.77
億美元，比上年下降 3.5%，旅遊總收入約 925.59 億元，比增 6.3%。

四、2008 年福建省旅遊經濟情況分析

2008 年，面對國際金融危機、中國國內頻發自然災害等國內
外諸多不利因素影響，福建省旅遊行業在省委、省政府和國家旅遊
局的正確領導下，深入學習實踐科學發展觀，緊緊圍繞建設海峽西
岸經濟區戰略目標，突出「海峽旅遊」主題，大力實施專案帶動，
加快旅遊產業轉型，拓展旅遊客源市場，取得了較好的成績。全年

接待遊客 8855.38 萬人次，比上年增長 6.6%，其中接待入境遊客
293.19 萬人次，增長 9.1%，接待國內遊客 8562.19 萬人次，增長
6.5%；旅遊總收入 1014.55 億元，增長 1.1%，其中外匯收入 23.93
億美元，增長 10.3%，中國國內旅遊收入 851.62 億元，增長 1.6%。

（一）入境旅遊市場

　　年初，在「3‧14」西藏嚴重暴力犯罪、奧運聖火傳遞受干擾
等事件及自然災害的影響下，入境旅遊市場發展仍然與上年基本持
平。隨後，全球金融危機影響日益擴大，外國人市場逐漸趨於萎縮。
下半年，臺灣市場在國家連續出臺利好政策的影響下快速增長，對
保持福建全省入境市場的增長起到了主要支撐作用。

1.臺灣市場成為入境旅遊最大重點

　　對台旅遊是福建的特色和優勢，臺灣人在福建省接待入境旅遊
者中比重接近三分之一。海峽兩岸交流實現了重大突破，全面實現
「大三通」，兩岸關係翻開新的一頁。這為福建省發展對台旅遊帶
來重要契機。

表 14　2008 年福建省接待海外旅遊者情況

項目	接待人數（人次）	比 2007 年增長%	比重%
合計	2931908	9.1	100
外國人	986440	-2.1	33.6
香港人	894813	11.9	30.5
其中：過夜遊客	827813	5.6	
一日遊（廈門郵輪）	67000	337.2	
澳門人	65894	-15.9	2.2
臺灣人	984761	22.9	33.6
其中：過夜遊客	865643	23.1	

（資料來源：福建省旅遊局計畫財務處）

　　2008 年初，台灣政黨輪替引發內部局勢不穩，導致前 4 個月臺胞入閩數量下滑。國民黨當政後，兩岸高層往來頻繁，對穩定福建省臺灣客源市場起到積極作用。第三季度起，大陸對台連續推出新的利好政策。兩岸週末包機從 7 月 4 日起正式實施；大陸居民赴台旅遊自 7 月 18 日起正式實施；9 月 30 日大陸居民經金馬澎赴臺灣本島旅遊開通；12 月 15 日，海峽兩岸海運直航、空運直航、直接通郵的「大三通」正式啟動。這些重大舉措推動兩岸經濟交流合作朝正常化、全方位發展，使兩岸各自優勢得到充分發揮，也促進了對台旅遊市場的全面發展。

　　福建省旅遊部門抓住契機，充分發揮福建對台旅遊先行先試的重要作用，全方位開展對台旅遊工作，編制 10 條經金馬澎赴臺灣旅遊的精品線路，開拓大陸居民經金馬澎赴臺灣本島旅遊市場，進一步促進兩岸旅遊的交流與合作。5 月份起，福建省接待臺胞止跌回升。7 月份起，經小三通口岸進入福建省的臺胞快速增長，連續數月福州、廈門兩市接待臺胞持續保持高增幅，帶動福建省臺胞市場的復興。其中，10 月份福建省月接待臺胞首次突破 10 萬人次，比增高達 72.9%。2008 年，福州兩馬航線接待臺胞 3.52 萬人次，廈金航線接待臺胞 46.3 萬人次，比上年增長 20%以上。

表 15　福建省分月接待過夜臺灣人情況表

月份	1月	2月	3月	4月	5月	6月	7月	8月	9月	10月	11月	12月
接待量萬人次	6.19	4.51	5.21	5.77	6.61	5.43	6.90	9.04	9.72	10.99	8.97	7.23
增幅%	-10.9	4.1	-1.5	-19.4	3.0	-2.6	20.2	51.2	64.0	72.9	48.8	48.6

（資料來源：福建省旅遊局計畫財務處）

在中國入境旅遊人數普遍下滑的情況下，福建能繼續保持增長，主要得益於臺胞來閩旅遊人數的顯著增長。這充分說明，抓住機遇，做好對台旅遊工作，深化對台旅遊交流合作，既有利於密切兩岸關係，增強臺胞對中國大陸的認同感和向心力，也有利於福建省應對不利因素的挑戰，擴大境外市場，促進福建旅遊產業整體水準的提高。

2. 港澳市場穩健增長

港澳是福建省成熟的入境旅遊客源地，市場一直相對穩定。在金融危機大背景下，香港市場增幅放緩。澳門人口少，自身市場有限，已經發展到一個瓶頸，全年均處於負增長。2008 年，福建省通過香港旅遊會展及泛珠三角旅遊研討會等，推介福建旅遊資源，並與港澳臺旅遊機構加強溝通，強化閩港澳旅遊交流合作，共謀閩港澳旅遊發展。廈門、三明、龍岩等市也赴香港、澳門開展旅遊宣傳推介，吸引港澳遊客來閩。尤其是廈門市培育郵輪旅遊產品初顯成效，建成郵輪碼頭投入使用，吸引香港麗星郵輪公司集團旗下郵輪定期停靠，為廈門帶來 6.7 萬一日游境外遊客。2008 年，來閩港澳遊客占福建省入境旅遊者比重為 32.7%。

3. 外國人市場略有萎縮

2008 年初，中國南方冰雪災害、「3‧14」西藏嚴重暴力犯罪和奧運聖火境外傳遞受干擾等事件，對外國人市場產生較大影響，日韓市場呈現較大下滑。美英兩國還發出勸誡令，致使兩國來華遊客下跌明顯。隨著金融危機向全球蔓延，福建省主要外國客源市場均受到波及，出現全面下滑的局面。其中亞洲市場受影響最嚴重，日韓市場成為重災區，泰國市場受其國內政局跌宕影響下滑最大。歐洲市場仍保持低速增長，但其中英、法兩國受其國內政治因素影響，入閩人數都呈負增長。

4. 外匯收入保持穩定

入境旅遊者花費抽樣調查顯示，2008 年福建省入境旅遊者花費水準有較大幅度提高。人均天花費由上年度的 183.98 美元／人天提高到 194.71 美元／人天，增長 5.8 個百分點。其中，臺灣人的人均天花費由 172.07 美元／人天提高到 193.26 美元／人天，增幅高達 12.3%。人均花費的大幅度提高主要是由於國內物價的持續上漲造成的。

表 16　2008 年福建省接待外國人情況

主要外國客源地	接待人數（人次）	比上年增長%	比重%
外國人	986440	-2.1	100%
亞洲小計	542845	-5.5	55.0%
其中：日本	177721	-10.2	18.0%
韓國	53609	-17.7	5.4%
菲律賓	36423	11.8	3.7%
新加坡	107705	5.1	10.9%
泰國	15689	-37.1	1.6%
印尼	24293	9.5	2.5%
馬來西亞	87610	0.6	8.9%
歐洲小計	108267	6.2	11.0%
美洲小計	299379	-0.3	30.3%
其中：美國	256119	-1.2	26.0%
大洋州小計	22482	9.1	2.3%
非洲小計	13467	22.6	1.4%

（資料來源：福建省旅遊局計畫財務處）

表 17　2008 年福建省入境旅遊者人均天花費

	人均天花費 美元／人天	外國人	香港人	澳門人	臺灣人
福建省	194.71	195.19	196.52	181.79	193.26
福州	191.33	192.18	187.81	172.05	198.76

廈門	217.89	213.88	233.62	235.94	218.10
泉州	185.40	182.61	217.30	137.66	142.99
漳州	169.28	168.65	159.47	171.40	180.58
武夷山	146.35	165.73	88.74	——	127.88

（資料來源：福建省旅遊局計畫財務處）

　　人天數是影響外匯收入的另一主要因素。2008 年福建省接待入境旅遊者人天數為 1195 萬人天，僅比上年提高 1 個百分點。其中，外國人人天數下滑明顯，臺灣同胞人天數增長 15.1%。正是由於福建省接待臺胞的人均天花費和人天數的強勢上漲，拉動福建省外匯收入增長。受美元不斷貶值的影響，外匯收入對福建省旅遊總收入的貢獻率有所下降。

（二）國內旅遊市場

　　2008 年中國接連發生大面積雪災、汶川地震、舉辦奧運等重大事件，這些重大事件對國內旅遊市場均有較大影響。福建省各級旅遊部門積極發展鄉村旅遊，加大國內旅遊宣傳促銷力度，保持國內旅遊市場穩定發展，取得較好的經濟效益。福建全省共接待國內遊客 8562.19 萬人次，實現旅遊收入 851.62 億元，與上年相比分別增長 6.5%和 1.6%。

表 18　2008 年福建省接待外省遊客前 10 名

位次	地區	占外省遊客比重（%）	位次	地區	占外省遊客比重（%）
1	廣東省	17.2	6	湖南省	5.3
2	浙江省	12.0	7	北京市	4.8
3	江西省	10.1	8	湖北省	4.0
4	上海市	8.8	9	山東省	3.4
5	江蘇省	7.3	10	安徽省	3.1

（資料來源：福建省旅遊局計畫財務處）

1. 遊客結構變化明顯

受休假制度調整、多次自然災害及舉辦奧運會等因素影響，國內長途旅遊市場有較大萎縮，國內遊客構成明顯改變。2008 年，福建全省接待一日游遊客 3436.62 萬人次，比上年增長 20.0%，大大高於全省接待國內遊客的增幅，占福建全省接待國內遊客人數的比重大幅提升，達 40.2%，比上年提高了 4.5 個百分點。過夜遊客中，外省遊客為 1840.08 萬人次，比上年下降 9.3%，占福建全省接待過夜遊客的 35.9%，比上年下降了 3.3 個百分點。外省遊客中，仍以周邊省市和華東地區為主，廣東、浙江、江西、上海、江蘇位列客源市場前五位。其中，廣東遊客占外省遊客的 17.2%，比重提高了 3 個百分點。

影響中國國內遊客構成的主要原因有三個。一是休假制度改變。2008 年實行新的節假日制度，縮短「五一」長假，僅保留「十一」長假，並增加清明、五一、端午三個小長假。在帶薪休假制度尚未廣泛執行的情況下，新的休假制度明顯壓縮了長途旅遊適遊時間。二是自然災害頻發。2008 年上半年，中國自然災害頻發，年初的冰雪災害、五月份的汶川大地震、六月份的南方水災，都對福建省外省客源市場造成較大衝擊，直接導致上半年外省客源市場大幅度下滑。三是舉辦奧運會。舉辦奧運會期間，中國主要交通網全力配合辦好奧運會，在資源調配上主要保障奧運舉辦地的出入順暢，同時大幅度加強安全保衛工作，這都相對限制了長途旅遊的交通環境。同時，精彩的奧運賽事吸引了大量潛在客源留在家中觀看奧運會，在一定程度上沖淡了暑期旅遊高峰。此外，金融危機對中國國內經濟的衝擊，也導致居民旅遊消費能力下降，長途旅遊消費減少。

2. 外省遊客消費下滑

在上半年抑制國內經濟過快增長和國際經濟環境惡化的雙重影響下，中國經濟發展逐步趨緩。消費者物價指數居高不下，股市、

樓市兩大投資管道持續惡化，導致居民消費能力下降，旅遊活動不如 2007 年活躍。7 月 1 日起中國燃油附加費上漲，長途旅遊費用無形增加，也對長途旅遊產生一定負面影響。儘管外省遊客消費水準有所提高，但遊客量減少使外省遊客消費總額下降 6.6%，占國內旅遊收入比重下滑 4.4 個百分點。隨著一日游遊客比重的大幅度增長，一日游遊客消費額也有較大幅度增長。全年一日游遊客消費 101.38 億元，比增 23.3%，占國內旅遊收入比重上升 2.1 個百分點。

「十一五」期間，福建省抓緊培育旅遊商品市場，促進旅遊購物消費，這一成效正逐步顯現。國內旅遊抽樣調查顯示，2008 年國內遊客消費支出中購物支出位居首位，占全部支出的 20.3%；其次為長途交通費支出，占 19.5%；餐飲費開支占 14.3%，列第三位；住宿花費占 13.7%，遊覽費開支占 9.0%，娛樂費開支占 6.3%。遊客消費中，吃、住、行、購、遊、娛六要素的旅遊收入分別為 114.56 億元、109.30 億元、156.04 億元、162.52 億元、71.72 億元和 50.58 億元，占全部旅遊收入的 83.1%。

3. 假日旅遊仍是熱點

假日旅遊仍是國內旅遊市場發展亮點。隨著人們消費水準提升和消費觀念的更新，假日旅遊市場發展穩定。2008 年「十一」黃金周，全省旅遊接待總人數和旅遊總收入均創歷史新高，黃金周「集

表 19　2008 年國內遊客消費及構成表

項目	消費額（億元）	構成（%）	人均消費元／人
1.外省遊客消費	415.12	48.7	2256
2.本省多日游遊客消費	335.12	39.4	1020
3.一日游遊客消費	101.38	11.9	295
總計	851.62	100.0	

（資料來源：福建省旅遊局計畫財務處）

中消費」的效應更加突出。福建省接待國內外旅遊者 538.01 萬人次，比 2007 年同期增長 15.4%，其中過夜遊客 151.4 萬人次，一日游遊客 386.61 萬人次，旅遊總收入 31.25 億元，比 2007 年同期增長 16%。清明、五一、端午三個小長假也促進了短途遊客的增加。從「五一」三天看，福建全省共接待國內外旅遊者 252.81 萬人次，比 2007 年同期增長 6.7%，一日游遊客比重明顯增加，遊客量達 201.1 萬人次，占遊客總數的 79.54%。「黃金周」仍是推動國內旅遊穩步增長的重要因素和持續動力。

（三）設區市發展情況

1. 入境旅遊

九個設區市入境市場發展形成明顯的三個層次。福州、廈門、泉州三大旅遊中心城市入境旅遊者接待量均在 60 萬人次以上，合計 231.55 萬人次，占福建全省接待入境旅遊人數的 79%；漳州、南平、莆田三市入境旅遊者接待量在 10－25 萬之間，合計接待 57.28 萬人次，占全省接待入境旅遊人數的 19.5%；三明、龍岩、寧德三市入境旅遊市場佔有量很小，接待量僅占全省接待入境旅遊人數的 1.5%。三明、龍岩兩市都擁有世界級旅遊品牌，對境外遊客有較大吸引力，2008 年增幅分別達到 74.8% 和 25.1%，發展的空間和潛力很大。

（1）閩南及南平增勢趨緩

受金融危機影響，福建全省入境旅遊市場增長勢頭受到抑制。尤其以閩南三市及南平市影響明顯。這些地區是境外旅遊者的主要旅遊目的地，閩南還是福建省外向型經濟的集中區域，受金融危機的影響更大。泉州、漳州、南平三市接待入境旅遊者的增幅都不大，廈門接待外國遊客的數量也比上年度下降了 10% 以上。

表 20　各設區市接待入境旅遊者情況

	接待人數	增長	比重	外匯收入	增長	比重
	人次	%	%	萬美元	%	%
福建全省	2931908	9.1	100	239353.24	10.3	100
福州	639375	8.5	21.8%	65750.15	9.8	27.5%
廈門	1045309	12.1	35.7%	81864.96	13.9	34.2%
泉州	630776	4.9	21.5%	65980.24	33.6	27.6%
漳州	192709	3.2	6.6%	11652.95	-48.1	4.9%
南平	237520	7.5	8.1%	6268.33	-22.9	2.6%
莆田	142555	11.9	4.9%	5152.95	24.5	2.2%
三明	26566	74.8	0.9%	2266.74	228.1	0.9%
龍岩	12845	25.1	0.4%	289.41	14.3	0.1%
寧德	4253	14.1	0.1%	127.51	15.8	0.1%

（資料來源：福建省旅遊局計畫財務處）

（2）臺胞市場支撐福廈兩市增長

　　下半年，在連續利好政策出臺後，福州、廈門兩市接待通過「小三通」入閩的遊客大增，連續出現月接待增幅超過 50%的良好局面，由此拉動入境旅遊者總量的提升。2008 年，福州、廈門兩市接待過夜臺胞增幅分別達到 29.1%和 27.3%。同時，經廈門口岸入閩的臺胞到漳州、龍岩兩市旅遊，也帶動了兩市接待臺胞數量的迅猛增長，漳州全年接待臺胞增長 23.7%，龍岩增長 66.5%。

　　2. 國內旅遊

　　國內旅遊抽樣調查顯示，各設區市接待國內遊客和國內旅遊收入增長參差不齊，收入增幅明顯低於接待遊客量增幅。廈門、泉州、漳州、南平四市大部分旅遊景區全年遊客接待量均為負增長。莆田、龍岩、寧德三市景區遊客接待量呈現較好增長勢頭，特別是福建省重點扶持發展的旅遊景區，如屏南白水洋、上杭古田會址、福建土樓（永定、南靖）等均出現快速增長。

表 21　2008 年分設區市國內旅遊人數及旅遊收入

	接待總量（萬人次）		旅遊總收入（億元）	
	2008 年	增長（%）	2008 年	增長（%）
福建全省	8562.19	6.5	851.62	1.6
福州	1581.85	10.3	171.54	3.7
廈門	1726.11	12.3	179.69	1.3
莆田	513.26	9.9	40.84	1.5
三明	643.95	0.1	76.20	10.7
泉州	1018.02	-6.3	126.33	-8.8
漳州	819.26	5.8	80.48	-3.0
南平	1032.81	-5.5	118.38	-5.2
龍岩	535.62	10.9	48.34	0.6
寧德	751.82	4.0	51.26	-8.0

（資料來源：福建省旅遊局計畫財務處）

表 22　2008 年福建省主要旅遊景區遊客接待情況

單位：萬人次

景區	遊客量	比增%	景區	遊客量	比增%
福州森林公園	151.57	263.54	湄洲島	119.39	7.7
永泰青雲山	46.0367	12.37	九鯉湖	37.2	156
鼓山風景區	38	-26.92	泰寧金湖	99.58	34.74
鼓浪嶼	161.74	3.8	永安桃源洞	60.17	0.6
嘉庚公園	100.09	-5	將樂玉華洞	61.63	16.69
園林植物園	86.83	-8.2	冠豸山	16.9	25.3
崇武古城	30	-5	永定土樓	26	85.6
清源山	30	-5.3	古田會址	25.1	485
武夷山	107.64	-2.6	屏南白水洋	60.23	100.1
南靖土樓	36	200	福鼎太姥山	130.15	15

（資料來源：福建省旅遊局計畫財務處，二〇〇九年一月十五日。）

五、地方條例

1. 福建省旅遊條例
2. 旅行社服務品質信用等級劃分與評定（福建省地方標準）

甘肅

一、概況

　　甘肅省簡稱甘或隴，省會蘭州。甘肅古屬雍州，位於中國西部，地處黃河上游，它東接陝西，南控巴蜀青海，西倚新疆，北扼內蒙、寧夏，是古絲綢之路的鎖匙之地和黃金路段並與蒙古國接壤，它像一塊瑰麗的寶玉，鑲嵌在中國中部的黃土高原、青藏高原和內蒙古高原上。甘肅地處 32°11'～42°57'、東經 92°13'～108°46'之間，位於中國的地理中心。面積 45.4 萬平方公里，東西蜿蜒 1600 多公里，縱橫 45.37 萬平方公里，占中國總面積的 4.72%。現轄 5 個地級市，2 個自治州，8 個縣級市，60 個縣，7 個自治縣。人口 2600 萬（1949年 968 萬人），有漢族、回族、藏族、東鄉族、裕固族、保安族、蒙古族、哈薩克族、土族、撒拉族、滿族等民族。

二、甘肅旅遊資源

　　甘肅地域遼闊，隴東黃土高原和隴南山地起伏於甘肅的東南部，西越蘭州後便是河西走廊，起自蘭州西北，止於疏勒河玉門關，長達一千二百多公里，與青海界山祁連山脈接壤。

　　甘肅海拔大多在 1000 米以上，四周為群山峻嶺所環抱。北有六盤山、合黎山和龍首山；東為岷山、秦嶺和子午嶺；西接阿爾金山和祁連山；南壤青泥嶺。境內地勢起伏、山嶺連綿、江河奔流，地形相當複雜。這裏有直插雲天的皚皚雪峰、有一望無垠的遼闊

草原、有莽莽漠漠的戈壁瀚海、有鬱鬱蔥蔥的次生森林、有神奇碧綠，的湖泊佳泉、有江南風韻的自然風光，也有西北特有的名花瑞果。

甘肅東南部的天水市和隴南地區，是歷史悠久、山川錦繡、物產豐富、氣候宜人、民俗奇特的天然膏沃之地，有小江南之稱。唐玄奘在天水的傳說，使佛公嬌、萬紫山、滲金寺等地，成為民俗旅遊的主要景點。

和天水、隴南相臨的甘南、臨夏兩自治州，是藏、回、東鄉、保安、撒拉等少數民族的集聚地，有獨具一格的民情和風俗，境肉的拉蔔楞寺，不但有著精美絕倫的建築，而且每年 7 次規模較大的法會和眾多的節慶，使拉卜楞寺的宗教民俗活動空前豐富多采。古樸典雅的臨複清真寺，是穆斯林民眾們的聚禮之地，這裏的宗教民俗活動，獨特隆重，令人歎為觀止。

甘肅東部的慶陽、平涼地區，是具有悠久革命歷史的老區。境內除有眾多的革命遺跡外，黃帝登臨、廣成子修煉得道的道家聖地崆峒山，西王母設宴招待周穆王的王母宮山以及公劉廟、菩薩山等廟會，都成為民間文化的傳播陣地和民間經濟的交易場所。特別是嗩吶、剪紙、社火、戲曲等民俗文化尤具魅力。

河西走廊是一片狹長平坦的高原，海拔一千至一千五百多米俯瞰走廊地帶，是綿延不絕的沙磧地、沙丘和風化的緩地和綠洲。河西走廊也是甘肅著名的糧倉，也是昔日鐵馬金戈的古戰場和古絲綢之路的交通要道。聞名於世的敦煌莫高窟分佈於河西走廊兩側，這裏原是絲綢之路的要衝，當年那些遠走漠漠塞外絲路的人為保平安，紛紛在這個艱辛跋涉之地開窟造像，這些曆千年而不毀的石窟，既是宗教、文化、藝術的結晶，也是絲路歷史的見證。除此之外，肅南裕固族風情、肅北蒙古族風情、阿克塞風俗、天祝藏區風情、雷台奇觀、古酒泉傳奇、嘉峪關傳說、玉門關和古陽關、橋灣人皮鼓：民間筵悅、駱駝隊等奇風異俗也在這裏熠熠生輝。

甘肅是中華文化的發祥地之一，很早以前華夏始祖伏羲氏曾在這裏推八卦、授漁獵。三千多年前，周人先祖發祥於隴東一帶。漢唐以來，甘肅成為中西文化交流，商貿往來的絲綢之路，留下豐富的文物古跡。甘肅大地上，散佈著上千處人文景觀，其中有堪稱世界石窟壁畫藝術寶庫的敦煌莫高窟、萬里長城的最西端嘉峪關、以泥塑著稱於世的天水麥積山石窟等。

甘肅是一個多民族的地區，獨具魅力的甘南藏族風情、肅南裕固族民俗，讓許多國人甚至外國客人都新奇不已。

甘肅地質地貌類型複雜多樣，具有獨特的山水風光、珍禽異獸、奇花異木。甘肅又是中華文明的發祥地之一，中華先民在涇、渭流域創造了燦爛的黃河文化；溝通中西經濟文化交流的絲綢之路橫貫全省，留下了許多馳名中外的文物古跡；革命戰爭時期，中國工農紅軍進行的震驚中外的二萬五千里長征，途經甘肅留有許多寶貴的革命遺跡；甘肅多民族聚居，構成絢麗多彩的民族風情畫卷。這些自然景觀和人文景觀交相輝映，形成了甘肅獨縣特色的旅遊資源優勢。

甘肅自然風光類旅遊資源包括山嶽、岩洞、冰川、江河、湖泊、溫泉、沙漠等。

（一）山嶽

山嶽類觀光點有 48 處。A 級：敦煌鳴沙山，榆中興隆山，平涼崆峒山，天水麥積山風景區等。B 級：蘭州五泉山，漳縣貴清山，渭源連峰山，康樂蓮花山，臨潭冶木峽等。C 級：敦煌三危山，蘭州白塔山，榆中馬銜山，臨夏太子山，臨潭大嶺山，西和仇池山，成縣雞峰山、飛龍峽等。D 級：肅北大雪山，嘉峪關黑山，山丹大黃山，蘭州仁壽山，永登吐魯溝，景泰哈思山，白銀區海金山，平川區崛嵬山，會寧桃花山、鐵木山，隴西暖泉山，渭源鳥鼠山、首陽山、鐵峪峽，莊浪紫荊山，靈台文王山、高志山、殿山，崇信烏

龍山，張家川花果山，康樂白石山，臨夏五女山、煙洞山、大石山，臨潭迭山，舟曲翠峰山。

（二）湖泊

湖泊觀光點有 25 處。A 級：敦煌月牙泉，永靖劉家峽水庫，文縣天池等。B 級：敦煌渥窪池。C 級：嘉峪關黑山湖，平涼柳湖公園、龍隱寺公園臨潭常爺池，碌曲尕海等。D 級：安西雙塔堡水庫，榆林水庫，橋子東壩水庫，黨河水庫，嘉峪關草湖、鍋蓋梁水水庫、九眼泉，金昌北海子、金川峽水庫，蘭州南湖公園、雁灘公園，榆中來紫堡萬眼泉，莊浪朝那漱，臨夏五山池，夏河達力加翠湖等。

（三）冰川

冰川分佈於祁連山，可供觀賞的為嘉峪關「七一」冰川。

（四）草原

草原觀賞點有 11 處。A 級：夏河桑科草原。C 級：肅北漁兒紅草地，祁連山草地，阿克塞草原，山丹草原，夏河甘加草原，臨潭冶海草原，碌曲草原，瑪曲草原等。D 級：大馬鬃山地，肅北牛心墩草原。

（五）自然保護區

甘肅有白龍江、祁連山、興隆山、蓮花山、景泰縣壽鹿山、民勤連古城、小隴山二三灘、文縣尖山、平涼崆峒山等 50 個自然保護區。

（六）岩洞

岩洞觀賞點 7 個。B 級：武都萬象洞。C 級：碌曲則岔石林。D 級：白銀地下溶洞，華亭海龍洞，舟曲平定朝陽洞，夏河白崖溶洞，西和龍盤洞。

（七）溫泉

溫泉觀賞點5處。B級：天水街子溫泉，涇川溫泉。C級：清水溫泉，武山溫泉。D級：通渭溫泉。

（八）河川

河川觀光點有26處。分佈於省內的黃河及其主要支流，長江支流和內陸河等地。

（九）城鎮公園

城鎮公園主要有：酒泉泉湖公園，蘭州五泉公園、白塔山公園、蘭山公園、仁壽山公園、西固水上公園、兒童公園、南湖公園、雁灘公園，張掖甘泉公園，山丹南湖公園，平涼柳湖公園，臨洮嶽麓山公園，武威沙漠公園，金昌金川公園，等等。

（十）森林公園

國家級森林公園：吐魯溝、石佛溝、徐家山、松鳴岩、雲崖寺、陽關等。省級森林公園：蓮花山、崆峒山、興隆山、貴清山、麥積山、馬蹄寺、關山、太統山、鐵木山、東山、鳴鳳山、淨山寺、天池、南山、老爺山、放馬灘、周祖陵、溫泉、五龍山、焉支山、二郎山、則岔、連峰山、曲溪、巴家嘴、有利於鹿山、光山寺、南龍山、陽山、老君山、蓮花台等

三、旅遊資源優勢

甘肅是旅遊資源大省，有特色鮮明厚重和原始、質樸的特點。甘肅省旅遊資源具有三大特色：

一是以絲路文化、遠古始祖文化、黃河文化、彩陶文化、史前生物文化、三國文化、長城文化、先秦文化和現代文明為代表的人文資源特色，文物古跡有石窟寺廟、長城關隘、塔碑樓閣、古城遺址、古代墓葬、歷史文物等多種類型，現代文明有大型黃河發電站、衛星基地航太城等，其中石窟、長城、古城等遺存和大型發電站、航太城等均具有很高的品位。

二是以獨具特色的西部自然風光為特點的自然資源。不僅有高山峽谷、綠色草原、天池溶洞、丹霞奇觀、珍稀物種，更有雄渾的黃土高原、冰川雪山、大漠戈壁、沙漠綠洲、黃河風光。其中尤以具有原始特色的西部大漠戈壁、雪山冰川草原峽谷和橫貫甘肅近千公里的黃河景觀對海內外遊客吸引力最強。

三則以藏、回、裕固、保安、東鄉等少數民族濃郁風情為特色的民族風情資源。上述的資源奠定了甘肅旅遊業發展的雄厚的物質基礎。

因此甘肅旅遊業的優勢分述如下：

（一）區位優勢

甘肅位於中國西北部，地處中國心臟位置，是中國版圖的幾何中心和大陸交通樞紐，也是連接西北、西南、中原地區的旅遊集散地之一，東西長 1655 公里，土地總面積 42.5 萬平方公里，周邊與陝西、四川、青海、新疆、寧夏、內蒙古等六省、區和蒙古國相接，與西安、烏魯木齊、銀川、西寧等西部大中城市有著密切的交通聯繫；有利的地理位置，形成了東西、南北交通大樞紐，是甘肅旅遊業發展的地理優勢。同時，甘肅省位處絲綢之路的「黃金路段」，黃河的上游和「唐蕃古道」的必經之地，易與周邊省區的優勢資源組合產品，能接受陝西、新疆、寧夏、青海和四川等地客源市場的較強輻射，市場優勢比較明顯；國家旅遊局將「絲綢之路」和「唐蕃古道」列為中國對外推出的九大精品線路，許多海外旅行商和國

內旅行商已將旅遊目標轉向西北,「絲綢之路」旅遊線仍具有強大吸引力。這些都為甘肅旅遊業發展提供了良好條件。

（二）環境優勢

以蘭州為樞紐,由空港、鐵路、公路並舉的綜合交通網絡正在形成,為旅遊業發展提供了交通支撐保障。以旅遊業「行、遊、住、食、購、娛」六大要素為重點,「購物、休閒、娛樂」設施建設不斷完善,城市綜合服務功能不斷提高。

（三）市場優勢

通過二十餘年的精心培育,甘肅省「絲綢之路」旅遊產品在國內外客源市場上已享有較高聲譽,被稱為「永不衰落的黃金線路」。西北五省區協作聯動加強,聯合推出的絲綢之路、黃河風情、唐蕃古道等三大品牌旅遊產品已具一定知名度,旅遊市場份額有所擴大。由於近幾年甘肅省加大了客源市場的拓展力度。目前,日本、港澳臺、韓國、東南亞地區、美國和西歐的一些國家和地區已成為甘肅省入境遊的主要客源市場;以北京為中心的華北市場,以上海為中心的長江三角洲江浙滬市場和以廣州為中心的珠三角加福建市場等三大市場及以陝西、四川、寧夏、青海、新疆等周邊市場正成為甘肅省國內遊客源市場發展的主體力量。以蘭州、天水、嘉峪關等大中城市為主的省內遊市場也發展迅速。

（四）歷史文化優勢

甘肅歷史文化悠久,是華夏民族的古文化發祥地之一。考古發現的屬於舊石器時代和新時器時代的文化遺跡有 1000 多處,遍佈甘肅省各地。戰國、秦、漢、明等中國歷史上各時代長城在甘肅境內均有大量遺存,保存比較完整。甘肅還是華夏人文始祖伏羲氏的誕生地,也是中國最早的農業發源地之一,是中國著名的

石窟之鄉。豐富多樣的歷史文化遺存，是甘肅發展旅遊產業的根本優勢。

四、旅遊資源發展情況

甘肅旅遊業近年來取得了長足進步，2009 年遊客人數和旅遊收入的增幅在中國位居前列。甘肅省 2009 年接待遊客 3393 萬人次，比上年增長 36%；全年實現旅遊收入 192 億元，比上年增長 40%，甘肅全省旅遊接待人數首次超過全省總人口數，人均旅遊達到 1.28 次，比 2007 年的 0.92 次提高了 0.35 個百分點；旅遊收入占全省 GDP 比例首次超過 5%。這些的數字表明，甘肅省旅遊業已成為國民經濟的重要產業。

2008 年起，甘肅省將旅遊廁所建設作為甘肅省旅遊基礎設施建設的重中之重。經過兩年的建設，甘肅省的主要旅遊景區、主要公路沿線、中石油加油站和遊客集中區域都建成了適應現代旅遊文明需求的星級旅遊廁所 500 座，制約甘肅省旅遊業發展的「難如廁、如廁難」的問題已基本得到解決；甘肅省 2009 年籌措 28.4 億元投入旅遊項目建設，改善了旅遊區的基礎面貌；購置專業化旅遊汽車，緩解了運力不足的難題；開發了絲綢之路全景游、南部藏回風情草原風光遊等旅遊線路，形成了旅遊消費新熱點。

甘肅省持續不斷治理整頓無證照經營、虛假旅遊廣告、旅行社超範圍經營、旅行社門市部掛靠承包、「零負團費」等行為，處理了違規旅行社、旅遊飯店和導遊。甘肅省還核退了旅行社品質保證金 2995 萬元，幫助旅行社增強抵禦風險能力，開展生產自救。

為了吸引遊客，甘肅省開展了一系列宣傳促銷活動。組織開展了「快樂老家──甘肅人遊甘肅」主題促銷活動，發放價值 7100 多萬元的旅遊消費券。策劃了絲綢之路旅遊與區域合作、甘南香巴

拉文化與生態旅遊兩個高端論壇，邀請 300 多家國內旅遊企業和新聞媒體在甘肅省考察踩線。

甘肅省旅遊業發展規劃第十一個五年規劃綱要，旅遊資源開發總體佈局，「十一五」期間，甘肅省旅遊發展和旅遊資源開發建設的總體戰略是：以省會蘭州為中心，以蘭州、天水、敦煌三座國家優秀旅遊城市為依託，大力發展中、西、東三大旅遊區；在以絲綢之路黃金旅遊線和黃河風情旅遊線相交叉形成的 X 型構架區域內，全面培育敦煌景區群、酒泉嘉峪關景區群、張掖武威金昌景區群、蘭州白銀定西景區群、臨夏甘南景區群、天水隴南景區群和平涼慶陽景區群 7 個重點景區群；以絲綢之路為主線，以臨夏（回族風情、黃河三峽風光為主體）、甘南（藏族風情、宗教文化、草原風光為主體）和白銀（黃河旅遊、龍灣石林風光為主體）、平涼（道學聖地、崆峒風光為主體）為南、北兩翼，進行開發建設，並進一步拓展和延伸；同時，以蘭州為起點，重點發展六大旅遊主線，即：西線——長城文化、絲綢古道、古今飛天、大漠風情旅遊線：蘭州——武威——金昌——張掖——酒泉——嘉峪關——敦煌，向西延伸至吐魯番、烏魯木齊和格爾木、拉薩；東線——始祖文化、名山石窟、三國古道、絲路勝跡旅遊線：蘭州——定西——天水，向東延伸至寶雞、西安；南線——回藏風情、宗教文化、化石遺跡、草原風光旅遊線：蘭州——臨夏——夏河——合作——碌曲——瑪曲——郎木寺，向南延伸至九寨溝、成都；北線——黃河文化、銅城風光、水力提灌、龍灣石林旅遊線：蘭州——白銀——景泰——靖遠，向北延伸至中衛、銀川；東北線——黃土文化、隴東風情、崆峒風光、紅色勝地旅遊線：蘭州——會寧——平涼——慶陽，向東延伸至延安、西安；東南線——綠色隴南、秀美天池、官鵝峽谷、天然溶洞自然風光旅遊線：蘭州——岷縣——宕昌——武都——文縣，向南延伸至九寨溝、成都。在五年內，全面提升東、西、南三條線路，將其打造成甘肅的品牌產品；大力開發北、東北、東南三

條線路，增加內容，豐富內涵；在「十一五」末形成六大線路產品全面成熟、均衡發展的格局，加快和促進甘南、隴南地區旅遊業的發展和脫貧致富的步伐。甘肅省形成以蘭州為中心，以黃河文化與絲路文化交匯而成的 X 型構架內，西、中、東三大區聯動，七個景區群協調發展，六條旅遊線路呈「木」字型空間格局，沿絲綢之路和黃河幹道分佈的旅遊經濟帶（簡稱 1376X 發展戰略）。

一個中心、三大旅遊區、七個重點景區群、六條線路、X 型構架總體格局：

（一）一個中心：以蘭州為中心。

（二）三大旅遊區：西、中、東三大旅遊區是：以敦煌市為依託的西部旅遊區（武威、金昌、張掖、酒泉、嘉峪關五市）；以蘭州市為依託的中部旅遊區（蘭州、白銀、定西、臨夏、甘南三市兩州）；以天水市為依託的東部旅遊區（天水、隴南、平涼、慶陽四市）。

（三）七個重點景區群：敦煌景區群、酒泉嘉峪關景區群、張掖武威金昌景區群、蘭州白銀定西景區群、臨夏甘南景區群、天水隴南景區群和平涼慶陽景區群。

（四）六條線路

西線──絲綢之路大漠風情遊、南線──回藏風情草原風光遊、東線──絲路勝跡尋根朝觀遊、北線──黃河奇觀石林風光遊、東北線──道學聖地黃土風情遊、東南線──綠色峽谷天池溶洞遊。

（五）X 型構架

古絲綢之路與黃河幹道在蘭州交匯而成 X 型構架，（甘肅境內的絲綢之路與黃河幹道各為 X 的一軸，蘭州為交匯節點）

區域開發重點：以敦煌為依託的西部旅遊區。該區包括敦煌、酒泉嘉峪關、張掖武威金昌三個景區群，嘉峪關、酒泉、張掖、武

威，金昌五個市，依託城市是交通便捷、旅遊基礎設施較為完善的旅遊經濟開發區、首批中國優秀旅遊城市——敦煌市。該區的優勢是：（1）河西走廊沙漠綠洲景觀旅遊資源獨具特色，發展現代公路汽車旅遊和休閒度假旅遊潛力巨大；（2）絲路文化燦爛，敦煌藝術著名，莫高窟、嘉峪關城、陽關、玉門關、榆林窟、鎖陽城、魏晉墓、古長城、古烽燧、大佛寺、馬蹄寺、驪軒古城、雷台漢墓、海藏寺、文廟、天梯山石窟等在海內外有廣泛的影響，絲路文化旅遊、觀光旅遊有良好的基礎；（3）歷史悠久，文物古跡遍佈，文化名城優勢明顯；（4）奇特的雪山冰川、沙漠戈壁、雅丹和丹霞地貌、草原森林富有西北特色，發展專項旅遊、探險旅遊具有相當潛力；（5）酒泉衛星基地航太城、歷史上曾為皇家馬場的山丹軍馬場是潛力極大，待開發的未來旅遊精品。該區開發建設的重點是敦煌莫高窟敦煌藝術觀賞區、鳴沙山月牙泉自然風景旅遊區、陽關渥窪池旅遊度假區、玉門關漢長城邊塞風光旅遊區、雅丹地貌旅遊觀光區、楊家橋——南湖農業生態觀光旅遊區、伊塘湖溫泉度假村、安西榆林窟——鎖陽城景區、雙塔——唐玉門關景區、橋灣景區、酒泉「西漢勝跡」旅遊景區、酒泉晉唐古墓藝術博物館、肅北黨河峽谷生態遊覽區、哈什哈爾國際狩獵場、阿克塞大小蘇幹湖旅遊景區、哈爾騰國際狩獵場、國際野駱駝自然保護區、玉門火燒溝原始部落村景區、「中國石油工業搖籃」景區、金塔鴛鴦母子湖旅遊度假區、航太城景區、嘉峪關長城文化旅遊區、長城第一墩、嘉峪關滑翔基地、「七一」冰川、張掖歷史文化名城旅遊區、馬蹄寺風光旅遊區、山丹軍馬場自然風光旅遊度假區、臨澤雙泉湖旅遊區、高臺西路紅軍烈士陵園、大湖灣國家水利風景區、月牙湖公園、祁連葡萄莊園、張掖丹霞旅遊觀光區、肅南裕固族風情旅遊區、祁豐文殊寺石窟群旅遊景區、永昌驪軒古城—北海子風景區、聖容寺旅遊風景區、武威旅遊文化休閒廣場、雷台漢墓——百塔寺——海藏寺——文廟旅遊景區、生態植物園景區、蓮花山旅遊區、天梯山石窟、沙漠公園、

神州荒漠野生動物園、天祝小三峽森林風景區、古浪龍泉寺——昌靈山生態旅遊區、民勤沙漠公園——紅崖山水庫旅遊景區等。推出千里河西走廊——「絲路畫廊」旅遊線路，集中展示和體現絲綢之路（河西段）整個旅遊線路的特點和獨特風光，突出敦煌藝術、絲路文化、歷史文化名城，把豐富的絲綢之路人文、民族風情、自然風光通過自然景觀畫面形式充分展現給廣大中外遊客。

以蘭州為依託的中部旅遊區。該區包括蘭州白銀定西和臨夏甘南兩個景區群，蘭州、白銀、臨夏、甘南、定西五個市州，依託城市是中國優秀旅遊城市省會蘭州。該區優勢是：（1）省會城市蘭州是一座歷史悠久的古城（又名金城），既是甘肅省政治、經濟、文化、商貿、科技、交通、旅遊中心，也是中國版圖的幾何中心；既是黃土層最厚的地方，也是黃河唯一穿城而過的城市；（2）絲路文化與黃河文化的交匯處，歷史悠久，文物古跡眾多：（3）黃河橫貫千里，穿越甘南、臨夏、蘭州、白銀，是天然紐帶，形成了千里黃河風景旅遊線；（4）藏、回民族風情、宗教文化獨具特色，該區是甘肅省藏族、回族聚居最集中的地方。藏、回族人民勤勞純樸、能歌善舞，有獨特的民族風俗和豐富的文化藝術；（5）美麗的高原草原風光及獨特的渭河源頭風光、發展生態旅遊潛力巨大，可以建設參與性強的旅遊度假項目。該區開發建設的重點是蘭州百里黃河風情旅遊線、雁兒灣旅遊度假區、水車博覽園、吐魯溝森林公園、什川萬畝梨園生態旅遊區、青城古鎮旅遊區、黃河文化園、金城關風景區、五泉山、白塔山、徐家山、仁壽山、石佛溝、魯土司衙門舊址——吐魯溝旅遊風景度假區、蘭山和興隆山滑雪場、景泰黃河石林國家地質公園、白銀四龍一大峽風景區、壽鹿山景區、白銀黃河水上旅遊風景區、會甯紅軍會師舊址旅遊區，甘南旅遊扶貧試點區、夏河桑科草原度假區、碌曲生態環境旅遊區、瑪曲天下黃河第一彎草原風光旅遊區、甘南草原娛樂城、臘子口紅色旅遊景區、冶力關風景區、合作市當周草原旅遊風景、安多合作米拉日巴佛閣、

則岔石林、朗木寺、永靖黃河三峽——炳靈寺石窟旅遊風景區、劉家峽恐龍國家地質公園、康樂蓮花山生態旅遊區、和政松鳴岩森林生態旅遊區、和政古動物化石地質公園、積石峽風景區、漳縣貴清山——遮陽山風景區、渭源蓮峰山太白山——天井峽風景區、通渭溫泉度假區、紅軍榜羅鎮會議舊址、隴西仁壽山——隴西堂景區、臨洮貂嬋湖景區、岷縣紅軍長征三十裏鋪紀念館——二郎山森林生態旅遊區、狼肚灘草原風景區等。推出甘肅「千里黃河攬勝」旅遊線，充分展現黃河風情，全線分四段，分別是「黃河首曲草原風光游」、「黃河明珠炳靈石窟游」、「黃河風情現代都市游」、「黃河奇觀龍灣石林遊」。突出省會城市、黃河文化、絲路文化、藏回民族風情、宗教文化、高原草原風情的特色，突出旅遊休閒度假型項目。

以天水為依託的東部旅遊區。該區包括天水隴南和平涼慶陽兩個景區群，天水、平涼、隴南、慶陽四個市，依託城市是風光秀美、氣候宜人、交通便捷，位於甘肅東大門的天水市。該區優勢是：（1）依託城市天水是古絲路重鎮，國家級歷史文化名城、中國優秀旅遊城市，自然風光秀美、名勝古跡眾多，旅遊資源豐富，文化名城優勢明顯；（2）遠古始祖文化、絲路文化、農耕文化、先秦文化、三國文化具有特色，麥積山石窟、伏羲廟、南郭寺、玉泉觀、卦臺山、西王母官、北石窟寺、秦安大地灣、祁山堡、西狹頌、大象山石窟、水簾洞石窟、南石窟寺、雲崖寺、龍泉寺等在海內外有廣泛的影響，文化觀光旅遊、朝觀旅遊有良好的基礎；（3）奇特的天池溶洞，秀美峽谷，發展生態旅遊、度假旅遊具有很大優勢；（4）天下道教名山崆峒山，風景宜人，秀美壯觀，在海內外有很深影響，發展道教朝聖旅遊、度假旅遊，有很大潛力；（5）隴東黃土風情、窯洞民居獨具特色，具有豐富的文化內涵，可發展觀光、度假旅遊。該區開發建設的重點是依託天水麥積山風景名勝區打造麥積百里生態風情旅遊線、發展伏羲——卦臺山景區、南廓寺——玉泉觀風景區、秦安大地灣——興國寺旅遊景區、街亭——祁山堡三國古戰場旅遊

區、鳳山景區、甘穀大像山景區、桃花溝自然風景區、清水花石崖自然風景區、紅堡──趙充國陵園景區、溫泉森林景區、張家川雲風山──東峽水庫──宣化崗拱北旅遊區、白石咀賽馬及狩獵場、武山溫泉──水簾洞景區、平涼崆峒山風景名勝區、華亭蓮花台景區、涇川南石窟──溫泉──回山王母宮文化旅遊景區、田家溝水土保持生態風景區、崇信龍泉寺──華夏古槐王旅遊景區、莊浪雲崖寺──萬畝梯田風景區、靈台古靈台──荊山景區、隴南旅遊扶貧試點區、武都萬象洞風景區、成縣杜公祠──西狹頌──雞峰山旅遊景區、文縣鐵樓百馬藏族民俗村──洋湯天池景區、徽縣三灘旅遊景區、宕昌官鵝溝旅遊景區、哈達鋪紅色旅遊景區、康縣陽壩、梅園夠溝景區、禮縣祁山堡三國古戰場、秦公陵園先秦文化旅遊區、西和古仇池國遺址景區、慶陽周祖陵、西峰北石窟寺、小崆峒農耕文化村旅遊區、華池雙塔森林公園、南梁陝甘蘇維埃政府舊址、鎮原潛夫山森林公園、肖金鎮老洞山景區、子午嶺──秦直道景區等。推出尋根朝觀旅遊、山水風光、修學旅遊、天池、峽谷、溶洞景觀旅遊、生態旅遊、三國旅遊、絲路勝跡旅遊、黃土風情旅遊。突出遠古始祖文化、絲路文化、三國文化、生態文化，突出旅遊度假型項目。

旅遊資源開發重點專案

根據省委、省政府「以專案拉動經濟增長」的發展戰略，緊緊抓住西部大開發的歷史機遇，全面實現甘肅省旅遊業發展的長遠戰略目標，開發建設至關重要。「十一五」期間，甘肅省旅遊資源開發的主要內容是生態旅遊、農業觀光、工業觀光、溫泉森林度假旅遊、鄉村旅遊、極限探險旅遊等項目開發，實現單純觀光型產品向觀光度假型產品和多元化產品過渡。各地在資源開發中，既要重視硬開發，也要注重軟開發，要大力利用城市景觀、購物步行街、城市夜景、文化設施，充分挖掘利用旅遊資源，增加旅遊產品的科技

和文化含量，推動旅遊產品「上規模、上檔次、上品質」。根據各地報送的旅遊資源開發專案，經過匯總和篩選，「十一五」期間，甘肅省共規劃重點開發建設綜合專案 239 項、道路交通專案 287 項，旅遊廁所專案 183 項，紅色旅遊開發項目 42 項，世界銀行貸款甘肅文化自然遺產保護與開發項目 12 項。

開發建設的總體原則是：統一規劃、分級開發、突出重點、體現特色，合理利用，全面發展。2006 年 4 月由甘肅省人民政府和國家旅遊局共同主持通過並分別批准，中國科學院地理科學與資源研究所編制的《甘肅省旅遊業發展規劃（2006－2020）》已經開始實施。

規劃提出甘肅省要轉變觀念，必須樹立起「大旅遊產業」的思想，強化政府對旅遊的主導和調控職能，動員全社會的力量大興旅遊業，建立健全全旅遊業發展的管理體制，確立了旅遊業在甘肅省經濟發展中的戰略地位。為未來一段甘肅大旅遊業的發展目標勾畫出了一幅美麗的畫卷，即用 15－20 年的時間，把甘肅省建設成為中國旅遊產業大省和旅遊經濟強省，建成國內著名旅遊目的地；到 2020 年前，力爭把旅遊業培育成為甘肅省第三產業的龍頭產業，區域經濟的支柱產業，旅遊業的總收入占 GDP 的 7%－15%以上，建成系統全面、有機關聯的大旅遊產業體系，作為全面帶動甘肅省城市化和經濟社會可持續發展的一支重要驅動力量。

規劃依據《旅遊資源分類、調查與評價》國家標準，經實地考察和科學摘取，認為甘肅省資源亞類中除島礁、河口與海面缺乏外，其他亞類基本類型達到了 100%，表明甘肅旅遊資源的聚集程度較高。認為甘肅旅遊資源基本類型豐富、時空跨度大、分佈廣泛、保存相對完整。歸納為歷史文化遺址遺跡，地文景觀，水域、冰川景觀，特色工業旅遊、特有少數民族風情六大系列。

規劃根據甘肅的地形狹長的地形輪廓特徵和近八千年的歷史文化之龍，提出了甘肅旅遊「巨龍飛天」的總體形象定位，寓意甘

肅大旅遊的發展正如巨龍騰飛蓄勢待發。高昂龍頭（酒泉、嘉峪關、敦煌），強大龍心（蘭州），壯大龍身（三千里絲綢線），拓展兩翼（左——天水、平涼、慶陽，右——黃河風情線），延伸龍尾（隴南山區），實現古今「雙飛天」的夢想。

針對甘肅地域遼闊，東西狹長、景點分散的實際，《規劃》提出了「一心」、「二極」、「三帶」、「五軸」、「六區」為基本空間發展的戰略格局。

「一心」，將蘭州作為全局中心極核，中遠期努力把蘭州建設成為西部區域旅遊中心，輻射聯動西北五省（區）旅遊圈開發；「二極」，把天水、敦煌分別建設成為甘肅東、西部旅遊發展極，二者與蘭州相互協作，帶動甘肅東、中、西部旅遊開發；「三帶」，河西走廊絲路——長城——綠洲旅遊帶，東部始祖文化——黃土民俗旅遊帶；西南部祁連山脈——甘南高原——隴南山地綠色生態——民族風情旅遊帶；「五軸」，隴海、蘭新鐵路線絲綢之路發展軸線，公路312和310國道中華始祖文化發展軸線，黃河風情發展軸線，公路213國道藏域風情發展軸線，公路212國道隴南山水綠色生態發展軸線；「六區」，六大旅遊經濟區分述如下：

中部旅遊經濟區：包括蘭州、白銀、臨夏。定西四市（州），以黃河風情為主導，以民族風情為特色，以都市文化與都市休閒圈為基礎，構建甘肅旅遊「巨龍之心」；酒嘉敦旅遊經濟區：包括酒泉、嘉峪關、敦煌市。以敦煌絲綢之路和嘉峪關長城旅遊為主導，建設甘肅旅遊西部「巨龍之首」；東部旅遊經濟區：包括天水、平涼、慶陽三市。以始祖文化、絲路文化、道學文化旅遊，實現與旅遊大省陝西省的緊密互動；武金張旅遊經濟區：包括武威、金昌、張掖三市。以綠洲古城、祁連民族風情、大漠風光為主導，創建自身旅遊品牌，促進甘肅「旅遊巨龍」總部崛起；甘南旅遊經濟區：以甘南獨特的宗教文化、民族風情與綠色山水生態優勢，將其打造成在中國具有較強競爭力的旅遊目的地；隴南旅遊經濟區：以隴南

奇特的自然風光和溫良氣候發展山水風光、山水休閒、生態科技和度假旅遊。

　　此部《規劃》按照科學發展觀的要求，還對旅遊開發與文物保護，旅遊開發與生態環境的保護還做了專門的章節予以詳細的說明。

　　「十一五」期間至 2020 年甘肅省旅遊業發展的主要目標與旅遊經濟指標按照甘肅省旅遊業發展的總體目標和甘肅省旅遊業「十五」計畫執行情況以及對甘肅省旅遊資源條件、生產力條件和「十一五」期間至 2020 年甘肅省旅遊業發展環境和前景的分析，甘肅省旅遊業「十一五」期間至 2020 年發展目標的制定，以「適度超前、留有餘地」為原則，以 5 年打基礎，10 年大發展，15 年大跨越為目標，用 10 － 15 年左右的時間，把甘肅建設成為旅遊大省和旅遊經濟強省，建成國際和國內旅遊目的地。要實現上述目標，甘肅省旅遊業發展速度必須快於國民經濟總體發展速度，同時，也要高於中國旅遊業平均發展速度，以體現旅遊業先導產業的特徵和在拉動經濟需求，促進西部大開發、甘肅大發展中發揮的巨大作用。

表 23　2006 － 2020 年甘肅省國際旅遊及收入指標預測表

項目	2005 基準年	01-05 年均增長（%）	2010	2015	2020
入境旅遊人數（萬人次）	28.84	9.8	41	65	90
增長速度（%）			10	10	7
其中：外國旅遊者人數（萬人次）	17.2	8.2	24.6	39	54
增長速度（%）			10	10	7
國際旅遊外匯收入（萬美元）	5876	3.7	7750	12000	17000
增長速度（%）			9	9	7

（資料來源：甘肅省旅遊局）

表 24　2006－2020 年甘肅省國內旅遊及收入指標預測表

項目	2005 年 基準年	01-05 年均增長 （%）	2010 年	2015 年	2020 年
國內旅遊人數 （萬人次）	1236.70	10	2400	4500	5800
增長速度（%）			16	13	5
國內旅遊收入 （億元）	57.68	26.3	146	360	580
增長速度（%）			20	19	10

（資料來源：甘肅省旅遊局）

表 25　2006－2020 甘肅省旅遊業總收入在國民經濟中的比重

項目	2005 年	2010 年	2015 年	2020 年
國內旅遊收入（億元）	57.68	146	360	580
國際旅遊收入（億美元）	0.5876	0.775	1.2	1.7
甘肅省旅遊業總收入 （億元）	62.56	152	370	590
旅遊業總收入相當於 GDP 的比重（%）	3.3	5.1	8.4	10
旅遊業總收入在第三產業中的比重（%）	7.9	16	24.2	

（資料來源：甘肅省旅遊局）

「十一五」期間甘肅旅遊市場、產品開發及宣傳促銷工作總體佈局：

（一）市場開發總體佈局

「十一五」期間，甘肅旅遊客源市場開發堅持」積極開發入境游市場，大力開發國內遊市場，適度開發出境遊市場」的總體原則，明確定位，加大市場開拓力度。

表 26　2020 年全球 10 大客源輸出國旅遊人數預測
（單位：萬人次）

年代	德國	日本	美國	中國	英國	法國	荷蘭	加拿大	俄羅斯	義大利
2020	16350	14150	12330	10000	9610	3710	3540	3130	3050	2970

（註：該數位為世界旅遊組織 1998 年 6 月預測數。據有關資料：2003 年中國
　　首次以出境 2022 萬人次，超過 1700 萬人次的日本，成為亞洲第一大
　　客源國。）

1. 甘肅入境遊市場定位

　　據世界旅遊組織的「2020 年旅遊業展望」預測，到 2020 年，
全球國際旅遊人數將達到 16 億人次，國際旅遊業的總消費將達到
2 萬億美元，國際旅遊人數以年均 4.3%的速度增長，收入以 6.7%
的速度增長。另據世界旅遊組織預計，到 2020 年，10 大客源輸出
國依次為德國、日本、美國、中國、英國、法國、荷蘭、加拿大、
俄羅斯和義大利，這 10 大客源國出遊總人數將占全球出遊人數的
49.2%（參見表 26）。

　　同時，旅遊模式也正在發生深刻的變化，具體表現為：個性化
的散客旅遊漸漸成為旅遊市場的主體，團隊旅遊逐漸式微；地區性
旅遊和中程旅遊成為旅遊市場的主體；商務旅遊、會議旅遊、獎勵
旅遊將成為團體旅遊的最大客源；互聯網和電腦多媒體技術將成為
旅遊宣傳的重要手段；旅遊網路交易正在興起，而且會成為旅遊產
品交易的主要形式。

　　旅華市場發展的趨勢主要有以下幾個特點：

（1）國際旅遊市場日趨多元化，入境客源市場面會進一步
　　　擴大。

（2）旅行方式發生變化。入境過夜遊客在華停留時間總體趨
　　　短，那些能夠提供完整的旅遊產品與良好的旅遊服務的
　　　目的地有望吸引更多的遊客。

（3）入境旅遊者的旅行路線明顯趨短，越來越多的旅遊者傾
　　　向於一地滯留深度型的旅遊。

（4）散客旅遊市場將成為市場的主體。

（5）旅遊需求發生變化。由休閒度假旅遊向體驗旅遊轉變。

根據國際旅遊市場的發展趨勢和國家旅遊局開發國際市場的總體思路，結合甘肅旅遊資源產品的特色和市場需求，對甘肅入境遊國際市場的目標定位與市場進行細分。

目標市場開發中，可分為一級、二級、三級市場；每級市場按距離，又可分為近程和遠端市場。甘肅入境游市場的開發，以一級市場為主體，予以大力開發；以二級市場為補充，給予適度開發；三級市場則為自然增長的機會市場，隨機開發。規劃目標市場以近期為主；遠期目標市場開發，在繼續開發近期市場，擴大市場佔有份額的同時，對市場的進一步拓展。目標市場定位以國家（地區）為區域單元；市場區域細分則是對客源國（地區）開發目標城市的確定。

2. 國內入省遊市場宣傳促銷措施規劃

「十一五」期間，甘肅入省游市場以華北、華東、華南的部分省市，河南、山東、四川和周邊鄰省區市場為一級市場；以河北、湖北、湖南、內蒙古、重慶為二級市場；以遼寧、山西、雲南、廣西、安徽為三級市場。入省游市場的開發應以一級市場為主體，加大開發力度，在近期取得大的突破；根據財力適度開發二級市場；利用機會隨機開發三級市場。為實現規劃目標，近期應主要按以下電視廣告宣傳、媒體專題宣傳、旅遊業內宣傳、網路宣傳、參加海內外旅遊交易會、投放推介專用宣傳品、組織上門推廣和業務洽談、邀請考察踩線、舉辦大型旅遊促銷活動、舉辦旅遊節慶活動、加強區域聯合、舉辦專項活動等 12 項措施，加大宣傳促銷工作。

3. 省內遊市場宣傳促銷措施規劃

「十一五」期間，甘肅省省內遊市場旅遊宣傳促銷工作將以蘭州、白銀、嘉峪關、酒泉、天水、金昌、張掖、武威等一級市場為重點，以臨夏、合作、平涼、慶陽、定西、隴南等二級市場為輔助，以各縣級城區等三級市場為補充。通過加強宣傳範圍的全省化、統籌旅遊廣告宣傳、促進相鄰市場的宣傳互動、組織考察踩線推廣活動、舉辦旅遊節慶活動、舉辦集中宣傳推廣活動、聯合參加促銷活動、開發引導特殊需求旅遊城市等八項措施，使一級市場的省內遊總量快速增長；二級市場的省內遊活動全面展開；三級市場的旅遊意識明顯增強，在縣域周邊旅遊迅速興起。

4. 旅遊宣傳品製作規劃

「十一五」期間，甘肅省繼續深入實施完成宣傳品製作的「五個一」工程，重點針對旅行商和媒體，在甘肅省範圍內逐年完成統一規格的宣傳品系列：一本旅遊指南，一張旅遊地圖折頁，一套參展展品；一部旅遊推介專題片（VCD），一個旅遊網站；部分旅遊較發達的地縣，完成看板、廣告片、畫冊、郵資門票、明信片等宣傳品。已完成製作的宣傳品要不斷更新，完善、更新上述宣傳品，重點針對公眾，製作更多類型的其他宣傳品，使旅遊者獲取旅遊資訊的管道更加便捷，滿足業務工作和市場需要。

5. 整體旅遊品牌形象的確定

甘肅整體形象「十一五」期間，甘肅旅遊形象的整體理念設計定位於「精品旅遊，多彩甘肅」，這主要基於甘肅旅遊產品開發中正在形成的多元化格局。理念支持要素分為 4 大類，20 個基本類型，其名稱與主題口號設計如下：

（1）「文化甘肅」類：絲綢古道三千里，黃河文明八千年。

文化甘肅──絲路文化：甘肅──絲綢之路的黃金路段

文化甘肅──黃河文化：九曲黃河繞隴原

文化甘肅──長城文化：長城從甘肅向東延伸

文化甘肅──根脈文化：華夏文明之源，炎黃子孫之根

文化甘肅──紅色文化：甘肅──紅色革命勝地

（2）「山水甘肅」類：親近甘肅山水，領略西部風光

山水甘肅──大漠戈壁：大漠孤煙直，長河落日圓

山水甘肅──森林草原：綠色生態──天然氧吧的誘惑

山水甘肅──冰川雪峰：晶瑩剔透的冰雪世界

山水甘肅──砂林丹霞：大自然的神奇造化

山水甘肅──峽谷溶洞：神秘幽谷──南部綠色峽谷群

（3）「民俗甘肅」類：貼近民俗生活，體驗發現之美

民俗甘肅──甘南藏族風情：甘南──香巴拉的呼喚

民俗甘肅──臨夏穆斯林風情：臨夏──中國的小麥加

民俗甘肅──裕固族風情：祁連山中的大山民族

民俗甘肅──哈薩克族風情：甘肅哈薩克族──馬背上的民族

民俗甘肅──蒙古族風情：蒙古族──草原驕子

（4）「現代甘肅」類：走進隴原城鄉，瞭解今日甘肅

現代甘肅──古城新貌：滄海變桑田，古城換新顏

現代甘肅──鄉土風情：走進農家園，體驗農家樂

現代甘肅──科技之光：展現現代工業的風采

現代甘肅──時尚探險：自「遊」天地，探險世界

現代甘肅──歌舞藝術：絲路飛花雨，大夢寄敦煌

在旅遊形象宣傳中，在樹立「精品旅遊，多彩甘肅」整體形象的同時，對海外和省外市場，要以文化甘肅和民俗甘肅為重點，以山水甘肅和現代甘肅為補充；對省內市場，則要以山水甘肅和民俗甘肅為重點，以文化甘肅和現代甘肅為補充。

　　甘肅旅遊產品眾多，品牌產品形象的重點在樹立甘肅四大主題品牌產品的形象，茲分述如下：

　　（1）絲綢之路：以敦煌和河西四郡為主打品牌，帶動甘肅全線絲綢之路精品游產品開發。

　　（2）黃河風情：以黃河首曲、蘭州百里黃河風情線、永靖黃河三峽、景泰黃河石林為主打產品，帶動全線開發。

　　（3）唐蕃古道：借助青藏鐵路的開通打造甘、青、藏唐蕃古道旅遊線。

　　（4）紅色之旅：隨著「近期」內國家支援紅色旅遊景點的開發建設，重點推出會寧會師舊址、迭部臘子口、宕昌哈達鋪、蘭州八路軍辦事處、岷縣岷州會議會址、通渭榜羅鎮會議會址、華池南梁政府舊址、高臺烈士陵園等八大紅色旅遊景點連線線路產品。

（二）完善旅遊設施

1.旅遊交通

（1）航空

　　蘭州中川機場擴建停機坪、航站區、聯絡道並對部分設施設備進行完善改造，飛行區指標等級提高到4E，「十一五」末旅客吞吐能力達到300萬左右，建設成為國際機場，並積極爭取成為國際空港。創造條件逐步開通蘭州至日本、東南亞、俄羅斯、韓國等周邊國際航線。分步開通蘭州至天水、慶陽、武都、夏河，西安至慶陽、天水等省際、省內航線。加快敦煌機場改造步伐，對航站樓、滑行道、聯絡道、戰坪及部分設施設備進行完善改造，盡快將敦煌機場建成國際機場。嘉峪關機場主要對飛行區及導航設施進行改造，按4C標準進行飛行區改造，延長跑道，增設VOR/DME導航。在天水

利用現有軍用機場開展民用航空，實施軍民合用。在隴南市武都區建設隴南機場，機場按 3C 支線機場規劃，跑道長度 2500 m。設計機型 ARJ-21，航站樓 1500 平米，VOR/DME 導航。在張掖利用現有軍用機場開展民航運輸，對飛行區進行建設並設立場站、派駐地勤人員。在甘南州夏河縣桑科新建夏河機場。在武威機場利用軍用機場實施軍民合用，建設 3C 支線機場、跑道長度 2400 m，設計機型 ARJ-21，航站樓 1500 平米，VOR/DME 導航。在金昌規劃建設 4C 支線機場，跑道長度 3200 m，設計機型 B737，航站樓 2000 平米，VOR/DME 導航。在平涼規劃建設軍民合用 3C 支線機場、跑道長度 2400 m，設計機型 ARJ-21，航站樓 1500 平米，VOR/DME 導航。2012 年開工建設，2014 年底竣工投產。新建天水民用機場，由於擴建後的天水軍民合用機場位於天水市兩個區之間，城市的快速發展已經對現機場形成包圍局面，且城市規劃已將機場占地納入近期城市改造範圍，城市和機場爭奪發展地面和空間的矛盾日益突出，二者互相制約，難以協調，「十二五」期間重新選址建設天水民用機場。規劃建設 4C 支線機場，跑道長度 3200 m，設計機型 B737，航站樓 2000 平米，VOR/DME 導航。2012 年開工建設，2014 年底竣工投產。在東風航太城規劃建設 4C 支線機場，跑道長度 3200 m，設計機型 B737，航站樓 2000 平米，VOR/DME 導航。「十二五」末開工建設。以上機場建設和改造完成後，將形成甘肅省空中旅遊交通網絡。

（2）鐵路

改善鐵路交通條件，進一步實施鐵路提速，提升車輛的硬體檔次、改善乘車環境、增加「夕發朝至」列車。開發以旅遊功能為主的旅遊專列以及面向高端市場的「豪華觀光列車」。

建設蘭渝鐵路，本線位於蘭青鐵路與寶成鐵路之間的甘肅省的甘南、隴南、四川省的川北地區和重慶市的北部等地區，線路北起蘭州樞紐，向東南經甘肅永靖或定西、臨洮、宕昌、武都、文縣後

進入四川，在廣元與寶成鐵路相交；西平鐵路，西安至平涼線位於隴海鐵路以北、寶中鐵路以東的陝西省中西部和甘肅省東部，線路自西安樞紐的茂陵（或三原）車站引出，經陝西省咸陽市的禮泉、乾縣、永壽、彬縣、長武等縣和甘肅省慶陽市的長慶橋和平涼市的涇川縣，西至隴東重鎮平涼市；平涼至靖遠鐵路，該線為西安至平涼鐵路向西的延伸線，線路從寶中線的平涼（或固原）站引出，向西與紅會支線的靖遠車站相接，西與包蘭鐵路相通，向東經規劃中的西安平涼線，與侯西、侯月、新月、新石鐵路構成平行隴海鐵路的又一通道；改擴建蘭州樞紐站，規劃新建蘭州樞紐北線，有貫通式樞紐改為環形樞紐，基本實現客貨分開，大幅度提高樞紐能力；增開西安至天水、平涼，蘭州至敦煌，成都至天水旅遊專列，以及不定期開行遠距離間旅遊專列。

（3）公路

繼續加快通往重點旅遊景區的支線公路建設，完善高速公路服務設施。鼓勵重點旅遊城市開通城市觀光車，樹立都市旅遊形象。「十一五」期間重點完成甘肅省主要旅遊景區（點）至國（省）道主幹線之間道路建設，公路建設等級均應在三級以上。加速完成蘭（州）──武（都）國道及省內務中心城市至旅遊景區（點）之間重點旅遊幹線公路改擴建和上等級，創造條件修建蘭（州）──夏（河）、蘭（州）──平（涼）、天（水）──武（都）高速公路。按照「統一規劃，分步分期建設」的原則，爭取在 2015 年以前建成天水至嘉峪關千公里高速公路。爭取省政府和有關部門的支持，完成旅遊客運，專用車輛的更新。

（4）水運

重視開發遊船旅遊，水陸交通和水上遊覽有機結合，形成新的旅遊產品。「十一五」期間規劃目標是：內河等級航道達到 571 公

里，實現甘肅省主要河段通航，通航里程增加，通航條件、船舶技術狀況改善，較好地發揮水陸交通綜合效益。建設航道 6 段 303公里：黃河蘭州段上下延伸 50 公里，瑪曲段 103 公里，黃河鹽鍋峽庫區 31 公里，黃河大峽庫區航運工程 29 公里，白龍江碧口至罐子溝段航運工程 30 公里；建設港口泊位 30 個（臨夏港 20 個、白銀港 10 個）和 2 座航電結合樞紐工程（洮河、黃河）。力爭到 2010年底，建成五級航道 244 公里、21 個港口泊位（臨夏港 20 個、白銀港 1 個）和洮河航電結合樞紐工程。

（5）通訊

改善通訊條件的重點是解決景區（點）對外通訊網絡。

（三）旅遊飯店、旅行社

1.旅遊飯店

建設重點放在改造現有賓館、飯店提高檔次，增添項目，完善功能上。同時，進一步優化旅遊住宿設施結構，按國際標準逐步改造經濟型飯店，將社會住宿設施納入旅遊業管理範圍，制定出符合甘肅省情的統一標準，加強包裝和促銷。

2.旅行社

旅行社發展的方向是探索建立符合甘肅旅遊市場特色的旅行社批零分工體系（批發、代理分工體系）制度和旅行社等級評定制度，研究對於網上旅行社、專業會議公司，專業訂房公司和專業旅行社等新型的、邊緣化的旅遊服務供應商的管理制度和辦法。實現市場組織網路化和旅遊業務管理覆蓋面的全面整合；建立健全導遊執業的准入機制、激勵機制、保障機制和責任追究制度，規範甘肅省旅行社的發展，淨化旅行社經營環境。

3. 旅遊餐飲

重點放在新景區和重點旅遊線路沿線，合理布點，發揮現有旅遊飯店設施的功能，提高配套水準，增設特色餐廳，適應不同層次的消費需求。發揮社會辦餐館的積極性，實行有效管理，改進餐飲設施，注意清潔衛生，提高餐飲品質，進行文明服務。重點發展地方小吃和特色菜，使甘肅餐館成為吸引遊客的特色項目。

4. 遊覽

以大力改善景區遊覽條件和營造良好的旅遊環境為重點，改善景區遊覽道路，增添符合環保要求的遊覽代步交通工具，改建景區廁所，橋、亭、停車場等公共設施；規範設置清潔箱、指示牌、景區遊覽示意圖等標準旅遊設施；合理修建休閒娛樂設施，豐富遊覽內容；城市周邊景區增設休閒度假設施，滿足人們週末休閒度假旅遊的需求。

5. 旅遊商品

充分發揮甘肅省現有旅遊商品定點生產企業和各地旅遊商品生產企業的技術力量和生產設施的潛力，鼓勵支援企業開發新產品，上檔次、上規模、上水準。研製、開發高科技、高創匯，具有地方特色的產品，帶動甘肅省旅遊商品生產。做好旅遊商品銷售，在蘭州、敦煌、天水、嘉峪關、平涼、夏河等遊客集中的城市，建設 2－3 個旅遊商品貿易市場或旅遊購物一條街，有條件的城市興辦旅遊商品展銷中心，重要景區設置旅遊商品購物點。擴大銷售管道，提高旅遊商品收入比重。

引導全社會力量投入旅遊商品設計、生產、銷售，突出特色，提升開發水準。建立品質標準監控體系，通過推出「旅遊商品品質

放心店」等方式，規範旅遊商品經營行為，保護旅遊者的合法權益，大力推進旅遊商品有序發展。

　　6.旅遊文化娛樂

　　突出特色、打造精品，加快旅遊娛樂項目建設，開展民間文化娛樂項目資源普查，深入挖掘、合理創新，形成精品娛樂專案；鼓勵建設城市休閒娛樂區，支持重點旅遊目的地創造精品旅遊文化活動。

　　在蘭州、敦煌、酒泉、天水、嘉峪關、臨夏、合作、張掖、平涼、武威等旅遊城市建立供海內外遊客觀看演出為主的固定娛樂場所，推出一批絲路敦煌藝術歌舞、藏族歌舞、裕固族歌舞、花兒、隴劇、秦腔、雜技、碗碗腔、古樂、民族風情等具有地方特色的精品文娛節目。

　　三星級以上賓館、飯店建立自己的業餘演出隊，有條件的賓館設歌舞餐廳。甘南、臨夏、張掖、酒泉等地建立供旅遊者觀看民族歌舞演出的場所，舉辦篝火晚會、聯歡會，豐富遊客的夜間生活。

　　旅遊飯店和旅行社利用節假日，組織與遊客的聯歡活動。到2010年，甘肅省旅遊城市專供海內外遊客觀看以演出為主的固定娛樂場所達到50個（處），三星級以上賓館、飯店自己的業餘演出隊達到15個賓館、飯店內設歌舞餐廳達到30個。

五、地方條例

1. 甘肅省文物保護條例
2. 甘肅省人民政府關於進一步加快旅遊業發展的意見
3. 關於印發甘肅省旅遊局首問責任制實施意見的通知
4. 甘肅省人民政府關於進一步加快旅遊業發展的意見
5. 甘肅省旅遊條例

廣東

一、概況

　　廣東位於中國大陸南部，簡稱粵。地處南嶺觀南，地區性海之
濱。廣東是中國的南大門，與香港、澳門接壤，臨近東南亞諸國。
優越的地理位置使其很自然的成為一個「視窗」。廣東現轄二十一
個地級市、三十三個縣級市、四十三縣、三個自治縣。近三十個市
縣對外開放。廣東省面積十八萬多平方千米。

　　北回歸線橫穿廣東省中部，氣候主要特徵屬於亞熱帶海洋性季
風氣候，夏長冬暖，四季常青，全年均宜旅遊。

　　廣東省低山丘陵分佈廣泛，平原僅限河谷及沿海地帶，南嶺山脈
亙於北部邊境，地勢北高南低。仁化縣的丹霞山、南海縣的西樵山、
博羅縣的羅浮山、肇慶市的鼎湖山為廣東四大名山；西江上的羚羊峽
（肇慶附近）、北江上的飛來峽（清遠縣）和被譽為「有桂林之山，
西湖之水」的肇慶七星岩均為著名風景區。廣東的山水風光吸引著眾
人的目光，肇慶七星岩，擁有桂林山之美，杭州水之秀；粵北的丹霞
山、南海的西樵山、博羅的羅浮山和肇慶的鼎湖山是廣東的四大名山。

二、旅遊資源

　　廣東作為中國文化的交融點，對各種文化相容並蓄，具多元文
化的特色。它是中國社會變化的萬花筒，其中展現的既有歷史文化
的源遠流長，也有現代經濟大潮和生活時尚的嶄新表現。

廣東省的森林資源較豐富，是中國南方木材的重要產區之一，主要分佈在懷集——英德——和平一線以北的粵山區。省內主要的用材有松，杉，樟，桉樹及其它熱帶樹種。經濟林主要有竹，其次是汕茶，油桐，板栗，橡膠，蠶桑，茶樹等。

廣東河流眾多，水力資源多集中在珠江、韓江、粵西沿海水系等流域，茲分述如下：

珠江水系：珠江是中國第四長河，僅次於黃河，長江，黑龍江，也是廣東省最大的河流，河長 2214 公里，水量僅次於長江，居中國第二位。西江是是珠江的主流，發源於雲南曲靖市馬雄山，省內全長 357 公里，是廣東省內流量最大的河流；東江發源於江西尋烏縣，在省內全長 523 公里，是深圳，惠州，香港的主要用水源；北江發源於江西信豐縣，在省內全長 468 公里，是廣東省水能蘊藏量和開發量最大的河流。

韓江水系：韓江是粵東的主要河流，發源於紫金縣和福建長汀縣。在澄海入海，全長 470 公里。

粵西沿海水系：由粵西沿海和各自獨流入海的漠陽江和鑒江構成。漠陽江發源於雲浮市，全長 199 公里。鑒江發源於信宜市，全長 232 公里。

（一）廣東旅遊資源以嶺南文化為主題

廣東有獨特的歷史文化，也有豐富的旅遊資源與文化資源。通過挖掘廣東省深厚的歷史文化旅遊資源，結合歷史文化的厚重性以及現代文化的開放性，深入挖掘廣東多層次的歷史文化，支援開發和建設一批文化內涵豐富的古遺址及近現代革命遺址的旅遊資源，就可以努力增加旅遊業的文化內涵，豐富旅遊專案和內容。

廣東旅遊文化以嶺南文化為主題，著力開發廣府文化、客家文化、潮汕文化、僑鄉文化等地方特色文化、少數民族文化、以及多元的宗教文化與旅遊的融合。文化是旅遊的內涵和靈魂，旅遊是文

化的載體和表現形式。把傳統文化引入旅遊市場，充分利用這些文化所衍生出來的廣東民俗、民間節慶、民間藝術、宗教文化、特區文化資源優勢，發掘地方音樂、戲劇、歌舞等文藝節目，演繹嶺南風情，豐富旅遊內容。比如巧奪天工的器藝文化有廣繡、潮繡、廣雕、玉雕、佛山剪紙和陶瓷製品；流淌的音符——嶺南建築與園林文化等，這些民間技藝成為旅遊元素，是廣東旅遊走向成熟，邁向旅遊文化大省的重要標誌。

（二）開發海洋文化旅遊

廣東地處沿海地帶，粵西和粵東很多城市都位於海邊。廣東南澳縣深澳鎮以創建「國家 4A 級旅遊區」為契機，充分發揮自有的山海和人文、景觀等豐富的旅遊資源優勢，大力發展生態旅遊和漁家樂、農業觀光旅遊等項目，每年到深澳觀光的遊客近 50 萬人次，年綜合收入約 5000 多萬元。

三、旅遊業發展情況

廣東湛江斥鉅資建設交通對接海南國際旅遊島規劃，於 2010 年海南省建設國際旅遊島獲得中國國務院批准，上升為國家戰略，由於高度趨同的資源與產業，使與之毗鄰的廣東湛江倍感壓力，各項規劃建設未雨綢繆。

2010 年湛江計畫安排重點項目五十三項，總投資超過五百億元人民幣，僅本年度投資就達一百八十億元。在所有重點項目中，交通基礎設施建設是重頭戲。政府決策層欲以此促進投資增長結構優化，加快建設現代化的產業體系，主動對接海南國際旅遊島。

湛江是中國大西南的主要出海口和國內連接東盟各國的海上橋頭堡，並處於環北部灣經濟區、泛珠三角經濟合作區、中國東盟自由貿易區等多個大的區域經濟圈的結合點。湛江港是世界少有的

天然深水良港，已初具區域性國際航運中心和物流中心規模。此外，湛江產業基礎扎實，城市功能完善，綜合服務能力較強，教育科研資源豐富，生態文明建設先行一步，可持續發展空間廣闊。目前，關鍵是要加快交通基礎設施建設，儘快建成聯繫珠三角、大西南、東盟市場的港口物流和商貿流通基地，培育北部灣大物流圈。

廣東開發紅色旅遊資源，促進尚未發展地區的經濟發展，其廣東很多革命老區的經濟發展水準處於廣東省較低位置，不少地方政府把發展紅色旅遊與老區脫貧致富結合起來，大力開發紅色旅遊資源，為老區第三產業帶來了商機，形成了新的經濟增長點。

河源市紫金縣蘇區鎮是廣東有名的革命老區，周恩來、徐向前、彭湃等老一輩革命家都曾在這裏戰鬥和生活過，至今，當地仍然保留著許多革命遺址群及紀念建築物。近年來，特色旅遊成為紫金縣旅遊開發工作的重點。該縣開發了蘇區紅屋、中壩孫中山祖籍故居等紅色旅遊景點和歷史文化景點，並把紅色旅遊資源與生態旅遊、客家文化資源等整合起來，做到「紅」與「綠」結合，將紅色旅遊景區納入全市的旅遊線路，變「點」遊為「線」遊，吸引了來自四面八方的遊客前去觀光旅遊。

革命老區之一的陸豐市在長期的革命鬥爭中，留下了很多偉人的足跡，如紅二師作戰指揮部、周恩來養病舊址等紅色遺址遺跡。陸豐市利用豐富的紅色旅遊資源，打造紅色旅遊品牌，把紅色旅遊景觀與自然景觀和人文景觀有機整合，促進了當地旅遊業的發展。2008 年陸豐共接待遊客 283.83 萬人次，實現旅遊總收入 8.95 億元。2009 年 1 至 10 月份，到陸豐旅遊總人數達 233.95 萬人次，旅遊總收入 8.19 億元。此外，在梅州平遠縣、汕尾海豐縣等地，紅四軍紀念園、紅宮紅場、彭湃故居等一批紅色旅遊資源都得到很好的開發利用，進一步推動了當地旅遊業和社會經濟的發展。

廣東當地旅遊業發展可藉由「海南國際旅遊島」分享更多國際客源，即將海南島造成國際旅遊島，廣東可以「借東風」，憑著就

近的地緣優勢向國際遊客推介本地的旅遊資源，省內的服務業也可望從中分一杯羹。一方面，今後海南到廣東的「空中幹線」以及海上郵輪都可能得到進一步發展，廣東省內旅遊景點可以分享到更多的國際客源；另一方面，廣東省內的商業、酒店住宿業、餐飲業、交通運輸、銀行和保險等服務行業都可以從中受惠。海南建設國際旅遊島之後，「度假＋購物」概念將大大刺激當地遊客的出遊熱情。

四、地方條例

廣東省旅遊管理條例

廣西

一、概況

　　廣西全稱廣西壯族自治區，地處中國沿海地區西南部。南臨北部灣，東連廣東，東北接湖南，西北靠貴州，西鄰雲南，西南與越南民主共和國為界，是中國邊疆省區之一。廣西土地面積較廣，海陸兼備，擁有 1595 公里長的海岸線，面積 500 平方米以上的島嶼 653 個。全區土地總面積 23.67 萬平方公里，占中國土地總面積的 2.46%，居中國第 9 位。岩溶的廣泛分佈是廣西地貌的特色之一。現轄 5 地區、9 地級市、10 縣級市、59 縣、12 自治縣、70 多個市縣對外開放。全區面積 23 萬多平方千米。自治區首府南寧市——轄新城區、興甯區、城北區、江南區、永新區、郊區、邕甯縣、武鳴縣。

　　廣西現有人口四千七百多萬人，屬中國 32 個省、市、自治區的第九位，是一個多民族的地方。境內居住著壯、漢、瑤、苗、侗、仫佬、毛難、回、水等 12 個世居民族，另外還有 25 個少數民族成分。壯族人口占全區人口的三分之一左右，有一千三百多萬人。

二、旅遊資源

　　廣西的旅遊景點達 400 多處，分佈於 8 個地區、63 個縣。其中旅遊又可分為五大資源：

（一）桂林山水，自古就有「桂林山水甲天下」一說。到目前為止，沒有哪個風景名勝可以取代桂林山水。每年中國十大風景名勝評比，桂林山水名列榜首。

（二）民族風情，廣西是個民族大家庭，有非常豐富的民族風情。

（三）海濱風光，有北海銀灘，防城港的金灘等。

（四）中越邊境旅遊。

（五）探險旅遊，廣西現已開發的探險旅遊資源有資江探險、龍穀峽探險、百色原始森林探險等。廣西歷史悠久，古人類、古建築、古文化遺址、古水利工程、石刻、墓葬等古文物及革命鬥爭紀念遺址眾多。

　　廣西是以壯族為主體的多種少數民族聚居的少數民族自治區，他們各自的語言、服飾、建築物、生活習慣、風土人情、喜慶節日、民間藝術、工藝特產、烹調技術等，構成了多姿多彩的民族風情，為民族風情觀光旅遊提供了良好的條件。

　　廣西的旅遊資源大致可分為三大類型：一、得天獨厚的自然景觀，二、歷史悠久的人文景觀，三、各具特色的民族風情。

　　自然景觀以岩溶地貌為主體。主要特徵是多峰林、溶洞和地下河。峰林多從平地拔起，嶙峋突兀，奇秀多姿。岩洞則曲折深通幽，鐘乳石則脂潤晶瑩，琳琅滿目。峰林之外或有江河相間，山浮水映，山青水秀。素有「山水甲天下」之稱的桂林、陽朔一帶，即集峰林、溶洞、江河風景之大成，是此類景觀之典範。

　　自然景觀的另一類特色是流泉、飛瀑遍佈，點綴於各景點之間，倍添詩情畫意。流泉有冷泉、溫泉、熱泉、喊泉、潮汐泉五類。著名的共有數十處。瀑布景觀主要分佈於桂西南一帶，以連綿 10 公里的隆林冷水瀑布群最為壯觀。在大新、上思、靖西、靈川、資源 10 多個縣境內，都可以看到匹練橫空、跳珠濺玉的飛瀑。

　　原始森林是天然景觀又一組成部分，連片的在境內有十來處。在深山老林之中，樹舞龍蛇，參天匝地；間或疏林掩映，雲蒸霞蔚；

頂巔之上更是氣象萬千！既有貓兒山之雲海、大瑤山之紅杜鵑、大明山之層巒疊翠、花坪的「峨眉寶光」等氣勢磅礡的景觀，還有大量的珍稀野生動、植物「活化石」，不失為探奇攬勝的好去處。

廣西歷史悠久，人文景觀豐富，古人類遺址、古代建築，摩崖石刻和各種革命紀念地不少。屬國家和自治區的文物保護單位的就有 140 多處。其中古人類遺址有 4 萬年前的「柳江人」洞穴遺址，還有來賓「其鱗山人」柳州「白蓮洞人」遺址等 90 多處。左江流域數百公里範圍內的「花山崖壁畫」，也是壯族先民的文化遺址。古建築主要有：靈渠、桂柳運河、潭蓬運河等三大古運河，桂林古王城等 6 座古城池和多處故城遺址；真武閣、柳候祠等 30 多個所祠殿閣，三江程陽橋等 10 多座古橋樑；分佈各地的 30 多座古塔，以及桂林、武鳴、陸川的三大古典園林。在名山、名洞、名泉和古建築中，還多有摩岩造像和碑刻。僅桂林一地，現存就有 2000 多處。其中又以龍隱洞的「桂海碑林」最為著名。著名的革命紀念地有太平天國金田起義舊址、紅七軍和紅八軍軍部舊址、八路軍桂林辦事處舊址、紅軍長征突破湘江烈士紀念碑園等。

廣西少數民族眾多，習俗各異，且豐富多彩。各種獨特色的節害、婚俗活動以及民居、服飾、圖騰、歌舞等，都有是探奇訪古博采民風的好題材。近年來，隨著廣西交通建設的發展，使得原來一些閉塞的窮鄉僻壤成了交通便利之地，那些一直不為人知的絕妙風景，也逐漸展露芳容。比如說百色市的樂業縣，過去由於交通不便，加上地處偏遠，一直默默無聞。可是近年來這裏發現了一個世界罕見的天坑群，就在十幾平方公里的範圍內就分佈著二十多個岩溶地形中罕見的天坑，其中的大石圍天坑，垂直深達六百多米，長寬也有五六百米，名列世界第二，吸引了中國各地和國外的旅遊者前來觀光。另外就是地處荒僻的樂業與天峨交界的布柳河，由於河流經過的地方都是原始森林，兩岸懸岸壁立，樹木蒼翠，漫山遍嶺生長著奇花異果，生活著珍稀動植物。這些風景資源的發現和開發利

用，吸引了更多外地遊客前來旅遊觀光，使廣西的旅遊業得到進一步的發展。

三、政府政策

廣西旅遊專案投資建設，目前正在開工建設 5000 萬元以上的旅遊專案有 103 個，總投資 400 多億元；招商引資項目 148 個，總金額 432 億元。在 2009 年舉行的第六屆中國——東盟博覽會上，廣西旅遊業簽訂投資項目達 200 億元，簽訂投資專案金額占由自治區組織的國內國際合作專案集中簽約總金額的 35%，旅遊業首次超過製造業，成為這屆東盟博覽會的一大亮點，旅遊業成為當今一個主要投資領域的發展趨勢得到進一步實現，目前廣西開工正在建的五星級酒店有 22 個。

2010 年 1 月 24 日，國家旅遊局與自治區政府在南寧簽訂局區緊密合作機制備忘錄，共同推動廣西旅遊業在新的起點上實現新的跨越。根據備忘錄內容，國家旅遊局將從幾個方面大力支持廣西旅遊業發展：

一、支援廣西建設旅遊產業大省和旅遊經濟強省，支持廣西在現有基礎上完善旅遊產業體系，促進旅遊產業轉型升級與可持續發展；二、支持廣西開展旅遊綜合改革試點，與廣西共同探索設立桂林國家旅遊綜合改革試驗區，指導廣西制定出臺相應的綜合配套改革實施方案；三、支持廣西建設成為中國面向東盟的區域性國際旅遊集散地和主要目的地，支持大新德天跨國大瀑布景區和憑祥友誼關景區設立中越國際旅遊合作區；四是支援北部灣旅遊業開發建設，指導《北部灣旅遊發展規劃》的實施，加強對廣西北部灣經濟區旅遊發展的指導和扶持等。

近幾年，廣西旅遊業發展迅速，旅遊收入不斷增長（見表 27）。2009 年廣西共接待入境旅遊者 209.9 萬人次，國際旅遊（外匯）收

入 6.4 億美元，比上年分別增長 4.4%和 6.9%；接待國內遊客 1.18 億人次，國內旅遊收入 657 億元，分別增長 21.9%和 33.6%；旅遊總人數首次突破 1 億人次，達 1.2016 億人次，同比增長 21.5%；2009 年廣西旅遊總收入達 701 億元，增長 31.3%，邁入了新的旅程碑。

表 27　廣西 2000－2008 年旅遊資料統計

項目＼年代	入境遊客（萬人次）	同比增長	國內（萬人次）	同比增長	旅遊總收入（億元）國內（億元）	國際（億美元）	同比增長 國內	國際
2000 年	124.03	59.7%	3951.21	7.7%	146.85	2.62	7.2%	43.8%
2001 年	124.51	0.4%	4403.12	11.4%	179.17	2.48	22.0%	5.6%
2002 年	130.22	4.6%	4886.92	11%	201.11	2.64	13.9%	6.1%
2003 年	64.53	-50.5%	4540.35	-7.1%	193.36	10.97	5.3%	49.7%
2004 年	112.5	74.4%	5517.5	21.5%	231.11	2.38	19.5%	79.7%
2005 年	146.16	29.9%	6493	17.7%	277.8	3.20	20.2%	31.6%
2006 年	167.64	14.8%	7399.67	14.0%	366.2			20.3%
2007 年	205.18	22.4%	8549.73	15.5%	443.88			23.3%
2008 年	201.02	-2.03%	9687.41	13.31%	533.7			20.24%

（資料來源：廣西省旅遊局）

四、地方法規

廣西壯族自治區旅遊條例

貴州

一、概況

　　貴州省簡稱「黔」或「貴」，位於中國西南的東南部，介於東經 103°36'～109°35'、北緯 24°37'～29°13'之間，東毗湖南省、南鄰廣西自治區、西連雲南省、北接四川省和重慶市，是一個山川秀麗、氣候宜人、民族眾多、資源富集、發展潛力巨大的省份。貴州東西長約 595 公里，南北相距約 509 公里，總面積為 176167 平方公里，占中國國土面積的 1.8%。

　　貴州地貌屬於中國西南部高原山地，境內地勢西高東低，自中部向北、東、南三面傾斜，平均海拔在 1100 米左右。貴州省地貌可概括分為：高原、山地、丘陵和盆地四種基本類型，其中 92.5% 的面積為山地和丘陵。境內山脈眾多，重巒疊峰，綿延縱橫，山高穀深。北部有大婁山，自西向東北斜貫北境，川黔要隘婁山關高 1444 米；中南部苗嶺橫亙，主峰雷公山高 2178 米；東北境有武陵山，由湘蜿蜒入黔，主峰梵淨山高 2572 米；西部高聳烏蒙山，屬此山脈的赫章縣珠市鄉韭菜坪海拔 2900.6 米，為貴州境內最高點。而黔東南州的黎平縣地坪鄉水口河出省界處，海拔為 147.8 米，為境內最低點。貴州岩溶地貌發育非常典型。喀斯特地貌面積 109084 平方千米，占貴州省國土總面積的 61.9%，境內岩溶分佈範圍廣泛，形態類型齊全，地域分佈明顯，構成一種特殊的岩溶生態系統。

貴州是一個低緯度、高海拔的高原，屬亞熱帶濕潤季風氣候。這裏冬無嚴寒、夏無酷暑，一月份平均氣溫攝氏 5 度，七月份平均氣溫攝氏 24 度，是一個理想的旅遊和避暑勝地。

二、旅遊資源

貴州被譽為天然「大公園」。貴州是中國乃至世界上喀斯特發育最為完善的地區，岩溶面積約 10.91 萬平方千米，占貴州省總面積的 61.9%，岩溶形態特徵堪稱世界之最。貴州也是典型的多民族省份，因此形成了以自然風光、人文景觀和民俗風情交相輝映的豐富旅遊資源。省委、省政府把旅遊業作為支柱產業的決策是符合貴州省情的。

貴州可開發的自然旅遊資源有 1000 餘處，可開發的鄉村旅遊點 1000 餘個。目前有黃果樹、龍宮等 12 個國家重點風景名勝區；花溪、百花湖等 57 個省級風景名勝區；梵淨山、草海等 7 個國家自然保護區；寬闊水、雷公山等 15 個省級自然保護區；遵義會議會址、青龍洞等 19 個中國重點文物保護單位；紅崖古跡、石阡萬壽宮等 285 省級重點文物保護單位；赤水竹海、百里杜鵑等 11 個國家森林公園；關嶺化石群、綏陽雙河溶洞等 4 個國家地質公園；貴陽、都勻和凱裏三個中國優秀旅遊城市。

按照國際通行分類和評價標準，目前已經開發經營和已列入旅遊規劃的 491 個旅遊區（點），其中 A 級 79 個、B 級 191 個、C 級及 C 級以下 221 個。貴州已形成了貴陽、安順、凱裏──鎮遠、黎平──從江──榕江、荔波、興義──安龍 6 個綜合旅遊區和梵淨山、遵義、赤水──習水──仁懷、織金──黔西、威寧──六盤水、烏江峽谷 6 個特色旅遊區；正逐步推出高原喀斯特生態、丹霞桫欏生態、苗侗文化生態和民族文化、屯堡文化、長征文化、國酒文化、陽明文化、洞穴文化、夜郎文化等特色文化品牌；以民俗體

驗為特色的鄉村旅遊，也正在全面規劃和開發中。另外，還有較大規模的傳統民族節慶活動數十個。同時，與此相配套的交通、住宿、飲食、娛樂、購物、服務等行業也有了相應的發展，旅遊業在貴州經濟發展中發揮了越來越重要的作用。

貴州的民族建築在中國建築史上佔有重要的一席之地。在貴州，富有民族特色的建築物隨處可見。苗、布依、侗、水、瑤等民族的幹欄式吊腳樓，布依族、仡佬族的石板房、彝族的土司莊園，瑤族的歇山頂茅屋，苗族的大船廊、木鼓房、銅鼓坪、蘆笙堂、妹妹棚、跳花場，侗族的鼓樓、花橋、戲樓、祖母堂，布依族的涼亭、歌台，彝族、水族的跑馬道等，從多側面、多層次反映了貴州各族人民的社會文化和創造才能。

綜觀，貴州的旅遊資源，大致有下列幾種類型：

一、以黃果樹、織金洞為代表的喀斯特岩溶風光。

二、以民族節慶、民族村寨為主體的民族風情。

三、以茂蘭喀斯特森林、梵淨山為代表的原始生態博物展示。

四、以遵義歷史名城為代表的歷史文化遺跡。

貴州省是著名的旅遊之省。根據自身的區位與資源優勢，貴州省確定把旅遊業作為帶動全局可持續發展的支柱產業。貴州旅遊業的發展要實施超常規、飛躍式的發展戰略。樹立旅遊形象的根本依據是當地旅遊資源最突出的特色。目前政府正準備把貴州改造為「公園省」。貴州的岩溶地貌，孑遺生物跟生活在這片神密土地上的多姿多彩的少數民族以及與眾不同漢族共同構成的「山地生態」獨具特色，這就是貴州旅遊資源的靈魂。在此基礎上可以用「神奇貴州」、「神奇的貴州山地生態」來表述貴州的旅遊形象。

從貴州旅遊資源的分佈、構成、景觀品質及特徵、開發程度、社會情況等來看，可大略分為以下七個方面：

1. 環境的多樣性

貴州地處雲貴高原的東斜坡地帶，恰處於中國地勢第二大梯級（西部高原山地）向第一大梯級（東部丘陵平原）的過渡部位。最高海拔 2901 米，最低 148 米，貴州省平均海拔 1110 米。

貴州位於世界上最大喀斯特區—華南喀斯特區的中心部位，是中國喀斯特最發育的省份之一。喀斯特地貌形態齊全，類型多樣，幾乎包括了除冰川喀斯特以外的所有類型。貴州在熱量帶上處於南亞熱帶至中亞熱帶的位置。由於地質、地貌和生物氣候條件的複雜多樣，使貴州的土壤類型也極為複雜，從而為生物資源的多樣性提供了重要的環境條件。

2. 景觀的獨特性

貴州許多地區地學景觀都具有獨特性，有的景觀堪稱世界自然奇觀，構成旅遊資源優勢。瀑布群、溶洞群規模宏大，保存完整，分佈集中，居中國之首。

廣泛分佈的岩溶地貌是構成貴州特色旅遊資源的基礎，岩溶面積約 13 萬平方公里，是中國最大的岩溶分佈區，發育於地表的石芽、漏斗落水洞、豎井、窪地、峰林、峰叢、天生橋、岩溶湖、瀑布、跌水，與發育於地下的溶洞、暗河、暗湖、伏流等縱橫疊置，形成了一個極富地域特色的自然「岩溶博物館」。著名的黃果樹大瀑布、龍宮、織金洞、馬嶺河、小七孔等高品位景觀，就是這個喀斯特王國的典型代表。

貴州有世界上惟一的三疊紀奇觀（世界上僅有瑞士聖喬治山有部分出露），在這裏每走一步，跨越萬年，天然造化，自然傳承，擁有六項世界之最：全球最壯觀的淺海次深海過渡帶；全球最好的早三疊紀深水生物遺跡化石群；全球最早、最大的三疊紀管殼石生物礁；全球最完整的三疊紀孤立石灰岩臺地——大貴州灘；全球最

好的海生爬行類——海百合動物群；全球保存最系統最完好的三疊紀海陸變遷和淺海——次深海「拉鋸戰」。貴州三疊紀具有極高的科學研究價值和美學欣賞價值，具有申報世界自然遺產與世界地質公園的文化、科技含金量。

3. 氣候的宜人性

貴州氣候總的特點是冬無嚴寒、夏無酷暑、氣候溫和，降雨適中，且多夜雨，多微風，沒有絕大多數大陸性氣候所特有的極端溫度。

4. 資源的豐富性

貴州山川秀美，其旅遊資源結構複雜多樣、豐富多彩。自然景觀和人文景觀都十分豐富，既有古老悠久的歷史文化遺存及近現代革命歷史文化遵義紀念館，還有各具特色的多民族文化；有多種奇異典型的地質現象、豐富的礦產礦床及動植物群落；有大量高峰絕壁、急流險灘和洞穴可供攀登、漂流探險；眾多的高原湖泊為水上運動提供了優良的場所，還有數量和品種多樣的礦泉供人閒逸療養，形成貴州旅遊資源組合的豐富多樣性。貴州省有開發價值的旅遊景點 1000 多處。

5. 民族風情的多彩性

貴州的民族旅遊資源特色鮮明，豐富多樣。中國 56 個少數民族，貴州有 49 個，其中世居的少數民族有 17 個。少數民族人口占貴州省總人口的 37.85%。各民族的建築、服飾、飲食、婚俗、祭祀、節慶、藝術等等，無不富含著異彩紛呈的人文底蘊。在 1992 年，世界保護鄉土文化基金會就把黔東南的苗族，列入了該組織在全球的 18 個保護圈之列；1995 年，由挪威政府援助，在六枝梭嘎苗族社區設立了中國的第一座「生態博物館」，其後，挪威政府又幫助貴州陸續建立了隆裏、鎮山、堂安三個「生態博物館」。近年

來，世界旅遊組織又把貴州黔東南巴拉河流域的苗族村落和安順屯堡文化，列入了發展鄉村旅遊的示範點。

6. 地域分佈的廣泛性

貴州省旅遊資源分佈極為廣泛，除安順、遵義、貴陽等地區旅遊景觀久負盛名之外，在黔西北、黔中、黔東北、黔西南、黔東南、黔南等廣大地區旅遊資源有大量分佈，並且相對集中，構成景觀集群。貴州各市、州、地、縣幾乎都有風景名勝區、點，並各有特色。

7. 紅色旅遊資源的顯赫性

貴州可以作為紅色旅遊區（點）開發的紅色旅遊資源有 60 餘處，主要擁有遵義會議、黎平會議、猴場會議、強渡烏江、婁山關戰役、四渡赤水等長征文化旅遊精品，還孕育了鄧恩銘、王若飛、周達文、周逸群等老一輩無產階級革命家。在《2004-2010 年全國紅色旅遊發展規劃綱要》中，貴州以遵義為中心的以「歷史轉折，出奇制勝」為主題形象的「黔北黔西紅色旅遊區」，已被列入中國十二個「重點紅色旅遊區」；貴陽——凱裏——鎮遠——黎平——通道——桂林線、貴陽——遵義——仁懷——赤水——瀘州線和張家界——桑植——永順——吉首——銅仁線「三條紅色線路」被列入中國 30 條紅色旅遊精品線名錄；遵義會議紀念館等 11 處被列入中國紅色旅遊經典景區名錄。

三、參考資料

1. 談貴州旅遊資源的特點，《科海故事博覽·科教創新》，2009 年，第 3 期。
2. 貴州省旅遊經濟研究所主編，《貴州省旅遊經濟發展研究》，2004－2008 年，1－5 集。

河南

一、概況

　　河南簡稱豫，省會鄭州，位於中國中部偏東、黃河中下游。處在東經 110°21'～116°39'，北緯 31°23'～36°22'之間，東西長約 580 公里，南北長約 550 公里。河南省土地面積 16.7 萬平方公里（居中國第 17 位，占中國總面積的 1.74%），2008 年底總人口 9918 萬人，居中國第一。下轄鄭州市、開封市、洛陽市、平頂山市、焦作市、鶴壁市、新鄉市、安陽市、濮陽市、許昌市、三門峽市。

　　河南是中華文明和中華民族最重要的發源地。河南既是傳統的農業大省和人口大省，又是新興的經濟大省和工業大省。少林寺、龍門石窟、黃帝故里、清明上河園、殷墟和雲臺山、白雲山、伏牛山、石人山、雞公山是河南比較有名的旅遊景點。

　　河南省位於中國中東部的中原腹地，有著得天獨厚的地理和自然條件的河南，以其特殊的戰略地位、豐富的農副產品資源、品種繁多的礦藏物產、四通八達的陸路交通、光輝燦爛的歷史文化、快速發展的經濟成為中國重要的省份之一。

　　河南的氣候屬大陸季風氣候，因處於暖溫帶和亞熱帶的交錯地域以及處於黃土高原，所以氣候不但冬冷夏熱，四季分明，並且還有自己獨特的氣候特點，多風而且沙塵較大。

二、旅遊資源概況

　　河南是一個旅遊資源大省，以擁有豐富的古文化旅遊資源而著稱，因此來河南作古文化旅遊，如：「尋根之旅」、「黃河之旅」、「古都之旅」、「石窟之旅」等。大量的史書記載和多年的考古發掘證明，從西元前 21 世紀中國第一個王朝──夏代到西元 13 世紀的金代，這 3500 年間，先後有 20 多個朝代的 200 多位帝王建都或遷都於此，留下了難以盡數的名勝古跡。堪稱「國寶」的國家級文物保護單位就有 96 處，地下文物居中國第一，館藏文物 130 萬件，約占中國的八分之一。中國七大古都中的洛陽、開封、安陽三大古都都在河南，還有國家級歷史文化名城鄭州、南陽、商丘、浚縣等。鄭州新鄭黃帝故里、登封少林寺、鞏義宋皇陵、洛陽龍門石窟、白馬寺、偃師玄奘故里、開封宋都禦街、包公祠、安陽殷墟、羑里城（《周易》發源地）、三門峽虢國墓地車馬坑、函谷關、南陽武侯祠、張衡墓、醫聖祠、商丘閼伯台（火的發源地）、燧人氏墓、花木蘭祠、淮陽太昊陵等大量名勝古跡，都是既有豐厚的歷史文化內涵又有觀賞價值的著名旅遊景觀。省會鄭州和洛陽、開封等古都，現在都有新的景點出現。河南博物院是 1998 年 5 月才建成啟用的，不僅館藏豐富，而且建築宏偉獨特，許多稀世文物珍品都在這裏向旅遊者展示。已經進入世界文化遺產行列的洛陽龍門石窟的周圍環境也得到很大改善。開封清明上河園是宋代名畫《清明上河圖》的立體再現，旅遊者置身其間，能夠一覽千年古都的繁華街市和風俗民情。

　　河南是中國姓氏的重要發源地，在中國《百家姓》的姓氏中，至少有一百多個姓氏源於河南。其中，包括有「陳林半天下，黃鄭排滿街」之稱的海外四大姓氏均起源於河南。近些年來，隨著尋根旅遊的興起，到河南尋根謁祖的海外友人絡繹不絕。河南還堪稱是

中國功夫的故鄉，嵩山少林寺是博大精深的少林武術的發源地，溫縣陳家溝是中華太極拳之根——陳氏太極拳的故鄉。因此，探文化源，尋姓氏根，已成為近年來河南旅遊活動中的「重頭戲」。

河南不僅擁有豐富的人文旅遊資源，還有著豐富的自然景觀。黃河流經河南 700 多公里，其間從中游到下游，既有三門峽水庫的碧波蕩漾，又有鄭州黃河遊覽區的波瀾壯闊，更有開封高出地面 14 米的「懸河」奇觀。黃河小浪底水利樞紐工程已成為長江以北最大的水面，寬 3 公里，長 132 公里，出現高峽平湖的壯麗景觀。近年來開闢的「大黃河遊」和「黃河漂流」，被遊客譽為「充滿野趣和史詩般的輝煌」。鄭州嵩山、洛陽龍門、信陽雞公山、焦作雲臺山、濟源王屋山、魯山石人山、林州林慮山都是國家級風景名勝區，加之近幾年陸續開闢、推出的新鄉八裏溝、嵩縣白雲山、焦作青龍峽等名山秀水，更吸引著大批國內外遊客。

三、旅遊設施

河南省城市在空間上相互臨近，市域之間有鐵路、公路等組成的交通網絡緊密相連，內外聯繫非常便捷，而且 9 市擁有相對獨特的自然地理景觀與地域文化景觀，城市基礎設施建設已初具規模。以鄭州、洛陽、商丘等城市為樞紐的鐵路交通網，連接了京廣、隴海、焦柳、京九四大鐵路幹線，鄭州火車站每天有 200 多趟旅客列車通向中國各地。河南公路交通更是四通八達，高速公路網把省會鄭州與九朝古都洛陽、七朝古都開封、四朝古都安陽、曹魏古都許昌、豫北名城新鄉等緊密相連，形成了以鄭州為中心的「十」字型高速公路架構，鄭州到以上各城市之間的行車時間大都在 50 分鐘～100 分鐘之間。在航空交通方面，鄭州、洛陽、南陽三個民航機場每週有 800 多個航班往返中國各主要城市。鄭州新鄭國際機場的飛行區等級為 4E 級，是內陸地區的一流航空港。

　　河南省政府對發展旅遊業十分重視，產業體系協調配套。至 2005 年底，全省共有國際、國內旅行社 874 家，其中國際旅行社 35 家，出境遊組團社 19 家；旅遊星級飯店 425 家，其中五星級飯店 4 家，四星級飯店 35 家，三星級飯店 169 家。

四、旅遊業發展情況

　　河南是中國旅遊資源大省，近年來旅遊業發展開始步入快車道。但是，由於一些地方在發展旅遊業的過程中缺乏科學合理的規劃，盲目開發，重複建設，從而造成了一些資金的浪費和資源的破壞，許多極具旅遊價值的資源尚未得到有效的開發利用。

　　河南省旅遊資源特點及佈局，總體而言，河南的旅遊資源是以人文資源為主，占資源總量的 63.62%。河南是中國自然上南北和東西兩大自然地理界線的交叉地，東西走向的秦嶺——淮河線是中國亞熱帶和溫帶的南北重要自然分界線，南北方向上分佈的太行山和伏牛山是中國地形上重要的東西分界線，他們在河南的交叉組合，造就了豐富多彩、獨具特色的自然景觀，占資源總量的 36.38%。

　　在這眾多的資源儲備中，以河南省省會鄭州市為中心，主要分佈在包括洛陽、開封、新鄉、焦作、許昌、漯河、平頂山、濟源等省轄市。從空間分佈看，自然旅遊資源主要分佈於京廣鐵路以西，資源密集區主要在西部、北部和南部的山地；而人文旅遊資源主要集中在黃河兩岸及其流域範圍內的洛陽、鄭州、焦作和新鄉四地區的結合部。這 9 座城市地處中國腹地、河南省域中部，區域內有 14 個縣級市、33 個縣、340 個建制鎮。區域土地面積為 5.87 萬平方公里，占河南全省的 35.1%，總人口 4012.5 萬人，占全省的 41%。

　　從旅遊資源開發現狀來看，河南省政府對發展旅遊產業十分重視，並將其作為河南國民經濟的支柱產業和新的增長點。「十五」

期間，每年投入 6000～8000 萬元資金重點實施一帶四區工程。鄭、汴、洛沿黃旅遊線以洛陽龍門石窟進入世界文化遺產名錄為契機，以申報鄭州嵩山進入世界自然文化遺產名錄為突破口，充分發揮了 51 處中國重點文物保護單位的規模效應，突出了古都、名寺、祖根、功夫、文化特色，著力開發了文化觀光、尋根朝敬、休閒度假和生態旅遊項目。

當前在鄭州、開封、洛陽一級旅遊中心地的輻射帶動效應，河南旅遊資源開發已基本形成了兩條重要的發展軸。即以黃河和隴海鐵路沿線為第一開發軸的旅遊帶以及以寧西鐵路沿線為第二發展軸的旅遊帶。在第一發展軸上，人文旅遊資源久遠厚重，古都文化輝煌璀璨，現代文明光輝燦爛，該軸線是以鄭州、開封、洛陽為核心，以商丘、三門峽、焦作、濟源等為支柱，建設景點密集、功能多樣。在第二軸線上，自然景觀和人文景觀交相輝映，融為一體，是重要的亞熱帶——暖溫帶原始生態文化旅遊帶。此軸線是以信陽、南陽為核心，以桐柏、內鄉、西峽等為支柱，景區設施完備。通過重點建設這兩條軸線，實行重點開發與協調發展相結合，充分發揮其帶動效應，把點軸開發與整個旅遊系統開發相結合，逐步形成以鄭州為中心的旅遊網路體系，點面相互支持，相互促進。各旅遊區之間功能合理分工，各具特色，協調發展。

近年來河南旅遊業得到了長足的發展，河南人文旅遊資源開發率較高，自然旅遊資源開發程度也逐步加快，已初步形成了以「古、河、根、拳、花」五大特色為主導的旅遊產品系列。

河南旅遊業存在的主要問題，分述如下：

一、旅遊資源開發深度不夠，缺乏文化內涵，產品規模小，等級低。

二、產業化意識不強，產業缺乏旅遊觀念。

三、區域協作開發意識淡薄，忽視地域組合，低層次競爭激烈，與山西、陝西合作打造「中原旅遊極」的構想還沒有進入實質性階段，「政府主導、統一規劃、交通先行、共同行銷」的合作

機制還沒有建立，與「長三角」、「珠三角」旅遊業和「環太湖旅遊圈」相比有明顯的差距。

四、人文與自然資源脫節，資源整合力度小；五是區域開發程度差別較大，整體開發力度不高，開發程度達到 50% 以上的只有濟源市，最低的漯河市只有 1.95%。

2009 年，河南省累計接待海內外遊客 2.3 億人次，實現旅遊總收入 1985 億元，同比分別增長 17%、25%，其中接待入境旅遊者 126 萬人次，旅遊創匯 4.3 億元，同比分別增長 21% 和 16%。2009 年省旅遊系統加快專案建設，培育旅遊精品，策劃了一系列重大行銷活動，推動了旅遊業的快速發展。在金融危機的大背景下，大力發展國內游，強力拉動旅遊消費，推出了「游河南，愛我家——暢遊河南」、「全國百城旅遊宣傳周」、「生態旅遊年」活動，發放旅遊消費券、優惠券 70 多億元。積極開拓入境遊，協調促成了河南至臺灣空中直航首航起飛，8 月底實現了鄭州與臺灣一週四次航班的正常化，豫台兩地互動遊客達到 2 萬多人。2009 年全年完成旅遊投資 120 億元，簽約 28 個超億元專案，合同金額 145 億元。

五、地方法規

河南省旅遊條例

六、參考資料

1. 河南旅遊資訊網。
2. 河南旅遊資源整合研究。
3. 河南旅遊，不讓一個遊客在河南受委屈。
4. 宋軍令，河南旅遊交通的發展趨勢初探，河南商業高等專科學校學報，2008 年 1 月，第 21 卷第 1 期。

5. 解培紅，淺析河南旅遊發展存在問題及對策，職業圈，2007 年，第 24 期。

6. 羅麗麗等，中原城市群建設與河南旅遊發展研究，地域研究與開發，2007 年 8 月，第 26 卷第 4 期。

湖北

一、概況

　　湖北省位於長江中游，洞庭湖北，簡稱鄂。湖北省地處中國中心，北接河南省，東連安徽省，東南和南鄰江西、湖南兩省，西靠四川省，西北與陝西省為鄰。有土家、苗、回、侗、滿、壯、蒙古等 42 個少數民族其中以土家族和苗族人口居多。

　　湖北省地勢西高東低，西、北、東三面環山，向南敞開，中間低平，略成一個不完整的盆地。湖北省地貌結構複雜，形態多姿，高低懸殊，西部大都在海拔 1000 米以上，從鄂西北到鄂東南，萬山重疊，連綿不斷。鄂東北與鄂東南大都是海拔 1000 米以下的低山丘陵。中部是海拔 50 米以下的坦蕩的江漢平原。神農架海拔 3105.4 米，為華中第一峰；最低處海拔為零，多樣的地貌類型，構成大致為「七山一水二分田」的格局。

　　武漢是中國中部最大的水陸交通樞紐，有京廣（北京至廣州）、襄渝（重慶至襄樊）、武大（武昌至大冶）、漢丹（漢口至丹江口）等鐵路。同時，以長江沿線城市為依託，正向著建立水陸空立體交通網絡發展。武漢屬亞熱帶大陸性季風氣候，年均溫 16.3℃，7 月均溫 29℃，是著名的「長江三大火爐」之一。

　　湖北主要的旅遊景點及名勝古跡有黃鶴樓、歸元寺、古琴台、東湖風景區、武當山、神農架等。

二、旅遊資源

　　湖北有雄偉壯麗的長江三峽、神秘莫測的神農架原始森林、被聯合國科教文組織列入「世界文化和自然遺傳目錄」的武當山和明顯陵。有國家級風景名勝區 7 個，國家級森林公園 25 個，國家級自然保護區 10 個，國家歷史文化名城 5 座，國家級文物保護單位 91 處，楚城遺址 10 余處，楚文化遺存千餘處。

　　在中國現代史上，湖北是紅色革命的熱土，大別山下的紅安走出了 200 位將軍，是中國著名的「將軍縣」。湖北人文旅遊景觀時代跨度大，歷史價值高。有古人類長陽人遺址、屈家嶺文化遺址，又有眾多古三國勝跡和楚都紀南城；有辛亥革命遺址起義門、閱馬場，又有中央農民運動講習所及「八七會議」會址；有以編鐘為代表的燦爛的荊楚文化，又有著名的現代工程三峽大壩；有氣象萬千的武漢大都市風光，又有濃郁的鄂西土苗民族風情。湖北境內自然景觀和歷史遺存，比比皆是，頗具特色。

　　目前，湖北省已評定國家品質等級旅遊景區 99 家，其中 5A 級 2 家，4A 級 42 家、3A 級 55 家；國家級工農業旅遊示範點 23 個。2008 年，湖北省接待入境旅遊者 1 18.8 萬人次，創匯 4.43 億美元；接待國內旅遊者 1.17 億人次，居中國第 10 位，實現旅遊收入 713 億元，居中國第 14 位。湖北已成為中國重要旅遊目的地。

　　湖北省品質等級旅遊區（點）AAAA 級（15 家），武漢市黃鶴樓、湖北省博物館、武漢市歸元寺、武漢東湖風景區、長江三峽工程罈子嶺風景區、荊州博物館、隆中風景名勝區古隆中景區、十堰武當山、武昌起義紀念館、中科院武漢植物園、洪湖藍田生態旅遊風景區、巴東神農溪旅遊區、神農架天燕旅遊區、神農架神農頂風景區、神農架紅坪景區。

　　世界文化遺產（2 處）：武當山、鐘祥明顯陵。

　　國家級風景名勝區（7 處）：長江三峽、武漢東湖、武當山、大洪山、襄樊古隆中、通山九宮山、赤壁陸水湖。

　　國家級森林公園（14 處）：鐘祥大口、當陽玉泉寺、宜昌大老嶺、興山龍門河、長陽清江、五峰柴埠溪、襄陽鹿門寺、穀城薤山、咸寧潛山、荊州八嶺山、武漢九峰山、大別山天堂寨、神農架、松滋。

　　湖北旅遊資源豐富，地區差異性強，許多景觀資源多樣性，在中國乃至世界上佔有重要地位，堪稱旅遊資源大省，景觀資源分述如下：

（一）山水風光獨特，自然景觀異彩紛呈

　　湖北位於長江中游，中國腹地，萬里長江自西向東橫穿荊楚大地，縱橫交錯的河流和星羅棋佈的湖泊，構成了「水鄉澤國」的綺麗景觀。山脈的多樣化和差異性，使湖北自然景觀異彩紛呈。長江三峽、武漢東湖、武當山、大洪山、襄樊古隆中、通山九宮山、赤壁陸水湖為國家級風景名勝區；鐘祥大口、當陽玉泉寺、宜昌大老嶺、興山龍門河、長陽清江、五峰柴埠溪、襄陽鹿門寺、穀城薤山、咸寧潛山、荊州八嶺山、武漢九峰山、大別山天堂寨、神農架、松滋危水等為國家級森林公園；神農架、五峰後河、長江新螺段及天鵝洲故道白鱀豚自然保護區為國家級自然保護區；神農架、武當山、明顯陵分別被聯合國教科文組織列入「人與自然保護圈計畫」和「世界文化遺產目錄」。長江三峽、黃鶴樓、葛洲壩被評為「中國旅遊勝地四十佳」。尤其是舉世聞名的長江三峽，跨湖北、重慶兩省市，全長 201 公里，其中湖北段 140 多公里，享有「山水畫廊」和「黃金水道」的美譽，是海外旅遊者旅華首選產品和公認的中國王牌景點。正在興建的三峽大壩是世界上最大的水電工程。發源於利川佛龜山麓的清江，全長 800 公里，沿江兩岸 70%屬喀斯特地貌，地質發育良好，溶洞、溶溝、伏流分佈廣泛，極具開發潛質。

此外，湖北自然旅遊資源類型齊全，表現在既有山地型的神農架及九宮山、大別山、大洪山式高山風光，長江三峽及清江、九畹溪、神農溪式峽谷風光，黃仙洞及金獅洞、騰龍洞、太乙洞式溶洞風光，又有東湖及陸水湖、洪湖、木蘭湖、漳河水庫、梁子湖式湖泊風情，還有介於兩者之間的低山型特色景觀。

（二）文化沉澱豐富，文物古跡衆多

湖北歷史悠久，文化發達，中華始祖炎帝就誕生在湖北。楚文化根基深厚，特色鮮明，影響很大。戰國時，楚國極為強盛，其別稱「荊」成了當時外國對中國的稱謂。楚文化和在此基礎上形成的漢文化在湖北積澱深厚，是不可多得的高品位旅遊資源。僅江陵縣就有楚城遺址 5 座，楚文化遺址 73 處，更有歷經二十代國王，長達 400 年之歷史的楚國故都紀南城。遺址內外，地上地下文化遺產甚為豐富，被考古學界稱之為古文化遺產的「寶庫」。宗教文化在湖北發育充分，明朱棣「北建故宮，南修武當」，形成了武當山九宮九觀，堪稱中國道教文化的寶庫，禪宗聖地五祖寺也是香客熱望之地。湖北扼中而成為三國時期魏蜀吳三家爭奪之地，《三國演義》洋洋 120 回，涉及湖北的有 72 回之多；三國歷史煙雲陳跡，留在湖北土地上的就有 140 多處，以荊州古城、赤壁、當陽、隆中等為代表的三國文化是湖北旅遊文化的又一特色。辛亥革命始於鄂而播及中國，使得湖北具有深厚的近代文化底蘊。另外，由於湖北為南北兩大文化結合地帶，自古人文繁盛，留下眾多人類文化遺址。湖北省擁有國家歷史文化名城 5 座（江陵、武漢、襄樊、隨州、鐘祥），國家級文物保護單位 20 處，均占中國總數的 5%以上，高於中國平均數兩個百分點，省級歷史文化名城 4 座（鄂州、黃州、荊門、恩施），省級文物保護單位達 365 處。發掘於襄陽市的距今約 6000 年的雕龍碑遺址將中國文明上溯了 1000 年。

　　世界四大文化名人、楚文化的傑出代表屈原出生於秭歸縣。被譽為「東方第八大奇跡」的編鐘出土於隨州擂鼓墩；堪稱古代世界青銅冶煉技術頂峰的銅綠山古礦冶遺址和越王勾踐劍、商代盤龍城就出土於荊楚大地；工藝精湛的戰國漆繪、木雕製品和古代絲綢大都出土於荊州江陵；中國古代四大發明家之一的畢升故里，以其獨特的文化內涵著稱於世。鐘祥明顯陵是中南唯一的也是中國最大的單體帝王陵，是世界文化遺產。此外，董必武、陳潭秋、李先念、聞一多、李四光、熊十力等精英輩出，紅安被譽為「將軍縣」，蘄春被稱為「教授縣」、浠水被名為「記者縣」。還有各具地方特色的茶文化、藥文化、花卉文化、魚文化、竹文化和石文化，以及眾多的諸如野人、懸棺等世界之謎。

1. 精品特色旅遊路線

　　為適應海內外旅遊者來鄂旅遊的需要，湖北結合自身景點特點，以線串珠，形成了六條各具特色的精品旅遊線路：

(1) 新三峽之旅從武漢出發，經荊州、宜昌、到長江三峽和神農架，以三峽大壩「高峽平湖」景觀和原始自然的神農架為主體，是湖北最經典、最有吸引力的旅遊產品。

(2) 世界文化遺產、三國文化之旅從武漢出發，經荊州、荊門、襄樊，到十堰，以赤壁古戰場、荊州古城、古隆中等三國勝跡和武當山、明顯陵兩處世界文化遺產為支撐，是湖北最具文化魅力的旅遊產品。

(3) 武漢都市之旅以武漢為中心，輻射孝感、洪湖等地，是一條兼具都市風情和湖光山色特點的旅遊產品。

(4) 鄂東南生態人文之旅連接黃岡、鄂州、黃石、咸寧等市，是一條融紅色革命文化、名人名寺和自然生態於一體的新型旅遊產品。

(5) 清江土家民俗風情之旅以宜昌為起點，沿清江向西延伸，是一條山水風光和土家民俗相結合的旅遊產品。

(6) 「一江兩山」精品之旅以長江三峽和神農架、武當山兩座名山為核心，連接武漢、荊州、宜昌、神農架、十堰、襄樊、隨州、孝感等城市，是一條貫穿鄂中、鄂西北的精品旅遊環線，湖北旅遊的魅力在這裏得到了集中體現。

總體上看，湖北自然、人文和社會資源三者並存，以數量多、分佈廣、品位高、差異性強為其主要特徵。鄂西地區自然景觀閃爍、民俗風情濃郁，鄂中地區人文景觀薈萃，鄂東地區自然和人文景觀相容，地域差異和組合規律十分明顯。湖北省基本形成了比較配套的旅遊資源體系。

三、設施

近年來，湖北不斷加大旅遊基礎設施建設，旅遊接待能力逐年提高。至 2009 年底，全省旅行社有 886 家，其中出境旅遊組團社 25 家。全省星級飯店 602 家，其中五星級飯店 11 家，四星級 60 家，三星級 226 家，二星級 282 家，一星級 23 家，總客房 52586 間，總床位 96476 張。長江星級遊船 18 艘，其中五星級 6 艘、四星級 6 艘、三星級 2 艘、其他 4 艘；全省取得導遊資格證人員 15767 人，就業導遊 10500 人。

四、地方法規

1. 湖北省旅行社門市部管理辦法
2. 湖北省旅遊條例

湖南

一、概況

　　湖南省湖南省地處中國中南部，長江中游，地理上屬於華中地區，省會為長沙；因地處洞庭湖以南得名「湖南」，又因湘江貫穿全境而簡稱「湘」。湖南經濟主要集中於湘東北，長沙、株洲、湘潭、岳陽、衡陽和常德為工商業發達城市。

　　湖南是一個多民族聚居的省份，除漢族外，還有土家、苗、侗、瑤、回等 50 個少數民族。

　　湖南省地形以中、低山與丘陵為主，面積約為 14.9 萬平方公里，占 70.2%；崗地與平原約為 5.2 萬平方公里，占 24.5%；河流湖泊水域面積約為 1.1 萬平方公里，占 5.3%。湖南東、南、西三面山地環繞，中部和北部地勢低平，呈馬蹄形的丘陵型盆地。湖南西北有武陵山脈，西南有雪峰山脈，南部為五嶺山脈（即南嶺山脈），東面為湘贛交界諸山，湘中地區大多為丘陵、盆地和河谷衝擊平原，除衡山高達千米以外其他均為海拔 500 米以下，湘北為洞庭湖、與湘、資、沅、澧四水尾閭的河湖沖積平原，地勢很低，一般海拔 50 米以下。

　　湖南為大陸型中亞熱帶季風濕潤氣候，四季分明，嚴寒期短，年降水量在 1200～1700 毫米，無霜期 270～310 天，年日照 1300～1900 小時。這與湖南省位於北緯 24°39'-30°08'之間，居亞歐大陸東南部，面向太平洋，省境東南亞邊境距海 400 公里，受東亞季風環流的影響密切相關。

二、旅遊資源

　　湖南古稱「瀟湘」，它地處華中偏南。湖南山川秀麗，古跡眾多，是中國旅遊大省之一，有旅遊區 15 個，旅遊景點 100 多處，省級以上重點保護文物 180 多處。張家界市武陵源風景名勝區，堪稱世界天然大奇觀，融峰林獨特的造型美和大自然原始野趣於一體，盡顯奇、險、幽、秀、野之特色，已被列入《世界遺產名錄》。

　　歷史文化名城長沙及其馬王堆漢墓出土文物、岳陽洞庭湖和岳陽樓、南嶽衡山、常德桃花源、株洲的炎帝陵、寧遠的九嶷山和舜帝陵、石門的夾山寺和闖王陵、郴州的蘇仙嶺、婁底的湄江、韶山毛澤東故居等都久負盛名。生活在湘西的土家、苗、侗、瑤、白等少數民族，能歌善舞，保留了許多獨特的傳統風俗。湘西的民族風情旅遊資源，有著巨大的開發潛力。

　　湖南物產豐富，最具代表性的有馳名中外的湘繡、工藝精美的瀏陽花炮。而風味特產以君山銀針茶、湘蓮、洞庭銀魚、長壽五香醬乾、松花皮蛋等等出名。

　　改革開放以來，湖南的決策者們把旅遊經濟作為朝陽產業和重要支柱產業來規劃，使湖南旅遊業保持了持續快速發展的良好勢頭。以名山張家界、名人毛澤東為特色、湖南旅遊一手從整體上構築旅遊產品格局，一手積極推進旅遊產品優化升級，現已具備良好的接待能力。湖南省旅遊業已形成「一個中心，一個龍頭，八條黃金路線」的旅遊精品格局。旅遊產業規模也迅速擴大。湖南省現有星級飯店 404 家，其中五星級 8 家，四星級 22 家，三星級 127 家。截至 2004 年，湖南省共有旅行社 508 家，其中國際旅行社 38 家，國內旅行社 470 家，湖南旅遊業直接從業人員 25 萬人左右。湖南省旅遊資源，可以歸納如下：

一、國家級歷史文化名城長沙、岳陽、鳳凰；省歷史文化名城永州、衡陽、郴州等6處。

二、國家級風景名勝區南嶽衡山、武陵源、岳陽——洞庭湖、韶山、嶽麓山、崀山6處；省風景名勝區桃花源、蘇仙嶺、猛洞河、吉首德夯等22處。

三、國家森林公園莽山、雲山、九疑山等22處；國家自然保護區東洞庭湖（濕地）、壺瓶山、八大公山等6處；省自然保護區洛塔、大圍山、八面山等17處。

四、中國和省重點文物保護單位炎帝陵、舜帝陵、蔡侯祠、屈子祠、三絕碑、浯溪石刻、杜甫墓、銅官窯、張谷英村、毛澤東故居、劉少奇故居、彭德懷故居等古陵，古碑，古建築，古遺址及近現代重要史跡200多處。

湖南旅遊資源區劃

1. 總體評價

湖南省地處長江中游，洞庭湖以南，南嶺以北。周鄰鄂、贛、粵、桂、黔、渝六省、市。土地總面積211829平方公里，總人口6438.92萬。屬中亞熱帶季風濕潤氣候區。湖南地貌的基本輪廓是東、南、西三面環山，中部山丘隆起，崗、盆珠串，北部平原、湖泊展布，呈朝北開口的不對稱馬蹄形盆地。各地貌單元的組成是：山原山地占51.22%，丘陵占15.4%，崗地占13.87%，平原占13.12%，湖泊水面6.39%，地理環境優越，氣候宜人，是吸引遊客的一個重要優勢。

湖南歷史悠久，目前的馬王堆漢墓、岳陽洞庭湖和岳陽樓、南嶽衡山、株洲的炎帝陵、寧遠的九嶷山和舜帝陵、石門的夾山寺和闖王陵以及湘中久負盛名的梅山文化無聲地向前來參觀遊覽的人們無聲地訴說璀璨湘楚文化。

2. 旅遊區劃

從自然資源的角度出發，湖南可以劃分為六個區域：湘西北山原山地區；湘西山地區；湘南山丘區；湘東山丘區；湘中丘陵區和湘北平原區。

根據旅遊資源的共性小的辦法劃分，可分為一級區三：山地勝景旅遊資源區，湘中名人故里旅遊區，平原湖泊古文化區。

山地勝景旅遊區可分為與中國較不發達的西部、西北部靠近的山地和與中國較發達的東部、南部鄰近的山地，這裏森林保護區繁多，是休閒探險的好去處，前者的優勢是遠離都市，特別是傳說中的桃花源就在這裏，對厭倦喧鬧的人有很大的吸引力，開通不久的湛江到張家界的旅遊列車增加了可進入性，因此，這裏是湖南省旅遊業的龍頭，後者鄰近中國發達地區，旅遊市場比西部好，缺陷是缺乏特色，除南嶽衡山外，吸引外地遊客的景點不多。總體來說，湖南省的山地旅遊資源除張家界之外，別的景點不可能形成廣域的旅遊流，而最近張家界的旅遊形象又有不利的方面，因此，改變旅遊形象，增大宣傳力度，是適應旅遊業大力發展大趨勢的必由之路。

湘中名人旅遊區的自然風光也不錯，這裏所說的區域劃分只是從總體的角度而言。湘中自古名人薈萃，融合儒道釋三家的梅山文化，船山文化，在這片土地上產生了大量的偉人，從近代開始，曾國藩是第一個把湘中文化帶到京城，並且產生全球影響力的人，接下來名家輩出，左宗棠，陳天華，鄒榮，然後就有大革命的功臣蔡鍔，並有受新文化運動影響從軍的女子——謝冰瑩，謝冰瑩後來最終成為了臺灣有影響力的作家，和湘中地區的文化底蘊是分不開的。新中國孕育的那一段時間，毛澤東為代表的湘中人把自己從小浸潤文化結合最先進的武器，更是做出了一番轟轟烈烈的事業。如今，偉人已逝，但是精神常在，既有他們傳承下來的文化，又加上

他們的發展，可以說，湘中是在一片平靜中沸騰。來這裏旅遊的人，一定會深深地被這裏的文化所震撼。遺憾的是，這個區域的旅遊宣傳做得很不夠。

　　湘北平原湖泊及古文化區是目前湖南旅遊開發的重點之一。這裏有洞庭湖，曾經號稱八百里，是中國的第一大淡水湖，傳說中的丐幫就在湖心的君山島上。現在第一的位置雖然已經被鄱陽湖取代，但是風景和文化底蘊還在。春秋戰國的時候，這裏是著名的戰場，也是文化爭鳴的地方。到了西漢，漢景帝的兒子劉發在這裏建都，稱為長沙王國，管轄今天湖南的大部分地區，到唐朝廣德二年設立湖南觀察史，從此有了「湖南」的名稱，宋朝設立湖南路。元、明兩朝設置湖廣行省（即今湖南、湖北兩省），清代、民國時期及中華人民共和國成立後，均設湖南省，政治中心都在湘北。目前，這裏因為是湖南省的首府所在地，客源市場不愁，旅遊資源也豐富，考慮的問題的是保持旅遊形象，維持穩定的發展。

三、地方法規

　　《湖南省旅遊條例》

江蘇

一、概況

　　江蘇省，簡稱「蘇」，省會城市為南京。江蘇省地處中國大陸沿海中部和長江、淮河下游，東瀕黃海，北接山東、西連安徽，東南與上海、浙江接壤，是長江三角洲地區的重要組成部分，介於東經 116°18'～121°57'，北緯 30°45'～35°20'之間。總面積 10.26 萬平方千米，占中國總面積的 1.11%，連綿近 1000 千米的海岸線擁抱著約 980 萬畝的黃金灘塗。江蘇境內平原遼闊，土地肥沃，物產豐富，江河湖泊密佈，五大淡水湖中的太湖、洪澤湖在此橫臥，歷史上素有「魚米之鄉」的美譽。

二、旅遊資源概況

　　江蘇歷史悠久，人文薈萃，山水秀美，風光旖旎，自然景觀與人文景觀相映成趣，名勝古跡遍佈江蘇。目前江蘇省共有 3 個國家級森林公園，5 個省級森林生態自然保護區，2 個國家級野生動物自然保護區，4 個國家級風景名勝區，9 個省級名勝區和 29 個中國重點保護單位。江蘇省有 7 座國家級歷史文化名城，分別為南京、蘇州、揚州、鎮江、徐州、淮安、常熟。

　　蘇州是中國著名的歷史文化名城，已經有 2500 多年的建城歷史，享有「東方威尼斯」之美稱，城內小橋、流水、巷深、人家，充滿水鄉情調。16～18 世紀全盛時期，蘇州有園林 200 餘處，現

在保存尚好的有數十處，其中 9 座古典園林被聯合國教科文組織確定為世界文化遺產。省會南京是中國的六朝古都，南京明孝陵展示了中國古代皇家陵園建築雕刻藝術的輝煌成就。

江蘇的水兼江湖河海之美，長江橫穿東西，江面遼闊，一瀉千里。古老的京杭大運河縱貫南北，連雲港海闊天空，太湖煙波浩瀚，洪澤湖碧波萬頃，揚州的瘦西湖，南京的玄武湖、莫愁湖，徐州的雲龍湖，溧陽的天目湖等都是著名的遊覽湖泊。江蘇的名泉極多，有「天下第一泉」鎮江中冷泉，「天下第二泉」無錫惠山泉，「天下第三泉」蘇州虎丘憨憨泉；南京湯山溫泉；東海湯廟泉等。江蘇的山雖不高，但多負盛名。南京鐘山、清涼山，鎮江北固山、金山、焦山，句容和金壇交界處的茅山，南通狼山，蘇州天平山和靈岩山，徐州雲龍山和連雲港的花果山等等。

江蘇流域和古老的黃河流域一樣，也是中華民族誕生的搖籃之一，武進春秋淹城是中國保存最完整的古老地面城池遺址。連雲港將軍崖上的石刻岩畫反映了原始社會農業部落的生活。孔望山上佛教摩崖石刻比著名的敦煌莫高窟還早 200 年，堪稱「神州第一窟」。徐州東南部獅子山西漢楚王陵氣勢恢宏，漢兵馬俑表情生動，神態各異，惟妙惟肖是繼咸陽楊家灣西漢彩繪兵馬陶俑和臨潼秦兵馬俑之後的又一重大發現。棲霞山的千佛岩有「南國雲崗」之譽。南京的中山陵、明孝陵、雨花臺。盱眙縣黃花塘新四軍軍部舊址、朱元璋祖父陵墓、淮安韓信故居、淮安城周恩來故居、周恩來紀念館，徐州淮海戰役烈士陵園。

三、江蘇旅遊定位

江蘇沒有獨特的氣候、風景和民俗風情優勢，也不是單純的歷史文化優勢和經濟發展優勢，而是既有美麗的山水風景，又有悠久的歷史文化以及富庶的經濟發展程度。江蘇的優勢在於它的綜合優

勢，它的風景雖不是獨一無二，但經過能工巧匠的加工，也成為舉世罕見的勝景，如蘇州園林；它的歷史雖不是獨佔鰲頭，但吳越歷史也別有一番風味；它的經濟雖不似上海發達，但也名列前茅。旅遊者既可以在江蘇看到太湖的風光，體會吳韻的獨特魅力，又可以去拜謁明孝陵，去看看悠久的歷史，也可以去南京 1912 去體驗娛樂業的鶯歌燕舞。

在中國來說，江蘇人的生活是最有滋有味的，盛產魚米，文化興盛，風景優美。園林、水鄉、名城，時江蘇的特點。在長期的歷史發展中，江蘇憑藉 70%的平原、肥沃的土壤，重要的戰略位置，勤勞的人民，發展出了一座座具有光輝燦漫的物質和精神文明的歷史文化名城。這些名城有優美的古典園林，有「山不在高，有仙則名」的名山，有影響中國的產業，也有影響中國的大文人。

在「長三角世博主題體驗之旅 96 家示範景點」名單中，江蘇省占 44 席，幾乎是半壁江山。處在轉型期的「江蘇旅遊」，正由相對單純的「觀光型」，走向面對大眾的「觀光加度假休閒型」。

江蘇省已成為中國第一個 4A 以上景區超過 100 家的省份。據省旅遊局提供的資料，江蘇 366 家 A 級以上景區幾乎涵蓋了所有旅遊吸引物品種，如風景區有南京中山陵園風景區等；文博院館有南京博物院等；寺廟有蘇州寒山寺、揚州大明寺等；旅遊度假區有常州天目湖等；主題公園有常州恐龍園等；森林公園有盱眙鐵山寺國家森林公園等；濕地有泰州溱湖風景區等；自然保護區有大豐麋鹿國家級自然保護區等，鄉村游景點有周莊古鎮等。這些多姿多彩的景點組團，不光顯示了「江蘇旅遊」的巨大後勁，也不斷拉住了遊客的腿、留下了遊客的錢。

江蘇是個老旅遊目的地省份，南京民國文化、蘇州古典園林、無錫太湖風光等，早就是中國旅遊大戲中的「看家劇碼」。而常州中華恐龍園、環球數字狂歡穀、無錫靈山勝境等，則是江蘇省近期全力打造並蜚聲海內外的中國「第一」或「唯一」。

　　江蘇省環保廳和江蘇省旅遊局 2009 年聯合發佈了《江蘇省生態旅遊示範區創建工作方案》和《江蘇省生態旅遊示範區技術規範》，江蘇省級生態旅遊示範區的試點工作已經啟動。江蘇省自然人文生態多樣，生態旅遊資源豐富，發展潛力巨大，濕地資源尤為豐富。江蘇省擁有的自然資源基本類型 64 種，占中國的 90%。近年來，江蘇省環保廳不斷加大重要生態功能區的保護力度，促進生態旅遊的發展。2004 年 8 月，江蘇省環保廳正式啟動江蘇省重要生態功能保護區規劃工作。首先在江陰進行試點。規劃共劃定 12 類 569 個重要生態功能保護區，占江蘇省國土總面積 23.11%。這些重要生態功能保護區包括自然保護區、風景名勝區、森林公園、地質公園、濕地公園和自然型世界遺產地等，對維護生態安全具有十分重要的意義。

　　江蘇省環保廳還繪製了電子地圖、開發了管理資訊系統，並初步投入了使用。2008 年，江蘇省投資 70 多億元，實施生態旅遊建設項目 170 多個，完成蘇州荷塘月色濕地公園、揚州瘦西湖萬花園、徐州雲龍湖小南湖等項目。2009 年，江蘇生態旅遊專案建設以「擴大建設規模、實行分類管理、突出重點專案、加大投資力度」為方向，加快了旅遊產品開發。江蘇省生態旅遊投資完成 60 億元，其中重點項目完成投資 40 億元，繼續保持年均 30% 以上的增長速度。

　　江蘇省以傳統旅遊景區資源整合、環境整治和提檔升級為重點，不斷促進景區向「環境優化、產品優質、服務優良」的方向轉變。同時，針對資源差異，開發特色旅遊專案和產品，適應不同遊客的需求，重點打造五大濕地公園（蘇州太湖、無錫鴻山、泰州溱湖、揚州東湖和徐州微山湖）、三大自然保護區（丹頂鶴、麋鹿、洪澤湖）、兩大森林旅遊（宜溧竹海、水上森林）和三大主題生態旅遊（金倉湖郊野公園、昆承湖海星島海洋生態樂園和林海古道自駕遊基地）專案。

在鄉村旅遊景區內，江蘇省重點推進了遊覽、觀賞、垂釣、田園採摘及生態農業等項目建設，推出大眾化、普及型生態旅遊產品；在生態資源豐富的自然保護區、濕地公園、森林公園，推進生態保護、體驗、觀光、科普等項目建設，形成一批具有較高品質的示範型生態旅遊產品；在生態資源獨特的自然保護區，打造觀鳥、賞鹿、科考和原生態旅遊等專案，在科學保護的基礎上經過高水準的建設，形成世界級的高端生態旅遊精品。

江蘇省環保部門和旅遊部門將積極配合，工作人員依照法規政策對重要生態功能區建設項目進行嚴格把關，嚴控新上污染專案；積極主動為發展生態旅遊提供環境政策諮詢服務；要對包括旅遊景區在內的重要生態功能區及周邊地區的環境進行治理，並在資金上予以重點傾斜；要加強對包括旅遊景區在內的重要生態功能區的環境品質和生物多樣性情況的監測；要加強對包括旅遊景區在內的重要生態功能區的環境執法檢查、監督。

2009 年，滬蘇浙三地建立起「都市上海、文化江蘇、山水浙江」一體化旅遊體系，推出 55 條世博之旅精品旅遊線路。其中包括都市風情遊、鄉村休閒遊、美食購物游、郵輪游、古鎮游、民俗游、體育文化遊等。2008 年國慶和 2009 年元旦期間，這些線路受到遊客熱捧。為了提升硬體設施水準，截至 2009 年 6 月，江蘇各地投入 500 億元用於改善世博接待旅遊設施。江蘇省還發文規定，2009 年底前，江蘇省旅行社、賓館、飯店、景點的工作人員必須通過世博知識和服務技能培訓考核。

在上海世博會推廣過程中，蘇浙滬三地表現出很高的默契度。三地正在完善旅遊集散中心服務視窗、開通遠端網路化預售票系統、推行旅遊套票、構設城市旅遊公共交通網絡、推廣高速公路收費「一卡通」等。目前長三角地區已啟動旅遊交通標誌一體化工程，部分城市間的公交卡也已經互通。

　　2010 年是該省有史以來旅遊項目開發最多和旅遊投資數額最大的一年，從年初以來，江蘇省啟動各種新建、改擴建旅遊項目建設近 800 個，投資主體絕大多數通過各種方式的市場化運作，吸納資金投入達到 400 億元。

　　近年來，江蘇旅遊業呈現快速發展勢頭，江蘇省年接待到訪的海內外遊客達到 2.66 億人次，各類旅遊景區年接待遊客總量已經逼近 4 億人次大關。儘管全球範圍內金融危機引發實體經濟萎縮以及 H1N1 流感爆發事件，對江蘇旅遊出入境兩大市場形成一定程度影響，但 2009 年頭 10 個月江蘇仍實現旅遊總收入 3100.74 億元，完成年度計畫的 86.4%，同比增長 15.4%。巨大的市場吸引力，良好的政策環境和投資業績，驅動了新一輪的旅遊專案開發。

　　面對不斷掀起的投資熱，江蘇首先推進區域旅遊規劃，2009 年《江蘇省古運河旅遊發展規劃》、《蘇錫常地區休閒度假旅遊發展規劃》已經形成初步成果，《江蘇沿海地區旅遊發展規劃》完成初稿編制，由國家旅遊局牽頭編制的《京杭大運河旅遊線路規劃》編制的前期工作已經結束。與此同時，《江蘇省特色村鎮旅遊規劃》、《連雲港花果山風景區交通規劃》等專項規劃基本完成。

　　江蘇全省共確定 51 個省級旅遊重點建設專案，還篩選出一批新的國家旅遊發展基金專案，確定泰州五巷——涵西街歷史文化街區、盱眙鐵山寺國家森林公園、泗洪洪澤湖濕地公園基礎配套設施、無錫榮巷歷史文化街區、鎮江自駕遊基地、南通世外桃園休閒農莊二期工程等 6 個專案，爭取國家旅遊發展基金專案開發補助資金 640 萬元。省發改委、省旅遊局還為盱眙明祖陵國家 4A 級旅遊景區擴建工程、吳江震澤寶塔古街、南京渡江勝利紀念館、淮安新安旅行團紀念館、盱眙黃花塘新四軍軍部紀念館和徐州淮海戰役紀念館等旅遊景區的基礎設施建設項目，爭取國家扶持資金 3650 萬元。

　　據最新統計，2009 年，江蘇省共接待國內旅遊者 2.9 億人次，實現國內旅遊收入 3380 億元，同比分別增長 12% 和 15.2%；接待

入境旅遊者 550 萬人次，實現旅遊外匯收入 40 億美元，同比增長 2%和 3%；實現旅遊增加值 1655 億元，同比增長 13.8%。

四、接待設施

截止 2008 年底，江蘇省擁有全國優秀旅遊城市 25 座；旅遊星級飯店 895 座，其中：五星級 42 座，四星級 155 座，三星級 396 座，二星級 300 座，一星級 2 座；旅行社 1661 家，其中：國際社 83 家，具有出境遊組團資格的 49 家；國家等級旅遊景區 309 家，其中：5A 級 4 家，4A 級 82 家，3A 級 71 家，2A 級 151 家，1A 級 1 家；全國工農業旅遊示範點 128 家。

五、地方條例

1. 江蘇省旅遊管理條例
2. 江蘇省旅行社門市部（營業部）管理暫行辦法的補充規定
3. 江蘇省旅行社門市部（營業部）管理暫行辦法
4. 江蘇旅遊政策及法規

江西

一、概況

　　江西位於中國的中東部，最長的河流——長江中下游的南岸，東鄰浙江、福建，南接廣東，西毗湖南，北靠湖北、安徽。省會南昌。因省內最長的河流——贛江自南向北流經江西全省，江西又簡稱「贛」。江西省面積 16.69 萬平方公里，轄南昌、九江、景德鎮、上饒、鷹潭、撫州、贛州、吉安、萍鄉、宜春、新餘 11 個設區市，人口 4,200 萬。

　　省境東、西、南三面環山，中間丘陵起伏，北部有中國第一大淡水湖——鄱陽湖及湖區平原，江西地勢由東、南、西三面逐漸向鄱陽湖區傾斜，構成一個向北開口的不閉合盆地。贛江縱貫南北，同撫、信、饒、修諸水，從東、南、西三面彙集鄱陽湖，形成以鄱陽湖為中心的向心水系，水流經湖口流入長江。

　　江西省地處中亞熱帶暖濕季風氣候區。冬夏季風交替顯著，四季比較分明，春秋季短，夏冬季長，其特點為：春多雨、夏炎熱、秋乾燥、冬陰冷。總的來說，江西氣溫適中，日照充足，雨量豐沛，無霜期長，冰凍期短。年平均氣溫 16℃到 20℃。生物資源種類繁多，分佈廣泛，珍稀種類較多。森林覆蓋率居中國前列。

二、旅遊資源

　　江西旅遊資源的特點主要有三點：一、歷史悠久，人文薈萃。古代的陶淵明、歐陽修、王安石等以及現代的詹天佑、方志敏、周韜奮等都是江西人。二、高山與流水爭輝，珍禽與瑤草同譽。例如廬山一方面有「一山飛峙大江邊」的雄偉氣魄，一方面有拔地而起的居高臨下的姿態。三、自然與人文融為一體，構成複合的風景名勝，它的開拓，更同歷史文物結下深厚的淵源。廬山東林寺、白鹿書院、觀音橋、花徑、秀峰、龍潭等等，眾多的詩文題刻，常令人發思古之幽情。又如龍虎山是道教「仙」，它形似桂林，勝似桂林，不是武夷，勝是武夷。其水仙岩不高而險峻，飛棺淩空；上清河水可鑒毛髮，酷似灘江。就是巍峨的井岡山，雖沒有遠古的文化遺跡，但作為中國革命的搖籃，也無愧於當代「風流文物」而雄居於名山之列，令人景仰。根據江西 70% 的旅遊景點集中在京九線的特點，江西提供建設以廬山、景德鎮、龍虎山、三清山等北部環線，贛州、井岡山等南部環線十大旅遊區，形成一軸帶兩環線新格局。

　　江西的國家級風景名勝有廬山、井岡山、龍虎山、三清山、三百山、龜峰、武功山、仙女湖、瑤裏等 9 個。其中廬山和三清山先後作為文化遺產和自然遺產被列入《世界遺產名錄》。國家級歷史文化名城有南昌、景德鎮、贛州 3 座。還有中國第一大淡水湖鄱陽湖及鄱陽湖國家級候鳥自然保護區；36 處國家級森林公園；5 個國家重點保護寺觀；52 處國家重點文物保護單位。江西省各類風景名勝區（點）多達 2400 餘處。江西省位於長江中、下游交接地段南岸，三面環山，一面臨水。省境邊陲的武夷山脈、羅霄山脈，南嶺山脈從東南西三面環抱江西省，形成群山環繞，內側丘陵廣布，整個地勢大致為周高中低，由南向北、由外向內、漸次向北部鄱陽湖傾斜走向。省內五大江河（贛江、撫河、信江、饒河、修河）呈

扇形向扇柄鄱陽湖齊聚。境內湖光山色，奇峰幽壑、危崖飛瀑、古洞流泉、山名水秀，「物華天寶、人傑地靈」，旅遊資源豐富。江西省旅遊資源分述如下：

（一）自然景觀

江西省環山臨水，水光山色成為自然景觀旅遊資源的主要特點。山地、水域及其奇特景象、動植物景觀和四季分明的江南氣候特徵等，給江西省的自然景觀塗上一了層迷離變幻的絢麗色彩。以山水為主體的資源，按景觀類別可分為以下類型：

1. 名山峻嶺

江西自古多名山。集中著享譽「匡廬奇秀甲天下」。廬山，被譽為「攬勝遍五嶽，絕景在三清」的三清山和「天下第一山」革命聖地井岡山，其中廬山、井岡山均被列入「全國旅遊勝地四十佳」。從地形看，贛東北有懷玉山及黃山餘脈，海拔 500－1500 以上，三清山就位於玉懷玉山中段，主峰玉京峰海拔 1870 米；贛東部有武夷山脈沿省界綿延 520 公里，海拔 100－2000 米以上，有海拔 2158 米的華東地區最高峰黃岡山；贛南為南嶺山脈，九連山、大庚嶺綿延於贛粵邊界；贛西部羅霄山脈綿延贛湘連界，海拔 1000－2000 米，井岡山位於其中段；贛西北九嶺山和幕阜山，綿延於贛鄂邊界，海拔約為 500－1500 米，廬山就位於幕阜山餘脈的東端。險峰秀谷、絕崖幽林數不勝數。

2. 奇岩幽境

江西省境內不僅多峻嶺，而且多丘陵。紅岩廣布的贛中丘陵以及贛東、贛南、贛西的山地丘陵區，自然鐘秀，奇幽山岩景觀眾多。這些丘陵、山岩雖不高，一般海拔 300－600 米，卻多數林木幽深、奇岩萬狀，具有較好的開發條件。位於鷹潭貴溪境內的龍虎山，沿

瀘溪河兩岸排列著數十座各不相連的紅砂山岩，被譽為「又一灘江」。戈陽縣的圭峰，三十六峰景狀奇特，還有林木幽深的南城縣麻姑山、絕壁天險的甯都縣翠微峰、風景幽美的瑞金羅漢岩、會昌漢仙岩、贛州市郊穀深岩幽的通天岩，都屬於這類山岩勝境，已成為旅遊勝地。

3. 天然溶洞

江西省多山地、丘陵中，形成了許多天然溶洞。各地陸續發現了處地下溶洞群，較為著名的有：贛北彭澤龍宮洞、玉壺洞，九江獅子洞、湧泉洞；贛東北婺源的靈岩洞群，三清山麓的冰玉洞，景德鎮的屏山聚仙洞；贛西萍鄉市郊區的孽龍洞，宜春市郊的三陽酌江溶洞，井岡山東北部的石燕洞；贛南寧都縣境內的太平洞、黃鱔洞、出風洞等等。這些天然溶洞洞中有洞、層洞相連，洞內鐘乳石造型奇特、千奇百怪；多數洞中有暗河、溪水貫通，只要稍加整修，就可供旅遊參觀。

4. 古樹奇卉

江西省植被覆蓋度較高，其中不乏原始森林、古樹、奇樹和名花奇卉、珍稀植物。許多古木大樹，早在古書中就有記載。廬山的「寶樹」，在《廬山志》中記載為「晉僧曇洗手植」，東林寺的「六朝松」為「東晉慧遠手植」。蔥郁高大的樟樹更是江西省的特有景觀，自古以來便以大樟樹（南昌舊名豫樟）而聞名。贛西泰和縣被譽為「樟之鄉」，現有 500 年古樟 30 多處，300 年古樟村村皆月。賞花植物以各種杜鵑最為著名，井岡山筆架山上的大片野生杜鵑，綿延長達 10 公里，20 多種野生杜鵑逢春怒放，被譽為「十裏鵑廊」。廬山的野菊、金雞菊等，也是著名的旅遊觀賞花卉。廬山植物園為中國唯一的亞高植物園，雲集著數千種珍奇植物。贛東北三清山上的大片古松、奇松，為其景觀的特點之一。

5. 湖光川景

江西省北部的鄱陽湖，為中國第一大淡水湖，與中國第一大河長江相連。大湖大江，不僅氣勢雄偉，而且沿湖沿江擁有許多奇特的旅遊名勝，使湖江川景更具吸引力。鄱陽湖中的鞋山島，就是湖中的一大奇景。鄱陽湖與長江的交匯處，一線水分清濁現兩色，蔚為奇觀。廬山屹立於鄱陽湖畔，山色湖光相映成趣，風景優美。江西省的五大江河（贛江、撫河、信江、饒河、修河），就像一蒲扇系掛在長江玉帶上。最大河流贛江，由章、貢兩江於贛州市北匯合而成。在贛州市八境台可觀三江風光。江河湖溪聯成網路，顯示出江南水鄉風光。南昌、九江、景德鎮等主要旅遊城市，還擁有許多內湖，為繁華都市增光添彩。

江西山清水碧，景色誘人，名勝古跡遍佈。主要旅遊景區：廬山、井岡山、龍虎山、三清山、鄱陽湖區、南昌市和景德鎮市。其中，廬山已被聯合國作為「世界文化景觀」列入世界遺產名錄。廬山、井岡山、三清山的名山峻嶺之秀；圭峰、龍宮的險岩幽洞之奇，鄱湖、贛水的湖光川景之美，龍虎、青原、東林的宗教莊嚴祖庭，滕王閣、八境台的千古名樓，臨川、九江的名人故里，都是著名的旅遊勝景。井岡山、八一起義紀念館、紅都瑞金等更是獨具特色的革命勝跡。現有國家級重點檔保護單位 11 處，省級旅景區、景點 2406 處。由南昌、廬山、九江、鄱陽湖、龍虎山等景點組成的贛北三角旅遊區是中國 14 條主要國際旅遊線路之一。

三、地方法規

1. 江西省旅遊區（點）導遊人員管理辦法實施細化標準（試行）
2. 江西省旅遊行政處罰自由裁量權細化標準（試行）
3. 江西省旅遊區（點）導遊人員管理辦法（暫行）

4. 江西省旅遊管理條例
5. 江西省旅行社門市部管理辦法
6. 江西省廬山風景名勝區管理條例
7. 江西省風景名勝區管理辦法
8. 江西省國內旅行社申報審批管理試行辦法

內蒙

一、概況

內蒙古自治區簡稱內蒙古，位於中國北部邊疆，西北緊鄰蒙古和俄羅斯。面積 118 萬平方公里；以蒙古族和漢族數量最多，此外，還有朝鮮、回、滿、達斡爾、鄂溫克、鄂倫春等民族。全區分設 9 個轄地級市，3 個盟；其下又轄 12 縣級市、17 縣、49 旗、3 自治旗。首府：呼和浩特市。最大城市：包頭市。赤峰、烏蘭浩特、烏蘭察布、烏海、呼倫貝爾、通遼、鄂爾多斯等為自治區內主要城市。總面積 118.3 萬平方千米，中國第三位，僅次於新疆和西藏，2008 年末全區常住人口 2413.73 萬人。

全境以高原為主，多數地區在海拔 1000 米以上，通稱內蒙古高原。主要山脈有大興安嶺、賀蘭山、烏拉山和大青山。東部草原遼闊，西部沙漠廣布。有呼倫湖、貝爾湖等著名湖泊，黃河流經本區西南部。本區屬溫帶大陸性季風氣候；因地域遼闊，各地差異較大；多數地區四季分明；夏短冬長，較為乾冷。年均氣溫-1～10℃；全年降水量約 50～450 毫米。

二、旅遊資源

古樸自然的草原風光，熱情豪放的民族風情，是內蒙古的主要旅遊資源，此外還有森林、沙漠、文物古跡、河流湖泊、溫泉等。自東向西綿延 4200 公里的邊境線，是開展對俄羅斯、蒙古國

邊境旅遊的有利條件，其中滿洲里、二連浩特是重要的出入境口岸城市。

經過多年的開發建設，內蒙古已形成以草原風光和民族風情為主題的系列旅遊產品。呼和浩特是內蒙古的旅遊中心城市，輻射周圍的格根塔拉草原、希拉穆仁草原、灰騰席勒草原、錫林郭勒草原、昭群墓、五當召、響沙灣、成吉思汗陵園等國線旅遊景點，還有哈素海、烏梁素海、岱海等國內旅遊景點。這一區域的旅遊產品完善配套，種類較多，具有民族風情古樸濃郁、草原風光雄渾自然等特點，適宜觀光旅遊和特種旅遊，如騎馬旅遊、汽車摩托車越野旅遊等。每年七月中下旬舉辦的那達慕草原旅遊節，集中展示蒙古民族歌舞、體育、競技、服飾、飲食等燦爛文化，深受中外旅遊者青睞。海拉爾是內蒙古東部的旅遊中心城市，她周圍是未被污染的著名草甸草原——呼倫貝爾大草原，這裏生息著蒙古族、達斡爾族、鄂溫克族、鄂倫春族等少數民族，草原風光與民族風情融為一體，遊人可以盡情領悟回歸自然、返樸歸真的奇妙境界。主要旅遊景點有呼和諾爾、白音忽碩、鳳凰山莊等，還有達賚湖、滿洲里國門、原始森林、溫泉療養、冰雪旅遊等遊覽項目。從滿洲里口岸出境，可以到俄羅斯赤塔、紅石、伊爾庫茨克、烏蘭烏德等美麗城市旅遊。

內蒙古旅遊接待條件近年來得到明顯改善。全區現有旅遊星級飯店 31 家，其中三星級飯店 8 家，分佈在呼和浩特、包頭、滿洲里、東勝、赤峰等主要旅遊城市。全區有旅行社 50 家，其中國際旅行社 23 家（包括出境組團社一家），主要分佈於呼和浩特、滿洲里兩個國際旅遊重點地區。在主要旅遊城市共有 9 家定點旅遊汽車公司，擁有各類旅遊汽車 120 多輛。鐵路、民航、通訊事業的快速發展，為旅遊者提供了方便快捷的服務。鐵路四通八達，濱洲線經滿洲里與俄羅斯鐵路相接，集二線通過二連浩特與蒙古國鐵路相連，是中國通往歐洲的兩條主要陸路通道。呼和浩特市

每天往返區內外或途徑的列車有 16 對，其中往返北京的列車每天 5 對，區間運行僅 12 小時。全區有 7 個民用機場，實行國內聯網售票，開闢了通往區內各旅遊城市和北京、瀋陽、石家莊、南京、上海、武漢、廣州等城市的航線 20 多條，旅遊旺季呼和浩特至北京每天往返 10 多個航班，飛行時間僅 45 分鐘。全區各旅遊城市都開通了國際國內直撥電話，各旅遊景點也都開通了國內外直撥電話。

內蒙古自治區黨委、政府及各級黨政領導部門十分重視旅遊業發展。旅遊資源條件較好的盟市和旗縣，都設立了旅遊局，從組織機構上為促進旅遊業發展提供了保證。各級旅遊行政管理部門積極發揮職能作用，大力開發旅遊產品，完善基礎設施，強化行業管理，加強品質監督，維護旅遊者和旅遊經營者的合法權益，工作成效卓著，受到社會各界的普遍關注與支持。在內蒙古這片雄渾遼闊的土地上，旅遊業正象朝陽一樣蓬勃升騰。

三、政府政策

（一）內蒙古旅遊開發的資源基礎

旅遊資源是內蒙古的優勢資源之一，內蒙古積澱深厚的紅山文化、蒙元文化、遼文化等歷史文化；以蒙古族為代表的北方少數民族多姿多彩的民俗文化；草原、沙漠、溫泉、森林等北國自然風光；夏季涼爽的氣候、冬季形成的冰雪資源；現代經濟發展造就的旅遊城市及不斷發展的邊境口岸等構成內蒙古旅遊業發展的優勢資源，為內蒙古旅遊開發奠定了良好的基礎。

（二）內蒙古旅遊業發展的優勢

1.旅遊資源具有多樣性和獨特性

內蒙古旅遊資源豐富，按照《旅遊資源分類、調查與評價》國家標準衡量，內蒙古旅遊資源 8 個主類全部具備；34 個亞類中擁有 30 種，181 個基本類型中擁有 112 種。分別占中國旅遊資源亞類和基本類型的 88.2%和 61.9%。另外，內蒙古氣候旅遊資源條件較好，空氣清新自然，沒有工業污染，加之奇特的自然景觀，可使遊人享受到內蒙古夏季涼爽的氣溫，新鮮的空氣，遠離喧鬧的都市，是很好的避暑休閒、娛樂、草原體育、享受陽光浴、森林浴的旅遊產品。總體來看，內蒙古旅遊資源類型多樣，具有豐富的旅遊資源賦存。豐富的旅遊資源展現了內蒙古景觀多樣性、生物多樣性、文化多樣性、民族的獨特性等旅遊資源特色。

從地域分佈上看，各類旅遊資源在全區地域上廣泛分佈，特別是在呼和浩特、鄂爾多斯、呼倫貝爾、錫林郭勒、赤峰等主要旅遊區域，不僅主體景觀資源個性突出，而且自然風光往往與體現民族文化的人文勝跡、民俗風情等緊密地結合在一起，相互融合，相互烘托，為特色旅遊景區的開發與建設和多目標旅遊開發提供了極為有利的條件。

2.生態旅遊資源豐富，自然氛圍濃厚

內蒙古地處溫帶氣候帶，特殊的地理位置和地勢變化造就了區內溫帶、溫帶半濕潤、寒溫帶濕潤、溫帶半乾旱和乾旱等多樣的大陸性季風氣候，形成了草原、森林、沙漠、湖泊等多樣的生態系統。如錫林郭勒國家級草原自然保護區、赤峰大黑山天然闊葉林自然保護區、賽罕烏拉自然保護區等既是各類生態系統保護區，也是最重要的生態旅遊資源區。目前，我區有自然保護區 184 處，其中國家

級 18 處，自治區級 50 處。這些原生態的自然景觀加上純樸的民族風情，為發展回歸自然為主題的生態旅遊、探險旅遊和休閒度假旅遊提供了良好資源基礎。

3. 旅遊資源在一定區域範圍內具有良好的空間組合性

從自然資源組合來看，以森林、草原、沙漠戈壁及其過渡類型構成的大地域（內蒙古東部、西部）自然景觀環境差異和以沙漠、草原、湖泊、河流、溫泉、森林、山地景觀在小區域範圍內的多元化組合，不僅對旅遊市場有很強的吸引力，而且為內蒙古開發豐富多彩的旅遊產品和旅遊活動提供了迴旋空間。

從自然資源與人文資源的組合來看，內蒙古草原、森林、沙漠、湖泊、河流等多樣的自然景觀、各具特色的蒙古族、鄂倫春、鄂溫克、達斡爾等少數民族文化在地域上的組合，在很大程度上改變了自然旅遊景觀單一性與同質性給旅遊產品多樣性開發造成的約束。使得不同地域上開發的旅遊產品可以保持鮮明的特色。

4. 內蒙古旅遊資源與中國東部發達地區的市場具有互補性

內蒙古旅遊資源與其周邊省區及中國東部地區具有很強的互補性。自治區原生態的草原、沙漠、森林、冰雪等自然景觀資源與蒙古族為代表的北方少數民族風情資源及其小空間範圍內的組合都是周邊省區、東部各省所不具備的。同時現代旅遊需求日益多樣化和多層次性，尋求原生態、古樸，追求回歸自然的旅遊體驗成為時尚和潮流，內蒙古所擁有的森林、大漠、草原，原始、純樸的民族風情、歷史古跡等特色優勢旅遊資源，正好符合現代旅遊需求的取向和發展趨勢，從而使內蒙古與中國東部發達地區具有了資源和市場上的雙重互補。

內蒙海區成功註冊「草原之都」旅遊城市品牌，在 2009 年國家工商總局商標局向海拉爾區旅遊局頒發的「草原之都」商標註冊

證書，標誌著海拉爾「草原之都」城市品牌註冊成功。自此，海拉爾區城市品牌宣傳將受到法律保護。海拉爾區作為呼倫貝爾市首府城市，依託中國最美的草原——呼倫貝爾草原，做出了「草原之都」的城市定位。為保護作為城市宣傳重要無形資產的城市品牌不被搶注，2005 年海拉爾區旅遊局向國家工商局商標局提出了註冊「草原之都」城市品牌宣傳用語的申請，歷時 4 年「草原之都」商標註冊獲批。海拉爾區將把旅遊資源整合到與品牌定位一致的產業鏈上，並賦予其具有鮮明差異性的產品內涵，為「草原之都」旅遊城市品牌注入豐厚的文化含量。申請核定的「草原之都」商標的服務專案主要包括：室外廣告、廣告傳播、貨物展出、廣告宣傳版本的出版、無線電廣告、電視廣告、資料通訊網路上的線上廣告、廣告設計、廣告策劃等。

內蒙古自治區旅遊業起步於改革開放初期的 1978 年，經過 30 年的發展建設，尤其近五年的快速發展，旅遊業取得了長足進步。旅遊基礎設施逐步完善，旅遊產品初成體系；產業地位初步確立，產業規模不斷擴大，產業素質逐年提高，已經成為自治區國民經濟重要的產業之一。截止 2007 年，全年接待國內旅遊者 2451.7 萬人次，實現國內旅遊收入 248.24 億元，接待入境旅遊者 123.25 萬人次，實現創匯 40379.1 萬美元；在中國的入境人數和旅遊創匯的位次由 16、18 位上升到 12、14 位；實現旅遊業總收入 279.71 億元。旅遊業總收入相當於自治區 GDP 的 5.82%，旅遊業在第三產業的結構調整中發揮著越來越重要的作用。全區有旅行社 501 家，其中國際社 49 家；旅遊星級飯店 225 家，全區 5 星級飯店 3 家，4 星級飯店 9 家，A 級旅遊景區 118 家其中 4A 級景區 17 家 3A 級景區 34 家；各語種導遊員 4021 名；豪華旅遊汽車 500 多輛。中國優秀旅遊城市 11 個。從東到西推出了各具特色的 4 條精品旅遊線路，和一大批農、牧、林家樂旅遊專案，形成了層次清晰、內容豐富的旅遊線路產品。

內蒙古擁有廣大的農村、牧區、大面積的國有林區和革命遺跡，發展農牧林業旅遊有較好的基礎。大力發展鄉村旅遊和紅色旅遊，建設農牧業旅遊示範點、星級農家樂作和紅色旅遊景點；典型引路，分類指導，培育、扶持一批農家樂、牧戶游和林俗旅遊的示範戶、示範村，突出鄉村、牧戶、林區特色，大力開展鄉村、牧戶、林俗旅遊。是解決「三農」問題的有效途徑。2007 年自治區旅遊局按照國家、自治區關於鄉村旅遊發展的最新精神，結合我區旅遊業發展的實際，制定了下發了《內蒙古自治區鄉村旅遊發展實施意見》，按照自治區出臺的《農牧林（漁）家庭旅遊接待戶審批標準》、《農牧林（漁）旅遊定點單位評定標準》規範鄉村旅遊，提高服務品質、環境衛生和管理水準。安排 270 萬元資金，對清水河老牛灣農家樂、五彩呼倫貝爾游、巴林右旗牧家樂、五原縣農家樂等 11 個農牧家樂旅遊項目進行扶持。對武川縣五道溝村、德勝溝村、和林縣姑子板村、托縣蒲灘拐村等農家樂旅遊示範點進行了現場指導。認真組織鄉村旅遊管理人員和骨幹的培訓。組織管理人員到鄉村游開展得好的地區北京、四川實地考察，邀請有豐富經驗的鄉村游從業人員講課培訓。提高鄉村游開發水準、管理水準、服務品質。據不完全統計，幾年來，自治區旅遊局通過各種管道取得的對農牧林家旅遊扶持資金已超過千萬元。開展農牧林家旅遊收入少則上萬，多則二、三十萬，大幅度提高了農牧民林業工人收入，目前，全區共有農牧家樂旅遊點已近千個，促進了三農問題的解決。

四、地方法規

內蒙古自治區旅遊條例

寧夏

一、概況

　　寧夏回族自治區簡稱「寧」，位於東經 104°17'～107°39'，北緯 35°14'～39°23'之間，處在中國西部的黃河上游地區。寧夏東鄰陝西省，西部、北部接內蒙古自治區，南部與甘肅省相連。寧夏疆域輪廓南北長、東西短。南北相距約 456 公里（北起石嘴山市頭道坎北 2 公里的黃河江心，南迄涇源縣六盤山的中嘴梁），東西相距約 250 公里（西起中衛營盤水車站西南 10 公里的田滂壩，東到鹽池縣柳樹梁北東 2 公里處），寧夏是中國面積最小的省區之一，總面積為 6.64 萬平方公里。寧夏位於中國西北內陸，平均海拔 1000 米以上，地勢南高北低，地形南北狹長，屬黃河上游。現有人口 512.38 萬人，回族占總人口的 1/3 以上，約占中國回族人口的 1/6，是中國五個少數民族自治區之一。獨特的環境，悠久的歷史，造就了寧夏類型多樣的自然景觀。中國十大類、95 種基本類型的旅遊資源中，寧夏占八大類、46 種，占中國基本類型的 48%。「一河兩山兩沙兩文化」構成了寧夏旅遊資源的主體。

二、寧夏旅遊資源

　　寧夏位於「絲綢之路」上，歷史上曾是東西部交通貿易的重要通道。早在三萬年前，寧夏就已有了人類生息的痕跡，西元 1038 年，黨項族的首領元昊在此建立了西夏王朝，並形成了獨特的西夏

文化。在寧夏不大的版圖上，包含了類型多樣的地貌：山脈、高原、平原、丘陵、河谷一應俱全，使寧夏呈現出豐富的自然景觀。寧夏是回族自治區，回族人口占總人口的三分之一，是中國的穆斯林省，區內共有 3000 多座清真寺，營造出了濃郁的伊斯蘭氛圍。

　　寧夏主要的旅遊景區包括人文景觀和自然景觀。人文景觀旅遊區的主要景點有：坐落銀川市西郊 35 公里處的西夏王陵、西夏至元代時期的拜寺口雙塔、銀川市老城北郊海寶塔（俗稱北塔）、始建於西元 1050 年的承天寺塔（俗稱西塔）、銀川市老城區中心的鼓樓、玉皇閣、銀川市老城的南關清真寺、賀寺山岩畫、鎮北堡華夏西部影視城。在六盤山也有大量的人文景觀，如戰國秦長城、須彌山石窟、六盤山紅軍長征紀念亭、西吉將台堡紅軍會師紀念碑、固原博物館。在銀川市與靈武市、陶樂縣交界處的黃河兩岸，規劃了金水旅遊區，面積 103 平方公里，區內風景名勝和人文景觀富集。有橫城堡（西夏城）、明長城、橫城漢墓群、水洞溝遺址、「黃河頌」雕塑。其他著名的人文景觀有：一百零八塔、中衛高廟、石空寺石窟、同心清真寺、納家戶清真寺、牛首寺。

三、旅遊業發展情況及國家相關政策

　　近年來寧夏旅遊業發展迅速，旅遊產品不斷豐富，旅遊接待人數和收入都以每年 20%以上的速度增長。2009 年寧夏共接待旅遊總人數 910 萬人次，實現旅遊總收入 53.41 億元，同比分別增長 17.1%和 32.5%。其中，旅遊總收入占全區 GDP 的比重由去年的 3.77%上升到 4.0%，對社會經濟發展的貢獻率逐步提高。

　　寧夏已完成了《寧夏旅遊發展總體規劃（修編）》《寧夏沿黃城市帶旅遊發展總體規劃》《寧夏鄉村旅遊發展總體規劃》等區域性旅遊規劃和重點旅遊景區規劃。「寧夏旅遊春光萬里行」促銷團先後赴北京、廣東等 14 個省市和香港、臺灣舉辦多場「塞上江南‧

神奇寧夏」推介會，並開始有重點地開拓日本、新加坡、德國、義大利等境外旅遊市場。

國家旅遊局五項措施，支持寧夏發展旅遊產業，《關於加快發展寧夏旅遊主導產業戰略合作框架協定》，決定建立局區旅遊工作緊密合作機制，共同推進寧夏加快旅遊主導產業發展和旅遊目的地建設。國家旅遊局承諾採取五項措施支持寧夏發展旅遊主導產業。根據《協定》，國家旅遊局和寧夏將建立局區緊密合作工作機制，共同成立「局區旅遊工作會商委員會」，雙方原則上每年年初舉行一次工作會商，研究、協調、部署合作事宜。

表 28　寧夏 2000－2009 年旅遊業發展情況

項目	年份									
	2000	2001	2002	2003	2004	2005	2006	2007	2008	2009
接待海外旅遊者(人次)	7807	8668	6018	3049	7041	8162	8665	9373	11586	14523
其中：外國人（人次）	5792	5668	4117	2217	5446	6641	7847	8422	9306	11631
國際旅遊外匯收入（萬美元）	272	273	161	88.87	171	230	243.4	260.76	300.76	442.6
接待國內旅遊者（萬人次）	243	280	305	274	404	500	593	730.39	776	908.9
國內旅遊收入（億元）	9.1	10.8	12	10.21	14.98	17.56	25.5	31.44	40.32	53.1
旅遊業總收入（億元）	9.3	11	12.13	10.28	15.12	17.74	25.67	31.64	40.53	53.41

（資料來源：寧夏旅遊局）

　　根據《協定》，國家旅遊局支援寧夏旅遊發展的工作重點有：支持寧夏進行旅遊主導產業發展的旅遊行政管理、旅遊發展投融資模式等體制機制創新；支援寧夏旅遊公共服務設施建設，指導寧夏開展旅遊目的地體系建設；將六盤山旅遊扶貧試驗區作為國家旅遊局的扶貧聯繫點；指導寧夏重大旅遊項目的招商引資工作，支援寧夏旅遊宣傳促銷；支持寧夏旅遊人才隊伍建設；在旅遊發展基金使用上對寧夏給予適度傾斜等。

四、接待設施

　　2009 年底，寧夏全區共有旅行社 97 家。其中：國際社 11 家，國內社 86 家。2009 年底，全區共有旅遊星級飯店 54 家，星級酒店結構正在發生變化，中高檔星級酒店數量增多。其中：四星級 7 家，三星級 36 家，二星級 11 家。截止 2009 年底，寧夏全區共有 A 級以上景區 31 家，其中：AAAAA 級景區 2 家，AAAA 景區級 9 家，AAA 級景區 12 家、AA 級景區 7 家、A 級景區 1 家。

五、地方法規

1. 寧夏回族自治區旅遊條例
2. 關於印發《寧夏回族自治區旅遊局加快旅遊業發展獎勵辦法》的通知
3. 寧夏回族自治區旅遊景區（點）講解員管理規範（試行）
4. 銀川市西夏陵保護條例
5. 寧夏回族自治區旅遊局對組團社組織包機（專列）來寧旅遊的獎勵辦法
6. 寧夏回族自治區招商引資的若干政策規定

7. 寧夏回族自治區黨委、人民政府關於進一步加快旅遊業發展的決定
8. 寧夏回族自治區旅遊管理條例

青海

一、概況

　　青海省簡稱「青」，因境內有中國最大的內陸鹹水湖青海湖而得名，省會西寧。位於中國西北地方中部，地處青藏高原東北部，東部和北部與甘肅省相接，西南部毗連西藏自治區，東南部鄰接四川省，西北部和新疆維吾爾自治區為鄰。青海東部素有「天河鎖鑰」、「海藏咽喉」、「金城屏障」、「西域之沖」和「玉塞咽喉」等稱謂，可見地理位置之重要。地理位置介東經 89°20'～103°05'，北緯 31°40'～39°15'之間。東西跨 1200 千米，南北縱貫 800 千米，面積 72.2 萬平方千米，約占中國總面積的 7.5%，居中國第四位。轄 6 州、1 地、1 市、51 個縣級行政單位。有漢、藏、回、撒拉、蒙古、哈薩克等民族。

　　青海省地處青藏高原東北部，均屬高原範圍之內。地形複雜多樣，西高東低，西北高中間低，內山脈高聳，河流縱橫，湖泊棋布，東西向和南北向的兩組山系構成了青海地貌的骨架。其地形可分為祁連山地、柴達木盆地和青南高原三個自然區域。巍巍昆侖山橫貫中部，唐古喇山峙立於南，祁連山矗立於北，茫茫草原起伏綿延，柴達木盆地浩瀚無垠。長江、黃河之源頭在青海，中國最大的內陸高原鹹水湖也在青海。青海省平均海拔 3000 多米，最高點為 6860 米，最低點為 1650 米。在總面積中，海拔高度在 3000 米以下的面積占 26.3%，3000 米～5000 米的面積占 67%，5000 米以上占 5%，水域面積占 1.7%。海拔 5000 米以上的山脈和谷地大都終年積雪，廣布冰川。

複雜的地形形成了獨具特色的高原大陸性氣候，太陽輻射強、光照充足。年日照時數在 2500 小時以上，是中國日照時數多、總輻射量大的省份；平均氣溫低，境內年平均氣溫在零下 5.7℃～8.5℃之間，各地最熱月份平均氣溫在 5.3℃～20℃之間；最冷月份平均氣溫在零下 17℃～5℃之間；降水量少，地域差異大。境內絕大部分地區年降水量在 400 毫米以下；雨熱同期，青海屬季風氣候區，大部分地區 5 月中旬以後進入雨季，至 9 月中旬前後雨季結束，這期間正是月平均氣溫 5℃的持續時期；氣象災害多，危害較大。主要氣象災害有乾旱、冰雹、霜凍、雪災和大風。

青海是個多民族聚居的省份，共有 55 個民族成份，現有少數民族人口共 238 萬多人，約占全省總人口的 45.5%。在青海世居的少數民族有藏族、回族、土族、撒拉族、蒙古族等。其中土族、撒拉族是中國唯一在青海特有的少數民族。少數民族人口占全省人口的比例分別是：藏族 21.89%，回族 15.89%，土族 3.85%，撒拉族 1.85%，蒙古族 1.71%。青海的宗教主要有藏傳佛教（喇嘛教）、伊斯蘭教和基督教。藏族、蒙古族、土族信仰藏傳佛教，回族、撒拉族信仰伊斯蘭教。

二、旅遊資源概況

青海在地理上的重要性體現在自然風光、地理地貌、民族文化、人文風情等，而這些都具有多樣性和原生態的特點。

青海省的旅遊資源十分豐富，省內可供遊覽的景點約 900 餘處。按旅遊資源的規模、級別、價值及管理許可權，分為國家（大型）、省級（中型）、州（縣）級三種。2007 年初，相關部門詳盡盤點了青海旅遊資源：省內共有世界級旅遊資源 11 個，國家級旅遊資源 80 個，省級旅遊資源 200 多個。三江源、年保玉則、青海湖、可哥西裏等旅遊資源在世界上具有較高的品位，具有不可複製

性。熱貢藝術、藏醫藥博物館等文化資源逐漸形成品牌,並成為支撐青海旅遊發展的特色資源。

青海省是名山大川彙聚之地,擁有眾多神奇的景觀,是長江、黃河、瀾滄江的發源地,有中華水塔之稱。這裏有中國最大的高原鹹水湖青海湖,遊客可以在此體驗在海拔 3200 米的湖面上泛舟的感受。這裏有世界上最高的被稱之為聚寶盆的柴達木盆地,還有昆侖山、祁連山、阿爾金山等高山,其中昆侖山是中華文化源頭之一,無數的神話、傳說、宗教、藝術等都與此山有關。青海省還不乏神秘之處,其中最引人入勝的當屬外星人遺址;和中國原子城。這裏為探險、科學考察旅遊提供了有吸引力的資源。青海還是一個多民族地區,民族文化、人文風情具有豐富性和多樣性。道教文化發源地就在青海的昆侖山。藏醫藥文化博物館、同仁熱貢藝術、土族風情等深受國內外遊客的青睞。

(一)自然資源

青海省具備觀賞規模的自然風景旅遊點有 120 多處,占全省風景旅遊點的 14.8%,同人文風景旅遊點相比雖然數量不大,但知名度頗高。世界屋脊顯示了原始、純真、粗獷的自然風貌,為世界眾多旅遊者嚮往,青海湖及鳥島、長江與黃河源頭、柴達木盆地鹽澤世界及雅丹地貌、坎布拉及互助北山國家級森林公園都是具有很高旅遊價值的獨特旅遊資源。

青海是世界屋脊青藏高原的重要組成部分,是名山大川的發源地,長江、黃河、瀾滄江等發源於青海,昆侖山、唐古喇山、祁連山等著名山脈縱橫於青海南北,自然景觀可開發利用之處頗多。目前,青海省已定級的國家風景名勝區有青海湖;自然保護區有三江源、可哥西裏、青海省鳥島、玉樹隆寶灘、孟達天池等五處。此外,諸如昆侖山,日月山,坎布拉風景區,李家峽水庫,麥秀林場,茶卡鹽湖,金銀灘大草原,阿尼瑪卿和年保玉則雪山等都可開發成為

新的旅遊經濟增長點。而且，青海的自然旅遊資源大都保留了未經雕飾的原始風貌，景觀獨特，充滿著新奇感、神秘感、粗獷感和原始感。恢弘博大、高曠險雄，歷史悠久，豐富深邃。

（二）人文資源

1. 民族方面

青海是個多民族聚居的省份，有 33 個少數民族。少數民族人口占總人口的 42.8%。諸如藏、回、蒙古、土、撒拉等少數民族都有著悠久的歷史和優秀的文化傳統，保持著獨特的，豐富多彩的民族風情和習俗。如漢族社火，藏族藏戲，土族安昭都有鮮明的地域特色。可以吸引遊人的民族節慶有六月六（農曆）互助土族花兒會，七月二十五－八月一日的玉樹賽馬會等。

2. 宗教方面

青海藏傳佛教影響最大。中國最奇特的藏傳佛教景區──萊巴溝就在青海。西寧塔爾寺是中國六大喇嘛寺之一，是黃教創始人宗喀巴的誕生地。玉樹結古寺有「世間第一大嘛呢堆」。此外，化隆夏瓊寺，互助佑甯寺，樂都瞿曇寺，西寧北禪寺等都是在青海當地的名剎。除藏傳佛教外，回族和撒拉族世代信奉伊斯蘭教。西寧市東關清真大寺是青海省伊斯蘭教的最高學術活動中心，在國內外伊斯蘭教界享有較高聲譽。蒙古族中有部分信奉薩滿教，土族則十分崇拜祖先神。青海還是道教的傳說中的重要一筆，西王母的瑤池即坐落在青海。

3. 歷史方面

昆侖文化在華夏文化中佔有重要地位，是中華民族偉大的文化圖騰。千水之源，萬山之祖，昭示著百川歸海，華夏同根。青海有

原始墓葬群柳灣墓地，有青銅器時期當地土著文化代表的諾木洪文化遺址。有絲綢之路遺址。有唐代早期的都蘭熱水吐蕃大型墓葬群，有唐蕃古道遺址，有文成公主進藏時所修建的文成公主廟。還有紅軍西路軍與青海軍閥馬步芳作戰的紅色旅遊項目。

　　人文風景旅遊點青海省人文風景旅遊點有 700 餘處，占全省風景旅遊點的 78.0%，其中以古文化遺存所占比例高，包括古文化遺址、古墓葬、古城、石刻、岩畫、壁畫、古建築、古道等，總計 430 餘處，占人文風景旅遊點的 62.3%。其次為宗教寺院（以藏傳佛教寺院和伊斯蘭教清真寺院為主），總計近 240 處，占人文風景旅遊點的 30%以上。古文化遺存中，中石器時代馬家窯文化的彩陶以及廣泛分佈在青海省各地的石刻、岩畫、壁畫，充分顯示了高原古代民族的發展歷史和精神風貌，有較高的旅遊價值，其他大都為州縣級的小尺度景觀，顯示出的旅遊特色不突出，但有較高的科學考察和考古研究價值。宗教寺院尤其是藏傳佛教寺院僅數量較多，而且分佈廣泛，規模十分宏大，歷史悠久，信教群眾多，成為青海省人文風景旅遊資源的重點。青海是多民族地區，主要民族有漢族、藏族、土族、撒拉族、蒙古族，少數民族人口占青海省總人口的 42.8%，其居住地區面積占青海省的 98%，有許多處各具特色的民族風情旅遊點，如互助的土族風情遊，果洛、玉樹、黃南、海北等牧區的藏族風情遊和東部農業區的藏族風情遊等。不同地區風情也有較大區別。因此，民族風情不僅在不同民族之間各不相同，就是同一民族內部，在不同地區也存在很人的差異。青海省的民族風情旅遊資源是人文景觀旅遊資源又一重要組成部分。複合風景旅遊青海省複合風景旅遊點 70 多處，占青海省風景旅遊點的 8.0%，兼備自然、人文和社會景觀旅遊資源特色、多以城市、鄉村牧區和工礦企業綜合景觀面貌形式展現，大都有較高的知名度和旅遊價值。如高原古城西寧、戈壁新城格爾木、青南草原牧區風光，一向為世界遊客所矚目。

三、交通設施

（一）鐵路

　　蘭青、青藏鐵路幹線及 4 條支線、59 條專線貫通青海省東西，總鋪軌里程 1100 餘公里。規劃中（含建設中）鐵路有：川青鐵路、格敦鐵路、格庫鐵路、西張鐵路、格成鐵路、柳格鐵路、哈木鐵路、茶都鐵路、甘河支線鐵路、西海支線鐵路、錫鐵山至魚卡至一裏坪鐵路等。

　　根據《青海省鐵路發展規劃》，青海省將在未來 10 多年內建成 5 條地方鐵路，總里程約 663 公里。除目前在建的蘭青鐵路複綫、青藏鐵路西寧至格爾木段電氣化改造外，青海省將建成西寧至成都鐵路，形成青海與西南的便捷通道，鐵路營業里程達到 1913 公里；建成格爾木至庫爾勒、格爾木到敦煌鐵路，打通青海西出通道。同時，建成柳格鐵路，形成蘭新鐵路與青藏鐵路聯絡線，鐵路營業里程達到 2611 公里。屆時，一個以蘭青、青藏鐵路為主體、輔以相應幹支線、溝通省內大部分州地市的路網將會基本形成。

　　到 2008 年青海省鐵路營運里程達 1650.9 公里，比 1959 年增長了 14.4 倍，年均增長 5.7%；鐵路貨運量由 46 萬噸增加到 2008 年的 2309.9 萬噸，增長 49.2 倍，年均增長 8.3%；鐵路客運量由 28 萬人增加到 2008 年的 404.4 萬人，增長 13.4 倍，年均增長 5.6%；貨運周轉量由 1981 年的 6.45 億噸公里增加到 2008 年的 148.50 億噸公里，增長 22.0 倍，年均增長 12.3%；客運周轉量由 1978 年的 8.53 億人公里增加到 2008 年的 33.26 億人公里，增長 2.9 倍，年均增長 4.6%。

（二）公路

青海省現有西寧曹家堡機場、格爾木機場和玉樹巴塘機場三個機場。規劃中的機場有花土溝機場、果洛大武機場和德令哈機場。青海民用航空已開通西寧至北京、西安、廣州、重慶、深圳、拉薩、南京、瀋陽、呼和浩特、青島、格爾木、成都、武漢、上海、杭州、烏魯木齊等地的航班。

（三）水路

青海省的通航水域主要集中在青海湖、李家峽、龍羊峽、公伯峽、黃河上游貴德境內以及克魯克湖等地區。至 2008 年底，黃河上游尕馬羊曲至大河家橋段航道總里程 351.54 公里，青海湖有 6 條航線，里程約 190.07 公里。航道等級主要以六級為主。目前已通航里程近 317.74 公里。截止目前有各類船舶 124 艘，其中客船 53 艘，近 785 個客位。青海省有五等及以上持證船員 174 名，已登記在冊水運企業 7 戶 2008 年完成水上客運量 21 萬人次，周轉量 226 萬人公里。目前經過設計建設的碼頭有青海湖 151 碼頭、二郎劍碼頭、李家峽碼頭、貴德碼頭、龍羊峽碼頭等。

四、旅遊業發展情況

近年來，位於世界屋脊的青海省通過發展旅遊業，盡顯「大美青海」獨特魅力，每年吸引眾多國內外遊客來青海旅遊，旅遊收入保持 20%以上的增長。據統計，自 2000 年以來，青海旅遊業快速增長，2009 年共接待國內外遊客 1108.61 萬人次，比上年增長 22.5%，全年實現旅遊總收入 60.15 億元人民幣，增長 26.6%，旅遊創匯 1542.4 萬美元，增長 52.0%。「大美青海」旅遊品牌正在國內外逐步形成。

　　近年來圍繞「生態立省」戰略，青海生態保護建設收到實效，青海湖、三江源區生態環境不斷好轉，青海省隨之大力發展生態旅遊業，對三江源、青海湖等原生態的旅遊資源超前規劃，成為該省綠色經濟的有力抓手，2009 年 8 月，青海玉樹機場正式通航，意味著三江源高原生態旅遊走上了快速通道。旅遊已成為青海經濟發展的又一增長點。

表 29　2008 年旅行社基本資訊

項目	國際旅行社	其中：出境組團社	國內旅行社
戶數（家）	20	4	178
合計	198		

表 30　1998－2008 年青海省旅遊情況

年份	旅遊總收入（億元）	同比（%）	國內旅遊收入（億元）	同比（%）	國內遊客（萬人次）	同比（%）	外匯收入（萬美元）	同比（%）	入境遊客（萬人次）	同比（%）	旅遊直接從業人員（萬人）
1998	4.58	17.4	4.3	18.5	152.84	1.9	276.4	2.4	1.66	38.3	0.5
1999	4.91	7.2	4.52	5.1	160	4.7	393.8	42.5	2.05	23.5	0.8
2000	10.55	115	9.88	118	317.7	98.6	740	87.9	3.26	59	1.2
2001	13.25	25.6	12.44	25.9	370	16.5	902	21.9	3.97	21.8	1.6
2002	15	14.7	14.1	13.3	418	13	998	10.6	4.35	9.6	1.9
2003	14.63	-3.8	14.25	1.1	394.3	-5.7	472.92	-52.6	1.77	-59.3	2.2
2004	20.20	38.1	19.47	36.6	509.23	29.1	912	92.8	2.89	63.3	2.5
2005	25.73	27.4	24.84	27.6	633	24.3	1102	20.8	3.52	21.8	2.8
2006	35.69	38.7	34.63	39.4	810.34	28	1325.1	20.2	4.22	19.9	3.1
2007	47.38	32.8	46.11	33.2	996.6	23	1590.6	20	5.0	18.5	3.3
2008	47.51	0.3	46.72	1.3	902	-9.5	1014.7	-36.2	2.99	-40.2	3.6

（資料來源：青海省旅遊局）

　　通過這幾年來的努力建設，改變了青海旅遊業交通不便、通訊落後、接待能力差的局面。青海省政府和旅遊主管部門積極籌措資金加大旅遊景（區）點的配套建設，逐步改善了景（區）點設施簡陋、旅遊環境差等狀況，形成了以青海湖、鳥島、坎布拉等為主的高原自然風光景區；以互助土族、循化撒拉族民俗、傳統文化為主的民族風情園景區；以西寧、貴德的文化、休閒旅遊景區；以塔爾寺等為主的宗教文化旅遊景區；以黃南熱貢藝術為主的藏族繪畫藝術景點；以「三江源」生態風光和藏族文化、風情旅遊景區；以及青藏鐵路沿線旅遊景區已成為青海省的重要旅遊景區。各地區一批新的旅遊賓館等設施投入使用，提高了旅遊接待能力，為今後旅遊業的發展打下了一個較好的基礎。

　　積極拓展客源市場。旅遊部門通過加強宣傳力度、提高了青海旅遊的知名度、擴大了客源市場。特別對北京等大城市、環勃海、長江三角洲、珠江三角洲等重點客源地持續推介旅遊線路、品牌，到國外進行宣傳、促銷，並與媒體合作加強宣傳和推介，樹立起了青海的旅遊形象，「青藏高原」、「夏都西寧」的品牌在中國打響，青海湖、鳥島、塔爾寺、原子城等成為國內外有影響的景點。

　　通過舉辦各種經濟、文化、體育活動推動旅遊業的發展。2009年通過舉辦「鬱金香節」、「青洽會」、「環青海湖國際公路自行車賽」、「國際黃河極限挑戰賽」、「世界盃攀岩賽」、「青海湖國際詩歌節」等重大活動，以及各地區舉辦的民族、文化、傳統的節慶活動極大地提高了青海省的旅遊知名度，也為青海省旅遊季節增添了亮點和色彩，吸引了眾多的海外和國內遊客。

五、地方法規

1. 青海湖旅遊區管理暫行規定（2004 年 12 月）

2. 青海省旅遊條例（2003 年 5 月 30 日）
3. 鄉村旅遊品質等級劃分與評定（2007 年 5 月 15 日）

山西

一、概況

　　山西，因地屬太行山以西而得名，省會太原。山西省地處黃河流域中部，位於北緯 34°34'～40°44'，東經 110°15'～114°32'。總面積 156579 平方公里，現轄太原、大同、朔州、陽泉、長治、忻州、呂梁、晉中、臨汾、運城、晉城等 11 個地級市，共 85 個縣，11 個縣級市，23 個市轄區。

　　山西邊界山環水秀，境內高山峻嶺，黃土丘陵縱橫交錯，「東則太行為之屏障，西則汾河為之襟帶。北則陰山、南則首陽、砥柱、析城諸山濱河而錯峙。汾、澮縈流於右，漳、沁包絡於左」。複雜多變的地形地貌造就了許多名山大川、溶洞怪石、清泉湖泊、激流瀑布等豐富多彩、特徵突出的自然景觀及珍貴生物。抗日戰爭、解放戰爭等近代反帝反殖民地戰爭，也為山西留下了眾多具有重大歷史意義的遺跡和勝地。

二、旅遊資源概況

　　山西省的旅遊發展一直以文物大省作為自己的定位基礎和主導方向，豐富的旅遊文化資源正在轉化為產業優勢和經濟優勢。山西旅遊產業經過 20 多年的發展，經歷了從「接待事業型」到「一般產業型」，再到「新的支柱產業」的轉變和升級，海外、國內、出境三大旅遊市場實現了快速發展，旅遊對經濟和社會的貢獻力量

日益增強。從中國來看，山西旅遊業規模不是很大，但是特色鮮明，體系較為完善。近幾年來，山西旅遊產業在基礎設施、旅遊規劃、旅遊運行品質等方面下了很大功夫，使旅遊業獲得了長足發展。2009 年山西省旅遊業實現總收入 892.53 億元，提前實現了《山西省「十一五」旅遊產業發展規劃綱要》到「十一五」末旅遊年總收入達到 800 億元的發展目標。

（一）自然旅遊資源

山西省境內山環水繞，地形複雜，地貌多樣，氣候適中，四季分明，自然風光秀麗迷人。山西擁有許多雄偉壯觀、引人入勝的名山大川、溶洞怪石、清泉湖泊、激流瀑布、神奇天象、珍貴生物等自然景觀。山西省的主要山峰主脈均在 2000 米以上。複雜的自然環境為動植物的生存提供了優良穩定的生態條件。山西省現有的 39 個自然保護區可以根據自然環境特點和主要保護的動物、植物物種劃分為 3 個類型：森林生態型、野生動物型和野生植物型。

山西是中國唯一一個擁有五嶽、五鎮和四大佛教名山的省份。最著名的有五嶽之一的北嶽恒山，是國家級風景名勝區。五鎮之一的中鎮霍山，四大佛教名山之首的五臺山。大川首數黃河，是山西、陝西兩省的天然分界線，流經山西 19 個縣，流程 965 公里，先後匯入 18 條較大的支流和上千條溪流，形成了著名的景點壺口瀑布，黃河壺口瀑布是僅次於黃果樹瀑布的中國第二大瀑布，是國家級風景名勝區。黃河兩岸秀峰林立，形態萬千，猶如一幅幅美不勝收的畫卷，形成多處風光寶地，成為山西取之不竭、用之不盡的旅遊資源。山西境內太行、呂梁、中條山中有多處石灰岩溶洞，如沁水白雲洞、壺關紫團洞、盂縣萬花洞、玉華洞、太原天龍山溶洞、忻州禹王洞等，大都保存完好，洞體廣闊，鐘乳石琳琅滿目、千姿百態。山西氣候季節性強，複雜多變，既有千里冰封的北國風光，又有開展多種溫帶旅遊活動的條件，還可飽覽奇特大氣景觀。山西

已建成龐泉溝、蘆芽山、曆山、莽河等 45 個省級以上的自然保護區，古樹名木、珍禽異獸深藏其中，褐馬雞、獼猴、娃娃魚都是罕見的珍奇動物。

（二）人文旅遊資源

山西又是中華民族文明的發祥地之一，歷史悠久，文化燦爛，素有「中國古代藝術博物館」、「文獻之邦」的美稱。山西人文古跡眾多，國家級和省級文物旅遊景點有 70 多處，現存古代建築 18118 處。遼金以前的木構建築 106 處，占中國同期建築物的 72.6%；省內歷代古塔多達 280 多座，其中以應縣佛宮寺釋迦塔、五臺山白塔、代縣阿育王塔、太原永祚寺雙塔、洪洞廣勝寺飛虹塔和永濟普救寺鶯鶯塔最為著名；山西境內規模較大的石窟有北朝時期 19 處，隋唐時期 21 處，宋代 2 處，元代 2 處，明代 5 處，加上雲岡石窟，天龍山石窟共 51 處；山西是歷代兵家必爭之地，內外長城延伸到大同、朔州、忻州、晉中、呂梁、陽泉等八個市境內，約計 3500 公里；有雁門關、平型關、甯武關、娘子關、偏關等重要關隘。古城垣較為完整的有平遙城和娘子關城；寺觀壁畫有 27000 平方米，古代彩塑 12712 尊，壁畫 23000 幅；發掘出具有較高研究價值的古文化遺址多處，屬於舊、新石器時代的有芮城西侯度遺址及匼河遺址、襄汾丁村遺址、沁水下川遺址等；山西是革命老區，近代、現代的革命鬥爭給山西留下了許多珍貴的革命文物、故地。著名的紅色旅遊景點有武鄉縣八路軍總司令部舊址、武鄉王家峪八路軍太行紀念館、百團大戰指揮部和紀念館、抗日軍政大學總校舊址、紅軍東征紀念館、平型關戰役舊址、五台縣松岩口白求恩模範醫院舊址、劉胡蘭烈士紀念館等。

山西的民情風俗、民歌藝術、民間舞蹈、民間音樂、戲曲藝術、剪紙藝術、皮影藝術、年畫藝術等都很有特色。新中國成立後，特別是改革開放三十年來，在山西日新月異的建設發展中，人民群眾

又創造出一批新的旅遊景觀。到目前推出的 29 處國家級的工農業旅遊示範點已形成山西旅遊產品中的新亮點，其中：昔陽大寨村、忻州前郝村、汾陽賈家莊生態農業園、太原東湖醋園、平朔露天礦、大同晉華宮煤礦井下游、杏花村汾酒城、運城鹽湖養生城等，集觀光、休閒、體驗與文化為一體。太原的晉祠是形式多樣的古建築薈萃的遊覽勝地；平遙古城是中國現存三座古城之一，被列為世界文化遺產名錄；因拍攝《大紅燈籠高高掛》而聞名的祁縣喬家大院，加上祁縣渠家大院，靈石王家大院，太谷三多堂，共同組成山西晉中的大院民俗文化。

山西的土特產品種類繁多。杏花村汾酒是中國古老的歷史名酒，色如水晶美玉，清香純正，味美無窮，暢銷國內外；山西老陳醋甜綿酸香，不僅調味上佳，還可消食、美容、殺菌；沁州黃小米形如珍珠，是皇家貢品；平遙牛肉色、香、味俱全；清徐葡萄、汾陽核桃、柳林木棗、同川梨、太原頭腦等土產名吃也是風味各異，回味無窮。

三、旅遊資源優勢

（一）旅遊區位優勢

山西北鄰首都北京，南鄰古都西安、洛陽，東面、東南面緊鄰新興大城市石家莊、鄭州。這五大城市不僅工商業發達，而且高等教育也很先進，有 100 多所高校。另外，山西屬於中國中部內陸省份，可以成為南來北往、東進西出的中轉站。

（二）旅遊交通優勢

交通便利是發展旅遊業的重要優勢。目前，對外形成了以太原為中心，與相鄰省份連接，尤其是與北京、石家莊、鄭州、西

安、洛陽五大城市連接的「K」字形鐵路網、高速公路網；同時還形成了以太原為中心，輻射中國各大城市的航空網。對內以太原為中心形成的鐵路網、公路網連接了山西境內幾乎所有的旅遊景點。

山西是中國旅遊開發最早的省份之一。從自然旅遊資源看，山西位於太行山以西，黃河以東，自古被稱為「表裏山河」。複雜多變的地質、地貌、水文、氣象條件，造就了許多雄偉壯觀、引人入勝的名山大川、溶洞怪石、清泉湖泊、激流瀑布、神奇天象、珍稀生物等自然景觀。山西自然旅遊資源之豐富位列中國前列，除了海洋、沙漠以外，幾乎擁有所有的自然景觀，而鹽池、萬年冰洞、火山群卻是絕大部分省份所沒有的。從人文旅遊資源看，山西是中華文明發祥地之一，春秋時為晉國，故簡稱晉。山西現存的古建築居中國之首，列為國家重點保護的有 50 處，省級 400 多處，其中宋代以前的地上古建築約占中國總數的 70% 多，被譽為古代建築的博物館。山西悠久的歷史，留下了眾多的文化遺產-宮觀寺院、歷代古塔、石窟造像、彩塑壁畫、古城關隘、文化遺址、出土文物、傳世珍寶及風情民俗、風味名食、烹飪技藝等文化遺產。「山西——中國古代藝術的博物館」之稱，已被國內外各界人士所認同。

（三）山西省生態旅遊資源特點

1. 特色鮮明，壟斷性強

由於山西省地理位置，省界自然整合封閉，地質地貌的影響，形成了自己鮮明的特色。世界罕見的黃土地貌，氣魄雄魂的黃河壺口瀑布，中國最大的峽谷風景帶太行大峽谷群，中國東部典型的火山群大同火山群等，均是高強度的壟斷性資源，絕非圖有虛名，實質性觀賞價值極大。

2. 數量多、分佈廣、觀賞性強

與江淮以北多數省區比，山西省境內至今保留的最適宜人們進行生態旅遊的自然保護區和森林公園的數量面積明顯多於我北方許多省區，尤其優於山西省周邊的冀、豫、內蒙古、陝與京津各地，這些地區森林茂密，山川縱橫，瀑泉林立，暑期氣溫涼爽，多為河流源頭發生地。

（四）人文景觀的交織

作為華夏文化的搖籃，山西省的自然旅遊資源更是處處烙上了歷史的足跡，自然和人文高度融為一體，山、水和古老的建築群、傳說掌故緊密相連顯示著厚重的文化底蘊，奠定了山西省生態旅遊在中國不可替代的重要地位。

（五）有著豐富獨特的民俗風情

晉中的民間社火、臨汾的威風鑼鼓、運城平陸的地窨院、忻州河曲的鄉曲民歌等等，都是古老文化的凝聚與沉積。近年開發的襄汾丁村民俗博物館、祁縣民俗博物館、定襄民俗館，集中反映了晉南、晉中、晉北民間傳統的歲時風俗、婚喪嫁娶、禮義風習、民間工藝和文化娛樂，成為中國北方漢民族古老文化的縮影。

（六）山西旅遊產業的運行特點

1. 旅遊產業體系不斷完善

山西旅遊業從業人數、旅遊景區建設初具規模，產業發展呈現出全方位、多元化的格局。到 2009 年底，山西各類旅遊經營單位達到 6840 個，其中，旅遊中等職業院校 14 家，23 家高等院校開設了旅遊專業。旅遊景區（點）660 餘處，正式對外開放的 365 處，

A級以上旅遊景區76家（5A級景區2家，4A級景區41家，3A級景區2家，2A級景區24家，A級景區7家）。各類旅遊接待設施3998個（含賓館、飯店、招待所、療養院、度假村等）。其中星級飯店343家，總房間數為31938間，總床位數為61045個（五星級7家、四星級55家，三星級124家，二星級156家，一星級1家）。旅遊餐飲單位368個。旅行社723家（國際旅行社37家、國內旅行社686家）。2008年統計，山西省共有持證導遊14854人，初步形成了一支高、中、初級結合的職工隊伍和要素市場基本配套的產業體系。基本形成了食、住、行、遊、購、娛在內的完整旅遊新體系。

2.旅遊相關設施不斷完善

到2008年連接周邊客源市場的京大、大運、邯長、晉焦、運三高速公路全線貫通，形成了以省會太原為中心的3小時旅遊圈，幹線公路到景區連接段基本通暢，山西省主要旅遊城市和重點景區均在京、津、冀、豫、陝等省5小時車程範圍。太原機場升格成國際機場，大同機場、運城機場、長治機場相繼投入使用。國內外航線可直通中國38個大城市和香港地區，這些都大大增強了山西省旅遊的可進出性。旅遊道路標識牌、景區停車場、景區廁所、遊客服務中心、旅遊資訊網路等基礎配套設施都得到了大幅改善。到2009年年底，山西省建成旅遊交通幹線設立旅遊交通標識牌429塊，建成旅遊星級廁所70個，建成遊客服務中心42個。在旅遊資源開發方面，據統計，僅「十五」期間，山西全省用於旅遊基礎設施建設和旅遊資源開發投資達69.64億元，比「九五」時期增長了5倍，重點景區基礎設施條件明顯改善。到目前山西省共有世界遺產2處，A級以上旅遊景區68家，其中5A級景區2家，4A級景區31家。有6家景區列入國家級「紅色旅遊經典景區」。

3. 山西全省接待海外旅遊人數和國內旅遊都呈現出高速增長的趨勢，且旅遊經濟高於山西省國民經濟總體增長速度。

旅遊經濟效益明顯提高，2009 年山西省國內旅遊收入累計達到 865.85 億元，同比增長 20.05%，山西全省旅遊總收入達到 892.53 億元，同比增長 20.72%。假日旅遊經濟進一步繁榮，2009 年山西省假日旅遊經濟得到了進一步的發展。據統計，2009 年「春節」、「十一」兩個黃金周和「五一」小長假山西全省共接待國內外遊客1892.48 萬人次，占到全年接待總量的 17.84%。實現旅遊收入 80.66 億元，占到全年旅遊收入的 9.04%。假日旅遊對拉動旅遊刺激消費起到了積極的促進作用。

（七）山西三大旅遊市場的發展趨勢

2000 年以來，山西海外、國內、出境三大旅遊市場實現了快速發展，旅遊對經濟和社會的貢獻力量日益增強。但 2003 年是個非常特殊的年份，由於 SARS 的影響，山西旅遊業受重創，2004 年則是旅遊業發展的恢復期。值得欣慰的是，經過近兩年多時間的努力，到目前山西旅遊業得到了很好的恢復，並且又有了新的發展，基本上又回到本世紀初的增長態勢，並為今後旅遊業的發展奠定了良好的基礎。

1. 入境旅遊市場振興

入境旅遊接待人數從 2001 年的 19.8 萬人次增加到 2008 年的93.9 萬人次，增長 3.7 倍，年均遞增 24.7%；2009 年山西省入境旅遊創匯達到了 37794.05 萬美元，同比增長 25.71%。

2. 國內旅遊市場活躍

隨著山西省國民經濟的穩定增長，人民群眾生活水準的日益提高，國內旅遊接待已步入大眾化階段，已經成為居民日常生活方式的重要組成部分之一。2008 年山西省接待國內旅遊人數達 9383.8 萬人次，比 2001 年增長 1.7 倍，年均遞增 15.1%；2009 年全年接待量突破 1 億人次大關。

3. 出境旅遊市場攀升

從改革開放以來到現在，經國務院批准的中國公民出國旅遊目的地國家和地區達到 109 個，已經實施了 69 個。山西省公民自費出國旅遊人數由 2000 年末的 7279 人次增長到 2008 年的 70091 人次，年均遞增 107.9%。2009 年出境人數達到 78502 人次，同比增長 12.00%，實現了出境、入境市場的良性互動。2001-2008 年山西旅遊總收入與 GDP 增速比較（單位：%）

（八）旅遊業發展對國民經濟增長的貢獻

1. 旅遊總收入增長速度快於 GDP 的增長，2008 年山西省旅遊總收入增長 27.2%，比同期 GDP 的增長 10.7%，快 16.5 個百分點。
2. 旅遊總收入相當於山西省 GDP 的比重不斷提高，到 2008 年，山西省旅遊總收入達 739.3 億元人民幣，比 2001 增長了 6.362 倍，相當於山西全省 GDP 的 10.7%。比 2001 年的 5.6%，提高了 5.1 個百分點。
3. 旅遊總收入占中國的比重不斷提高，到 2008 年，山西全省旅遊總收入占中國的比重為 6%，比 2001 年的 2.1%，提高了 3.9 個百分點。

四、地方法規

1. 山西省促進旅遊產業發展條例
2. 山西省綿山風景名勝區旅遊服務規範
3. 山西省旅遊條例
4. 山西省旅遊景區景點服務通則
5. 太原市旅遊管理條例

五、參考資料

1. 山西旅遊資源優勢轉化為產業優勢正在破題，山西統計資訊網
2. 山西自然生態旅遊資源全揭秘，生態景觀壯麗奇特，中國網 china.com.cn
3. 山西旅遊業產業競爭力明顯提升，山西統計資訊網 www.stats-sx.gov.cn
4. 發揮山西旅遊資源優勢，加快旅遊產業發展，國家統計局山西調查總隊

陝西

一、概況

　　陝西省，簡稱陝或秦，也稱三秦，省會西安。因在陝州（現為河南省陝縣）以西，故稱陝西。陝西省位於中國西北地方東部的黃河中游，地處北緯 31°42'～39°35'，東經 105°29'～111°15'，是中國地理中心區。北與內蒙、寧夏接壤，西與甘肅相連，南與四川、重慶、湖北相通，東與山西、河南毗鄰，是中國大西北的門戶，連接中國東、中部地區和西南、西北的交通樞紐。地域南北長、東西窄，南北長 1000 公里，東西寬 360 公里，從北至南分為陝北高原、關中平原、秦巴山區三個自然區。土地總面積 20.58 萬平方公里，占中國土地面積的 2.1%。中華人民共和國大地原點就在陝西省涇陽縣永樂鎮。陝西境內山原起伏，河川縱橫，地形複雜。

　　設西安、寶雞、咸陽、銅川、渭南、延安、榆林、漢中、安康、商洛 10 個省轄市和楊淩農業高新技術產業示範區；有 3 個縣級市，80 個縣和 23 個市轄區，1602 個鄉鎮，142 個街道辦事處。

氣候和環境：

　　陝西位於中國東南濕潤地區到西北乾旱區的過渡帶，屬大陸性氣候。因受複雜地形的影響，南北各地氣候差異較大。「五原春色歸來遲，二月楊柳未掛絲，此地河畔冰開日，已是長安落花時。」「自昔關南（陝南）春獨早，清明已煮紫陽茶」就是這種差異的真實寫照。有亞熱帶氣候特色。

關中及陝北大部具溫暖帶氣候特色；長城沿線具有溫帶氣候特色。陝西年平均氣溫 5.9～15.7℃，年溫差別由北向南遞增，陝西各地平均氣溫穩定通過 10℃（即活躍生長期）的積溫為 1945～5000℃之間。無霜期陝北約 150～195 天，關中 200～220 天，陝南 240～269 天。陝西年降水量為 686.8 毫米。其中長城沿線為 340～450毫米，秦巴山地 900～1200 毫米。年降水量主要集中在 6－9 月份。

二、旅遊資源概況

陝西境內地上地下共有文物點 35750 處，其中國家級重點保護單位 55 個，省級 355 個。陝西省共有各類博物館、紀念館 74 座，館藏文物 60 多萬件，其中珍貴文物 5 萬餘件組，一級文物 3526件組，國寶級文物 123 件組，文物價值列中國省市自治區之最。陝西是中國文物特大省，文物景點達 3575 多處，其中國家級重點保護單位 89 個，省級 464 個，收藏各種文物 200 萬件以上，其中國家級文物 123 組件。陝西全省共有各類博物館、紀念館 103 座，館藏文物 60 多萬件，其中國寶級文物 121 件（組），陝西現有國家級歷史文化名城 6 座，省級 8 座。世界文化遺產 1 處：西安的秦始皇陵及兵馬俑坑。

陝西省共有歷代帝王陵墓 72 座。中華民族始福軒轅黃帝陵位於黃陵縣。周代陵墓地址不詳。秦代陵墓共有 18 座，其中秦始皇陵位於臨潼縣。其兵馬俑陪葬坑於 1974 年被發現後，立即轟動了世界，被譽為「世界第八奇跡」。西漢‧魏晉至隋，有 17 座帝王陵在陝西。唐代 18 座帝王陵在渭北依山而建，最著名的有唐太宗昭陵、唐高宗幹陵、唐睿宗橋陵等。此外，還有太子公主、文臣武將墓近千座，如韓城市的司馬遷墓和勉縣諸葛亮墓等。

古建築也是陝西的一大特色。明代西安城牆是全世界保存最完整的古代城牆，高 12 米，寬 15 米，周長 14 公里，鐘樓（建於 1384

年）是西安的象徵。其他著名古建築群還有三原縣城隍廟、韓城市文廟、城隍廟等。韓城市党家村古民居群被譽為「人類文明的活化石」。古建築遺址有西周豐鎬、秦阿房宮、漢未央宮、唐大明宮四大宮殿遺址。

宗教建築有老子著述首先經之處的道教聖地樓觀台，有佛教淨土宗的祖庭香積寺，有唐僧玄翻譯佛經和講授經典的大慈恩寺，有安葬唐僧舍利的興教寺以及西安市化覺巷清真寺等。1986年，法門寺出土文物的發現又一次轟動世界。著名的塔院有唐大雁塔、小雁塔、扶風法門寺塔、高陵三陽寺塔等。涇陽的崇文寺塔高達 89 米，是中國最高的古代磚塔。石窟寺主要有彬縣大佛寺石窟、耀縣藥王山摩崖造像、子長縣鐘山石窟以及藍田縣水陸庵雕塑等。

陝西還有眾多的碑石和石雕。碑石集中於西安碑林、耀縣碑林、略陽碑林，是中國書法藝術的寶庫。摩岩題刻的代表是陝南的石門棧道題刻。著名石刻有昭陵六駿、漢茂陵石刻、唐乾陵石刻和唐橋陵石刻等。其歷史和藝術價值極高。陝西共有博物館 57 座，館藏文物 54 萬件（組），其中一級文物 1800 多件。陝西歷史博物館是中國最大的現代化歷史博物館，建築面積 5.6 萬平方米，展室面積 1.1 萬平方米，收藏了陝西出土文物精品 11 萬多件（組）。秦始皇兵馬俑博物館是中國規模最大的遺址博物館。西安唐代藝術館是中國第一個斷代史博物館。著名的博物館還有：收藏秦代文化代表遺物的咸陽博物館，保存漢代石廢物茂陵博物館珍藏漢魏書法珍品「石門十三品」的漢中市博物館，被譽為「中國書法藝術寶庫」的碑林博物館以及半坡遺十博物館、乾陵博物館、臨潼華清宮禦湯遺址博物館，耀州窯遺十博物館、司馬遷紀念館、延安革命紀念館、西安事變紀念館等。

陝西省境內有以險峻著稱的西嶽華山，有一望無際的八百里秦川，有景色秀麗、充滿傳奇色彩的驪山風景區，也有六月積雪的秦

嶺主峰——太白山。目前，陝西省有世界遺產 2 處；國家級風景名勝區 6 處，自然保護區 5 處，省級風景名勝區 28 處，森林公園 15 處，地質公園 3 處，歷史文化名城 6 座，省級歷史文化名城 11 座；省級風景名勝區 29 處，自然保護區 17 處，森林公園 39 處，歷史文化名城 11 個。國家級自然保護區 9 處，省級自然保護區 30 處。單就旅遊景區而言，則有 300 多家，其中國家級旅遊景區 88 家，5a 級旅遊景區 3 家，4a 級旅遊景區 23 家。

三、旅遊資源特點及開發情況

陝西目前開發旅遊資源 100 多處，初步形成了以西安中心，以人文古跡為特色的向東、西、南、北輻射的四條旅遊線路。點線結合形成了不同文化內涵、不同風格、景觀別具的十大旅遊區。西安古都旅遊區、驪山風景名勝旅遊區、長安古寺廟旅遊區、華山旅遊區、咸陽帝王陵墓旅遊區、寶雞法門寺旅遊區、延安三黃一聖旅遊區、榆林塞上風光旅遊區、黃河旅遊區和柞水溶洞旅遊區，這些旅遊區在中國旅遊業中佔有舉足輕重的地位。

陝西是中國旅遊資源最富集的省份之一，具有巨大的開發優勢。陝西是中華民族的發祥地，先後有周、秦、漢、唐等 13 個王朝在此建都，歷時 1100 餘年。悠久的歷史和璀璨的文化，聚集了得天獨厚的人文旅遊資源，是陝西省發展旅遊產業獨有的特色和優勢。陝西省的文物數量列中國之最，陝西古遺址、古建築、古陵墓、碑碣石刻及國家級文物數量之多，也居中國各省市自治區之首。陝西民風古樸，民俗獨特，其中戶縣農民畫、西府民間工藝、蒲城焰火、安塞腰鼓、陝北秧歌、民間剪紙也是陝西人文旅遊資源的重要組成部分。

陝西的自然旅遊資源以秦嶺為依託，秦嶺山脈橫貫陝西西安南部東西，為中國南北氣候的分界線，是長江、黃河兩大水系的

分水嶺，也是動物區系古北界和東洋界的交匯地帶，優越的自然環境孕育了豐富的森林和野生動植物資源；其北坡為溫帶氣候，南坡為亞熱帶氣候，植被，景觀分界明顯。秦嶺是國際著名的保護區群（包括太白、周至、佛坪、長青、牛背梁五大自然保護區），完整的保存了許多原始生態系統特徵，生活著朱、大熊貓、金絲猴、羚牛等世界珍稀野生動物，分佈著大量國家一、二級珍稀保護植物。

陝西省遵循保護和合理利用相結合的原則，努力開發獨具特色、形象鮮明的旅遊產品。目前陝西省已開發並具有一定規模的旅遊景區（點）200 餘處，其中國家 4A 級旅遊區 17 家，3A 級旅遊區 7 家，2A 級 15 家，A 級 3 家。初步形成了以兵馬俑博物館為代表的具有世界著名品牌形象的產品體系，旅遊資源優勢正在轉化為產業優勢和經濟優勢。

陝西將初步形成以西安為中心，以人文旅遊資源為特色，人文景觀與自然景觀相結合並具有國際影響力和市場震撼力的六大品牌旅遊景區，即以秦風、唐韻為主題形象的世界級文化觀光休閒旅遊目的地的臨潼旅遊景區；融紅色旅遊、祭拜朝祖、黃土風情、黃河風光、民俗文化為一體的中國紅色旅遊首選目的地和北方區域旅遊目的地的延安旅遊景區；集山嶽觀光、宗教文化、休閒娛樂為一體的「奇險天下第一山」的華山旅遊景區；以合十舍利塔建設為核心，逐步恢復盛唐風采，形成具有世界影響力的佛文化旅遊目的地的法門寺旅遊景區；依託秦嶺獨特的氣候、動植物、地質、水文、生態以及人文等資源，建設國家公園品牌的秦嶺生態旅遊景區；以司馬遷祠墓、古城元明清建築、秦晉黃河峽谷所體現的歷史文化、地方文化、民俗文化和自然風光為特色的國家歷史文化名城韓城古城旅遊景區。

四、交通設施

（一）航空

陝西的西安、延安、榆林、安康、漢中都有機場，中國六大骨幹航空公司之一的西北航空公司、中國聯合航空公司西安公司和長安航空公司的總部都設在西安，以咸陽國際機場為中心，為古城西安建起了一條聯接五大洲的空中紐帶。現從國內外 60 多個大中城市以及香港、澳門、日本福岡、廣島、新瀉、名古屋等地都可直飛西安。

（二）鐵路

西安是中國華北、華東、中南、中原溝通西南、西北地方的鐵路交通樞紐。「歐亞大陸橋」隴海鐵路橫貫西安，西延鐵路從古城西安向北「投奔」革命勝地延安，與建設中的神延、包神鐵路相連直達包頭。把華山、臨潼、西安、咸陽、寶雞連成一線；西安到省內的延安、銅川、安康都有列車直達。西安火車站距市中心 6 公里，交通十分方便。每天有 110 列火車進出西安站，從西安始發的列車有 37 列，日客流量達三萬人次。

（三）公路

陝西的公路交通以西安為中心，9 條國道向四周呈放射狀。西安是中國第二大公路交通樞紐，僅次於北京，從西安至銅川、西安至華山和潼關、西安到咸陽、寶雞都有高速公路。西安市現有公路總里程 4091 公里，其中四級以上公路 4089 公里，公路橋樑 1710 座，公路密度每百平方公里 32.5 公里。市區公交營運線路 62 條，總長度 625.3 公里。每萬人擁有公車輛 18.8 標準台，日客流量 297.3 萬人次。

五、旅遊市場的基本情況

2008 年，全市接待國內旅遊者 3169 萬人次，同比增長 5.0%，國內旅遊收入 214.8 億元，同比增長 10.3%；接待海外旅遊者 63.2 萬人次，同比下降 38.6%，創匯 3.59 億美元，同比下降 33.8%；實現旅遊業總收入 243.52 億元，同比增長 2.7%。2009 年陝西省旅遊業依然保持了增長勢頭。據統計，2009 年陝西省預計全年接待境內外遊客比上年增長 27%，旅遊業總收入比上年增長 28.5%，接待人數高於中國 17.6%，旅遊收入高於中國 13.1%。

六、旅遊業發展特點

（一）旅遊經濟整體實力逐步增強

從 1978 年改革開放之初到 2007 年三十年間，陝西省年接待入境旅遊者人數從 13.7 萬人次發展到 123.1 萬人次，增長了約 89 倍，年均增長率為 16.8%，外匯收入從 177.3 萬美元發展到 6.1 億美元，增長了約 343 倍，年均增長率為 22.3%，旅遊業總收入 2007 年達到 504.1 億元，約相當於陝西全省國內生產總值的 9.4%。截至 2007 年底，陝西全省共建成 A 級旅遊景區 89 家，其中 5A 級景區 3 家，4A 級景區 23 家，3A 級以下景區 62 家。售門票的旅遊景區（點）超過 260 家，年合計接待國內外旅遊者達到 8138 萬人次。1978 年陝西省共有兩家國際旅行社，沒有專門從事旅遊接待的飯店。2007 年底，陝西省已有國際旅行社 51 家，國內旅行社 427 家，專門用於旅遊接待的星級酒店 308 家，床位 7 萬多張，已完全可以滿足陝西省旅遊接待及對外開放的需要。

（二）旅遊產業結構進一步優化

「十五」期間，陝西省旅遊業已基本形成了吃、住、行、遊、購、娛等較為完善的產業體系。旅遊產品從傳統觀光旅遊向休閒度假、商務會展、購物娛樂、節慶活動等各類綜合性專案發展，形成了以「絲綢之路」、「中華文明精華」、「世界文化遺產」、「古老王朝街道」等傳統項目和以「佛教之旅」、「貴妃之旅」、「古三國之旅」、「紅色之旅」、「生態之旅」等獨特色彩的新型旅遊項目。旅遊產業結構在發展中不斷優化，旅遊餐飲業、飯店賓館業、旅遊交通業、旅行服務業、旅遊商貿業和旅遊娛樂業等旅遊產業呈現多元化的發展趨勢。

（三）旅遊基礎設施建設成效明顯

陝西省大力實施以改善旅遊交通、旅遊景區基礎設施和服務設施為重點的旅遊環境工程建設，陝西省用於旅遊基礎設施建設和旅遊產品開發的投入達 160 億元。針對旅遊景區公廁「少、低、差」的薄弱環節，實施了旅遊淨化工程建設。在旅遊區安排建設 150 座星級公廁，總投資 7000 萬元，其中省級補助 2770 萬元。旅遊環境工程的建設，有效地改善了旅遊景區環境，提升了景區的形象和品位，受到中外遊客的好評。例如：曲江旅遊度假區大手筆、高起點，全力打造陝西旅遊新精品。大唐芙蓉園投資 13 億元人民幣，集文化體驗、休閒度假、娛樂餐飲於一體，成為國內第一個全方位展示盛唐風貌的大型皇家園林式文化主題公園，彌補了陝西沒有大型主題公園的空白。建成開園後，立即成為陝西乃至中國中國旅遊的新亮點。大雁塔北廣場投資 5 億元，擁有亞洲第一大音樂噴泉，集高科技聲光電為一體，充分展示了唐風唐韻，成為陝西旅遊人氣最旺的景區之一。銅川玉華宮、西安翠華山、商洛牧護關等 6 家滑雪場先後建成並投入使用，實現了陝西省冬季旅遊產品的飛躍。

七、地方法規

1. 陝西省風景名勝區管理條例
2. 陝西省旅遊管理條例
3. 陝西省黃帝陵保護管理辦法

八、參考資料

1. 秦嶺將被建成 7 大旅遊資源區，游華山有望乘直升機，陝西新
   聞讓旅遊業成為陝西最具發展潛力的優勢產業、特色產業和支
   柱產業，絲綢之路，2009 年第 11 期。
2. 陝西省統計局網站。
3. 陝西省人民政府網站。

四川

一、概況

　　四川省簡稱川或蜀。位於中國西南地區、長江上游，在東經97°21'～108°31'，北緯 26°03'～34°19'之間，總面積 48.5 萬多平方公里。屬中國西南內陸，西有青藏高原相扼，東有三峽險峰重疊，北有巴山秦嶺屏障，南有雲貴高原拱衛，形成了聞名於世的四川盆地，地大物博，歷史悠久，自古以來就享有「天府之國」的美譽。

　　四川省地處中國大西南腹地，橫跨青藏高原東緣和四川盆地，自然生態環境結構複雜多樣，東部為四川盆地，有富饒的成都平原，西部為高原山地，周圍高山連綿，境內山多水急。四川是以漢族為主和少數民族集居的川西高原兩大人文地理生態系統，居住有漢、彝、藏、羌、苗、土家、回、蒙古、滿、傈僳、布依等 15 個民族。四川省氣候溫和、土地肥沃、特產豐富。盆地屬亞熱帶濕潤季風氣候，冬暖夏長，西南山區幹濕季分明，川西北高原長冬無夏，較為幹寒。

二、旅遊資源

　　四川省被列為國家重點風景名勝區的有：峨眉山、青城山——都江堰、黃龍——九寨溝、劍門蜀道貢嘎山等，被列為國家重點文物保護的有：樂山大佛、杜甫草堂、武侯祠、三星堆遺址等，此外還有成都青羊宮、王建墓、寶光寺、三蘇祠，白貢西秦會館、榮縣

大佛，廣元古棧道、千佛崖、皇則寺、江油李白故里、閬中瀘瀼橋、宜賓蜀南竹海、僰人懸棺、石海洞鄉等。四川地形可分為：東部的四川盆地和西部川西高原兩部分。盆地四周圍山脈環繞，峨眉山海拔 3099 米，聳立於盆地的西南邊緣，山勢巍峨，峰巒挺拔，是中國名山之一。

四川的河流幾乎均屬於長江流域，長江自萬縣以下穿巫山，造成從西到東長達 204 公里峽谷區，河道灘峽相間，兩岸高峰壁立，形勢極險，風光優美，為著名的長江三峽所在地，著名的長江三峽水利樞紐工程，將使長江為子孫造福。九寨溝的自然風光帶你進入人間童話王國，水利資源豐富。由於地形的不同，東部盆地冬暖、春早、夏熱、秋季多綿雨，濕度大、雲霧多。長江沿岸氣溫最高，向盆地邊緣逐漸降低。西部高原寒冷乾燥，日照強烈。因山地較多，古有「蜀道之難，難於上青天」之說，現已開闢川江和烏江航道，航空及鐵路交通，通往中國各地。四川的物產豐富，尤其是四川的川菜，以辛辣著稱，為中國四大名菜之一。

四川重要旅遊資源，茲分述如下：

一、列入聯合國《世界遺產名錄》的風景名勝（世界 690 處，中國 27 處、四川 4 處），（九寨溝、黃龍為世界自然遺產，青城山──都江堰為世界文化遺產，峨眉山──樂山大佛為世界文化和自然雙遺產）。四川旅遊資源具有數量多、類型全、分佈廣、品位高的特點，許多景觀在中國乃至世界上都是獨有或罕見的。不僅有海拔 7556 米的蜀山之王貢嘎山、四姑娘山、雪寶頂、西嶺雪山等雄峻美麗的高山，還有若爾蓋、阿壩、紅原等廣袤的大草原，有以大熊貓為主的各類世界珍稀動植物自然保護區以及眾多的河流湖泊。峨眉天下秀，青城天下幽，劍門天下雄，夔門天下險久享盛名，長江三峽飲譽中外；大足、安嶽石刻，樂山大佛、都江堰、自貢恐龍博物館等人文景觀中外馳名；九寨溝、黃龍寺景色絕佳，比作人間仙境、童話世界、天

上瑤池，已列為世界人類自然遺產；新推出的大寧河小三峽、蜀南竹海、興文石海洞鄉等已成為人們喜愛的旅遊去處；南江光霧山、通江諾水河、鹽源瀘沽湖、瀘定海螺溝等許多高品質、開發潛力很大的旅遊資源尚待開發。

此外，涼山彝族火把節、廣元女兒節、康定轉山會、樂山龍舟節等富有地方民族特色的傳統活動，也是頗具魅力的資源。四川旅遊資源的特點可歸納為 4 句話：雄奇秀麗的自然山川，豐富多樣的文物古跡，如詩如畫的田園風光，獨特有趣的民族風情；雄、奇、險、秀、幽、野、古、絕。到 1993 年，四川已開發建立了風景名勝旅遊區（點）約 90 個，自然保護區約 20 個，森林公園 52 處，地學科考旅遊線 10 多條。

二、列入聯合國《人與生物圈保護網路》的自然保護區（中國 16 處，四川 4 處），九寨溝自然保護區、汶川臥龍自然保護區、蜀南竹海自然保護區、黃龍自然保護區。

三、中國優秀旅遊城市（中國 22 座，四川 5 座），成都市、峨眉山市、都江堰市、樂山市、崇州市。

四、旅遊區（點）（中國 187 處、四川國家級 9 處、省級 1 處），國家 AAAA 級旅遊區（點）：峨眉山、都江堰、青城山、樂山大佛、九寨溝、黃龍、三星堆、蜀南竹海、海螺溝。省級 AA 級旅遊區（點）：蒙山。

五、中國旅遊勝地四十佳（中國 40 處，四川 5 處），九寨溝——黃龍、蜀南竹海、峨眉山、樂山大佛、自貢恐龍博物館。

六、中國重點風景名勝區（中國 120 處，四川 9 處）峨眉山——樂山大佛、九寨溝、黃龍、四姑娘山、西嶺雪山、青城山——都江堰、蜀南竹海、貢嘎山、劍門蜀道。

七、四川省級風景名勝區（57 處），蒲江朝陽湖、彭州九峰山、邛州天臺山、金堂雲頂石城、崇州九龍溝、仁壽黑龍灘、洪雅槽漁灘、彭山仙女山、樂山大渡河——美女峰、峨邊黑竹溝、青

神中岩、雷波馬湖、西昌螺髻山——邛海、冕寧彝海、鹽源瀘沽湖、興文石海洞鄉、屏山老君山、珙縣芙蓉山、筠連岩溶、自貢自流井——恐龍、瀘縣玉蟾山、敘永丹山、合江佛寶、名山蒙山、雅安碧峰峽、寶興夾金山、石棉田灣河、理縣米亞羅、茂縣疊溪——松坪溝、黑水卡龍溝、宣漢百里峽、達州真佛山、南江光霧山、什邡瑩華山、通江大巴山——諾水河、華鎣市華鎣山、安縣羅浮山——白水湖、三台雲台、青川白水湖、旺蒼鼓城山——七裏峽、遂寧廣德靈泉、蓬安白雲、資中重龍山——白雲峽、隆昌古湖、成都龍泉花果山、雙流黃龍溪、江油竇團山——佛爺洞、江油幹元山、江油李白故里、米易龍潭、會理龍肘山——仙人湖、南充西山、閬中錦屏山、蘆山靈鷲山——大雪峰、萬源八臺山、南部升鐘，合江筆架山。

八、國家森林公園（中國 292 處，四川 11 處），都江堰市龍池、大邑西嶺、洪雅瓦屋山、攀枝花市二灘、瀘定海螺溝、九寨溝縣九寨、劍閣劍門關、梓潼七曲山、鹽亭高山、合江佛寶、邛州天臺山。

九、四川省級森林公園（46 處），南充金城山、達州鐵山、廣元天臺、內江長江、崇州雞冠山、宜賓石城山、沐川涼風坳、大竹五峰山、綿竹雲湖、綿竹市綿竹、江油觀霧山、旺蒼鼓城山、南溪雲臺山、達州雷音鋪、榮縣高石梯、富順青山嶺、什邡天鵝、平武龍池坪、平武龍門洞、樂山碧山湖、沐川黃丹、射洪花果山、仁壽黑龍灘、彭州白鹿、安嶽千佛寨、宜賓七星山、巴中南陽、雅安周公山、成都玉蟾、華鎣市華鎣山、敘永玉皇觀、威遠白牛寨、瀘州方山、冕寧靈山、瀘定二郎山、江安青峰寺、都江堰市靈岩山、攀枝花市大黑山、南江米倉山、平昌佛頭山、閬中盤龍山、鄰水羅家洞、眉山寨子城、雙流東山、三台鳳凰山、古藺紅龍湖、蓬安白雲寨、昭覺松濤。

十、國家自然保護區（中國 153 處，四川 13 處），汶川臥龍、青川唐家河、九寨溝縣九寨溝、寶興蜂桶寨、馬邊大風頂、美姑大

風頂、攀枝花市蘇鐵、甘孜州貢嘎山、成都龍溪虹口、若爾蓋轄曼、四姑娘山、長江合江──雷波段、亞丁。

三、地方法規

四川省旅遊條例

西藏

一、概況

西藏自治區位於中國的西南邊陲。地處在東經 78°25'～99°06'，北緯 26°50'～36°53'之間的青藏高原上，平均海拔超過 4800 米，境內海拔超過 7000 米的高峰有 50 多座，其中 8000 米以上的有 11 座。加之氣候寒冷、氣壓低、空氣稀薄，所以素有「世界屋脊」和「世界第三極」之稱。西藏東面、北面分別與四川、雲南、青海、新疆等省接壤，南面同印度、錫金、不丹、緬甸等國毗鄰，西面與喀什米爾地區相接，面積 120 多萬平方公里，是一個以藏族為主的 200 多萬人口的自治區。

目前，西藏的旅遊項目主要是以文化觀光為主；同時還有登山、徒步、科學考察等特種旅遊。全境可供旅遊者遊覽的參觀點有 60 多處，形成了以拉薩為中心、日喀則、山南相結合，輻射那曲、阿裏、林芝等地的旅遊景點分佈格局。

二、旅遊資源

西藏旅遊業雖然擁有良好的旅遊資源，但是由於各種客觀條件的限制，1978 年以前西藏的旅遊業幾乎是一片空白。1979 年西藏旅遊局成立，揭開了西藏旅遊業快速發展的序幕。20 多年來，隨著西藏交通條件的改善，以及對外宣傳的不斷加強，以高原自然地理生態觀光和民族宗教文化體驗為主要內容的旅遊專案已受到國

內外遊客的青睞。目前，西藏旅遊業已初步形成了以拉薩為中心、各地市為依託的旅遊觀光接待網路，旅遊服務體系初具規模。

西藏旅遊局統計西藏旅遊資源，到 2004 年底，有已對外開放縣市 5 個、山峰 43 座、國家級名勝風景區 4 個、國家級歷史文化名城 2 座、國家級重點文物保護單位 13 個、自治區級文物保護單位 11 個、參觀旅遊點 40 多處。目前，西藏自治區政府一面初步投資 16 億元建設雅魯藏布江大峽谷國家級旅遊公園，一面在積極探索旅遊經濟發展與環境資源保護的良性發展模式，為西藏旅遊業的未來發展奠定堅實的基礎。

西藏旅遊資源主要包括以下幾類：高原地理奇觀，歷史文化遺存，宗教文化藝術，民俗風情景觀。

（一）高原地理奇觀

西藏自治區是青藏高原的主體，平均海拔在 4000 米以上，素有「世界屋脊」之稱，這裏獨特的高原地理景觀是世界其他地方所無法看到的。藏北高原是一望無際茫茫的大草原，在遼闊的高原上，分佈著眾多著名的山脈。西藏境內海拔 7000 米以上的高峰有 50 多座，海拔 8000 米以上的雪山達 11 座。聳立在中尼邊界上的珠穆朗瑪峰是世界第一高峰，每年吸引著許多國內外的登山愛好者。位於阿裏普蘭縣境內的岡仁波齊峰是藏傳佛教、印度教、本教和耆那教的著名聖地，每年前往朝聖的信徒絡繹不絕。西藏是中國河流最多的省區之一，其中流域面積大於 2000 平方公里的河流有100 多條，其中最為著名的雅魯藏布江及其支流年楚河、拉薩河、尼洋曲等，都具有極好的旅遊價值。西藏也是中國最大的天然湖泊密集區，全區大小湖泊共有 1500 多個，湖泊面積 2.4 萬平方公里，占中國湖泊面積的 1/3 以上，景致各異。著名的有藏北高原上的納木措、浪卡子縣境內的羊卓雍措、阿裏的瑪旁雍措、林芝的巴松措等。西藏地域遼闊，各地的自然特徵也千差萬別，藏北有美麗的羌

塘草原、藏東有茂密的原始森林、藏南有古老的高原農莊、藏西有廣袤的戈壁荒漠。

西藏高寒的自然條件及季風影響，使境內大陸性冰川和海洋性冰川十分發育，全自治區冰川面積 26119 平方公里，占中國冰川總面積的 46.6%，其中念青唐古喇山東段的卡欽冰川，喜馬拉雅山的北坡的絨布冰川等較為著名。在冰川周圍分佈有冰門、角峰、刃脊等冰川地形及冰塔林、冰洞、冰面溪流、冰裂縫等奇特景色。

西藏現有世界級國家自然保護區 3 處：珠峰自然保護區、藏北羌塘自然保護區、藏東南雅魯藏布大峽谷自然保護區；國家級名勝風景區 1 處：雅礱國家級風景名勝區。現已開闢了拉薩——林芝——山南——拉薩生態旅遊環線；拉薩——日喀則——阿裏朝聖觀光旅遊線；拉薩——日喀則——定日——樟木觀光旅遊線；拉薩——那曲——青海草原風光旅遊線。

（二）歷史文化遺存

西藏是藏族文化的發祥地，考古發掘證明早在 2 萬年前的舊石器時代晚期，西藏就有了人類的活動。西元 7 世紀中葉，松贊干布統一青藏高原，建立吐蕃王朝。13 世紀西藏正式納入版圖，此後西藏與中國內地關係日益緊密，悠久的歷史為後人留下了許多歷史文化遺跡，比如：昌都卡若文化遺址、拉薩北郊的曲貢文化遺址、山南澤當縣的雍布拉康宮、瓊結縣的藏王墓、阿裏古格王城、薩迦寺、布達拉宮、江孜抗英遺址等。

現在被列為中國重點文物保護單位——古格王朝，產生於西元 10 世紀中葉至 17 世紀初，在吐蕃王朝滅亡後的西藏歷史上佔有十分重要的地位，抵禦了外來侵略的東進，捍衛了中國的統一。除此之外，位於山南窮結的藏王墓，作為藏族文化發祥地的山南澤當的古老傳說獼猴變人的貢布日神山及其山前的平壩；西藏人民為維護

中國統一，浴血奮戰的江孜宗山抗英遺址等，都具有極高的歷史文化價值，是西藏極為著名的人文旅遊資源。

（三）宗教文化藝術

西元 7 世紀佛教傳入西藏，其後與藏族傳統的本教相互融合形成了獨具特色的藏傳佛教。藏傳佛教在 1300 多年的歷史發展中，先後形成了許多教派，創建了許多規模宏大的寺院，如桑耶寺、甘丹寺、哲蚌寺、沙拉寺、紮什倫布寺、強巴林寺、白居寺、楚布寺等，這些寺院不僅是僧人們學經修習的場所，同時也是集中展示藏族宗教文化的寶庫。在西藏的寺院裏，都有繪製壁畫和懸掛唐嘎的習慣，在壁畫等的製作過程中，不斷吸收印度、漢族等地的繪畫技藝，形成了獨特的藝術風格和民族特色。因此，也有人將這些著名的建築稱之為藝術博物館。同時壁畫等反映的題材十分廣泛，如：日喀則德慶頗章宮內的《八思巴與元世祖忽必烈會於六盤山下》的壁畫，大昭寺內的《文成公主入藏圖》等，除了具有極高地藝術價值外，還有極高的歷史價值，真實地再現了藏漢民族友好交往的歷史。

西藏現有 1,700 多座保護完好、管理有序的寺廟。主要有以拉薩布達拉宮、大昭寺為代表的藏民族政治、經濟、宗教、歷史、文化中心人文景觀區；以山南雍布拉康、桑耶寺、昌珠寺、藏王墓群為代表的藏文化發祥地人文景觀區；以日喀則紮什倫布寺、薩迦寺為代表的後藏宗教文化人文景觀區；以藏北「古格王朝古都遺址」為主的文物古跡人文景觀區；以昌都康區文化為代表的「茶馬古道」歷史文化人文景觀區等。

（四）民俗風情景觀

居住在青藏高原上的藏族人民在適應和改造高原的過程中，形成了極具地域特色的生活方式和風俗習慣，他們的衣食住行、婚喪

嫁娶、節慶娛樂、禮俗禁忌等等都具有特殊的觀賞和認識價值。其中富於裝飾的藏族服飾、一妻多夫制家庭、奇異的天葬、塔藏等喪葬形式，以及草原上的賽馬會等倍受遊客的關注。藏民族的服飾有多種類型，但最基本的藏袍卻極為普遍，藏袍的結構寬大肥長，穿時用帶子系於腰間，在腹部形成一個較大的空囊，可裝物品，在牧區藏袍多用優質羊皮製作，在農區則採用黑色氆氌製作，用彩色布條鑲邊。對遊牧的藏民族而言，藏袍既是服飾又是被褥。

西藏的節日眾多，包括祭祀、農事、紀念、遊樂等多種項目。藏曆新年是藏族人民最隆重的節日，但各地的新年時間不盡相同。農區有慶祝豐收的望果節、牧區盛行賽馬會。雪頓節，藏語原意為吃優酪乳子的節日，後演變成為以演藏戲為主的節日。沐浴節，則為每年 7 月，男女老少湧向河邊，進行沐浴的一項洗滌野宴活動。全區現有國家優秀旅遊城市 1 座：拉薩市；世界文化遺產 1 處：布達拉宮及其擴展專案大昭寺、羅布林卡；國家級歷史文化名城 3 座：拉薩、日喀則、江孜；一年有 14 個風俗各異的民間重大節日。

三、旅遊資源特色

西藏的旅遊資源具有以下的特色：宗教特色、民族特色、壟斷性及自然性。

（一）宗教性

由於藏傳佛教在西藏較為廣泛的影響，使許多旅遊資源都帶有濃厚的宗教色彩，且不說遍佈全藏各地的為數眾多的富麗堂皇的寺院，寺院內長明不滅的酥油燈、低沉的法號聲，就連每天在拉薩八角街周圍川流不息、手拿轉經筒、不停地念著經咒的轉經者身上，就可領略到濃濃的宗教氛圍，甚至於自然的湖水、山峰也在藏人心目中具有了宗教色彩。坐落在普蘭縣境內的岡底斯山的主峰岡仁布

欽峰，由於流傳已久的宗教傳說，岡仁布欽峰便成為中外宗教信徒心中的聖地，每年吸引成千上萬的虔誠信徒不遠萬里前來朝拜。和神山相連的「聖水」瑪旁雍措被信徒們認為是世界「聖湖」之王，用「聖水」不但能清除人們肌膚的污穢，更能洗滌人們心靈的「五毒」，每年夏秋季，許多信徒前來聖湖沐浴，並將清澈的湖水作為禮物帶回饋贈親朋好友。

（二）民族特色

生活在西藏高原上的藏民族以及其他民族，在同大自然的鬥爭中創造了燦爛的藏民族文化，這些極具民族特色的人文旅遊資源，如宗教寺廟、寬大的藏袍、平頂的碉房民居、香味四溢的高原熱飲——酥油茶、風乾的牛羊肉、粗獷豪放的藏族歌舞、多姿多彩的節日、奇特的婚俗、喪俗等民風民俗，不僅讓旅遊者能夠領略到完全不同於自己生活地域的異域情調，而且也能讓旅遊者感受和認識藏族民族文化的獨特魅力。

（三）壟斷性

西藏高原作為世界最高的高原青藏高原的主體部分，其巨大的海拔，導致了許多旅遊資源成為世界上同類旅遊資源之最，例如世界最高峰珠穆朗瑪峰在其周圍一千平方公里的地域內，彙集了世界上 7000 米以上山峰的絕大多數；世界海拔最高的大湖——納木錯，藏語的含義即為天湖；世界第一大峽谷——雅魯藏布大峽谷，不論是其深度、長度均遠遠超過了秘魯的科爾卡峽谷和美國科羅拉多大峽谷；西藏東南部分佈著茂密的原始森林，其中，波密附近由於良好的水熱光組合，以及較大的溫差，使林木具有世界罕見的生產能力；西藏高原的南部和東南部山地，特別是喜馬拉雅山南坡，由於巨大的高差，產生了從熱帶到寒帶的極為完整的植被垂直帶譜，等等，這些資源大多數具有奇特、絕色、罕見的特點，在很大

程度上具有不可替代性，是登山探險、地學研究、生態考察等旅遊活動的最佳旅遊地。眾多的「世界之最」，使西藏成為世界頂級旅遊資源地之一。

（四）自然性

西藏高原四周高山林立，成為西藏與外界的天然屏障，加之封閉的自給自足的農牧經濟，減弱了西藏和外界的聯繫，因此，也就使西藏的旅遊資源較少受到外界工業文明的影響，保留了旅遊資源中原始的外形特徵和內涵。同時，外界對西藏的認識、瞭解較少，使西藏的許多旅遊資源具有神秘的陌生感，雖然，今天的西藏已經打開了封閉的大門，但西藏的神秘仍吸引著眾多的旅遊愛好者。

四、地方法規

西藏自治區旅遊管理條例

新疆

一、概況

　　新疆維吾爾自治區簡稱新疆或新。位於中國西北部，地處歐亞大陸中心。面積 166 多萬平方公里，約占中國面積的 1/6，是中國面積最大的一個省區。除東南聯接甘肅、青海，南部聯接西藏外，其餘與 8 個國家為鄰，即東北部與蒙古毗鄰，北部同俄羅斯聯邦接壤，西北部及西部分別與哈薩克斯坦、吉爾吉斯斯坦和塔吉克斯坦接壤，西南部與阿富汗、巴基斯坦、印度接界，邊境線長達 5400 多公里，是中國邊境線最長、對外口岸最多的一個省區，這使新疆對外開放具有得天厚的地緣優勢。總面積 160 多萬平方公里。現轄 13 個地州、17 個市、70 個縣、844 個鄉鎮，其中 132 個鎮、670 個鄉和 42 個民族鄉。

　　中國 56 個民族在新疆都有定居，其中維吾爾族、漢族、哈薩克族、回族、柯爾克孜族、蒙古族、錫伯族、塔吉克族、滿族、烏孜別克族、俄羅斯族、達斡爾族和塔塔爾族世居新疆，人數最多。新疆是多宗教地區。主要宗教有伊斯蘭教、喇嘛教（藏傳佛教）、佛教、基督教、天主教、東正教和薩滿教。伊斯蘭教在新疆社會生活中有較大的影響。現在全疆各地伊斯蘭教的清真寺和其他宗教活動場所包括喇嘛廟、天主教堂等，共 23,000 多處，充分滿足了各族信教群眾的需要新疆宗教組織主要有伊斯蘭教協會、伊斯蘭經學院和佛教協會等。

二、旅遊資源

　　新疆旅遊資源總量大、類型多，《中國旅遊資源普查規範》統計，新疆有各類旅遊景區（點）1171 處，分別歸屬 67 個基本類型，占中國分類系統類型總數的 90.5%，居各省區市之冠。全疆共有景點一千一百餘處，居中國首位。「絲綢之路」橫貫新疆，舉世聞名。新疆境內具有歷史藝術和科學研究價值的古文化遺址、古墓葬、古建築、古窟寺（千佛洞），石刻和現代紀念建築物有 236 處，其中 10 處被列為中國重點文物保護單位。還有佛教千洞 16 處，比較完整的洞窟 550 多個。另外，文物點有幾千處。新疆還有 22 個自然保護區。

　　新疆的自然風景與悠久的西域文化相結合，形成中國西部獨具魅力的人文景觀。著名的樓蘭高昌古城，曾是古絲綢之路上的王國都城，眾多的石窟，千佛洞更是閃耀著古西域文化的光華。原始社會大量的岩刻以及眾多的古代墓葬都是先民留下的生活印記。豐富的歷史文物給新疆的自然風景又增添了深層次的內涵和奇異的色彩。新疆北部有阿爾泰山，南部有昆侖山、喀喇昆侖山和阿爾金山。天山，作為新疆象徵，橫貫中部，形成南部的塔里木盆地和北部的準噶爾盆地。天山以南地區叫南疆，天山以北地區叫北疆，哈密、吐魯番盆稱之為東疆。

　　新疆三大山脈的積雪、冰川孕育彙集為 500 多條河流，分佈於天山南北的盆地，其中較大的有塔里木河、伊黎河、額爾齊斯河、瑪納斯河、烏倫古河、開都河等 20 多條。新疆有許多自然景觀優美的湖泊，總面積達 9,700 平方公里，占全疆總面積的 0.6%以上，其中有著名的十大湖泊：博斯騰湖、艾比湖、布倫托海、阿雅格庫裏湖、賽裏木湖、阿其格庫勒湖、鯨魚湖、吉力湖、阿克薩依湖、艾西曼湖。新疆境內綿連的雪嶺，林立的冰峰，形成了獨具特色的

大冰川，共計 1.86 萬餘條，總面積 2.4 萬多平方公里，占中國冰川面積的 42%，冰儲量 2.58 億立方米，是新疆的天然「固體水庫」。大沙漠占中國沙漠面積的 2/3，其中塔克拉瑪幹沙漠的面積為 33.67 萬平方公里，是中國最大的沙漠，為世界第二大流動沙漠，僅次於阿拉伯半島上的魯葡哈利沙漠。準噶爾盆地的古爾班通古特沙漠，面積 48,000 平方公里，為中國第二大沙漠，沙漠中蘊藏著豐富的油氣資源和礦產資源。

新疆被中外稱為「天然博物館。新疆旅遊局統計新疆旅遊資源非常多，沿絲綢之路遺址，分佈著中國重點文物保護單位 12 個，省級重點文物保護單位 118 個，歷史文化名城一座，寺觀廟宇 2 萬多個。草原岩畫、石人、古墓群、烽火臺，南北疆都有分佈。冰川、冰塔林、雅丹地貌、冰山湖、高山湖、天鵝湖及 29 個各種類型的自然保護區，構成新疆奇異的自然風光。

三、政府政策

隨著旅遊業不斷升溫，新疆充分整合冬季旅遊資源，提升冬季旅遊品質，豐富冬季旅遊產品，基本形成了冬季旅遊產業規模。經過多年打造，冰雪旅遊資源得天獨厚的新疆，近年來冬季旅遊市場日漸成熟和繁榮，形成了具有西域風情、文化厚重、產品豐富的冬季旅遊新市場。利用每年冬季民航與鐵路運輸壓力相對較低、客運市場相對緊縮之機，新疆旅遊行業還充分爭取比較優惠的包機和專列政策，讓越來越多的遊客在冬天來到新疆，領略融民族風情、歷史文化、地域特色和冰雪資源於一體的特色旅遊項目。

新疆將注重與周邊國家在國際區域的聯合，同時注重與中國西部，尤其是西北五省區之間的聯合，共同挖掘線路，適時組織有影響力、有吸引力的活動，使冬季旅遊紅紅火火，好戲連台。突出特色的基礎上，目前正加快開發以冰雪、民俗、溫泉、運動等為主的

特色旅遊產品,推出一批創意新、參與性強的冬季旅遊專案,豐富冬季旅遊產品內容。

改革開放 30 年來,新疆旅遊業以獨特的自然風光和風土人情每年都會吸引大量的國內外遊客,旅遊業已成為支撐新疆經濟發展的主要產業之一。目前,新疆擁有星級賓館 403 家,旅行社 449 家。2008 年,全區累計接待海外入境遊客 36.32 萬人次,創匯 1.36 億美元,累計接待國內遊客 2195 萬人次,旅遊收入 197.95 億元,一年內接待的遊客數量已經超過了新疆常住人口總數,旅遊總收入超過了 200 億元人民幣。新疆結合本地獨特的人文資源,開發出一系列具有特色的旅遊產品,如邊境旅遊、絲綢之路遊、民俗風情遊、自駕車遊等。除了開發旅遊景區外,新疆還開展了冬季旅遊,旅遊旺季延長到四季。新疆的滑雪資源有著其他省份無可比擬的優勢:雪質是中國最好的,氣溫是最為適合滑雪的,地勢條件也是最好的。滑雪場接待設施較為完善,開展的冬季項目是中國最多的,滑雪場距離城市的距離也是中國城市中最近的,滑雪場供遊客休息的賓館非常方便。如今新疆公路已經大大改善,高速公路已達 1200 公里。近年來,新疆建成了 14 個機場,其中兩個國際機場、兩個旅遊機場,開通了 140 多條航線。奎北鐵路、南疆二線、精伊霍電氣化鐵路在加緊建設。

近年來,各方投資者的目光越來越多地聚焦在新疆,加大了新疆旅遊產業的投資力度。2006 年,深圳華強集團和新疆寶亨集團簽訂了 60 億元至 80 億元建設天山華強旅遊城的協議;2007 年,中國人保投資有限公司投入 20 億元加入建設喀納斯景區基礎設施的隊伍;2008 年,新疆鑫鵬旅遊發展有限公司與廣東珠光集團簽署協定合作開發 26 億元紅雁池旅遊區。

自治區旅遊局積極配合國家旅遊局完成了《絲綢之路旅遊區總體規劃》,將絲綢之路中線沿線各地州市成熟旅遊景區納入《絲綢之路旅遊區總體規劃》。配合國家旅遊局編制《喀什市旅遊區總體

規劃》和《大那拉提草原旅遊景區總體規劃》。啟動新疆民俗文化專項旅遊規劃編制籌備工作和資源普查準備工作，完成了《新疆旅遊產業規劃》、《南疆三地州旅遊發展規劃》編制工作。

　　各級旅遊部門採取各種措施，深度挖掘新疆旅遊文化內涵和民俗文化精髓。以絲綢之路為主線，依託沿線重點旅遊城鎮，設計推出「絲綢之路」民俗旅遊產品體系、生態旅遊產品體系和特種旅遊產品體系，將資源優勢轉化為產品優勢和產業優勢，全力打造「絲綢之路」旅遊品牌，帶動沿線景區的開發和基礎設施建設。此外，依託胡楊林、沙漠、冰川、雪山、地質公園等獨特的旅遊資源開發特種旅遊，如徒步探險、滑雪、親歷考古發掘等。同時，各地加大精品景區的開發建設力度，做好資源的合理開發和保護工作。進一步加強指導喀納斯、天池、吐魯番葡萄溝的精品景區建設工作，切實加大那拉提、賽裏木湖、溫宿大峽谷、卡拉庫裏湖等一批 4A 級景區的品質提升工作，積極幫助這些景區向 5A 級景區的行列邁進。

社會科學類　PF0050

中國大陸觀光旅遊資源總論

作　　者 / 趙嘉裕
責任編輯 / 林千惠
圖文排版 / 陳湘陵
封面設計 / 蕭玉蘋

發 行 人 / 宋政坤
法律顧問 / 毛國樑　律師
出版發行 / 秀威資訊科技股份有限公司
　　　　　114 台北市內湖區瑞光路 76 巷 65 號 1 樓
　　　　　電話：+886-2-2796-3638　傳真：+886-2-2796-1377
　　　　　http://www.showwe.com.tw
劃撥帳號 / 19563868　戶名：秀威資訊科技股份有限公司
　　　　　讀者服務信箱：service@showwe.com.tw
展售門市 / 國家書店（松江門市）
　　　　　104 台北市中山區松江路 209 號 1 樓
　　　　　電話：+886-2-2518-0207　傳真：+886-2-2518-0778
網路訂購 / 秀威網路書店：http://www.bodbooks.tw
　　　　　國家網路書店：http://www.govbooks.com.tw

2010 年 09 月 BOD 一版
定價：410 元

國家圖書館出版品預行編目

中國大陸觀光旅遊資源總論 / 趙嘉裕著.-- 一版.
 -- 臺北市 ：秀威資訊科技, 2010,09
   面 ；   公分. -- (社會科學類 ；PF0050)
BOD 版
ISBN 978-986-221-598-2(平裝)

 1. 旅遊   2. 中國

690   99016687

讀者回函卡

感謝您購買本書，為提升服務品質，請填妥以下資料，將讀者回函卡直接寄回或傳真本公司，收到您的寶貴意見後，我們會收藏記錄及檢討，謝謝！
如您需要了解本公司最新出版書目、購書優惠或企劃活動，歡迎您上網查詢或下載相關資料：http:// www.showwe.com.tw

您購買的書名：＿＿＿＿＿＿＿＿＿＿＿＿＿＿＿＿＿＿＿＿＿＿＿＿

出生日期：＿＿＿＿＿年＿＿＿＿＿月＿＿＿＿＿日

學歷：□高中 (含) 以下　　□大專　　□研究所 (含) 以上

職業：□製造業　□金融業　□資訊業　□軍警　□傳播業　□自由業
　　　□服務業　□公務員　□教職　　□學生　□家管　　□其它＿＿＿

購書地點：□網路書店　□實體書店　□書展　□郵購　□贈閱　□其他

您從何得知本書的消息？

　□網路書店　□實體書店　□網路搜尋　□電子報　□書訊　□雜誌
　□傳播媒體　□親友推薦　□網站推薦　□部落格　□其他＿＿＿＿＿

您對本書的評價：(請填代號　1.非常滿意　2.滿意　3.尚可　4.再改進)

　封面設計＿＿＿　版面編排＿＿＿　內容＿＿＿　文／譯筆＿＿＿　價格＿＿＿

讀完書後您覺得：

　□很有收穫　□有收穫　□收穫不多　□沒收穫

對我們的建議：＿＿＿＿＿＿＿＿＿＿＿＿＿＿＿＿＿＿＿＿＿＿＿＿

＿＿＿＿＿＿＿＿＿＿＿＿＿＿＿＿＿＿＿＿＿＿＿＿＿＿＿＿＿＿＿＿

＿＿＿＿＿＿＿＿＿＿＿＿＿＿＿＿＿＿＿＿＿＿＿＿＿＿＿＿＿＿＿＿

＿＿＿＿＿＿＿＿＿＿＿＿＿＿＿＿＿＿＿＿＿＿＿＿＿＿＿＿＿＿＿＿

11466
台北市內湖區瑞光路 76 巷 65 號 1 樓

秀威資訊科技股份有限公司　　　收

BOD 數位出版事業部

....

（請沿線對折寄回，謝謝！）

姓　　名：_____　年齡：_____　性別：□女　□男

郵遞區號：□□□□□

地　　址：_____

聯絡電話：(日) _____ (夜) _____

E-mail：_____